御厨貴＝編

時代の先覚者

# 後藤新平

1857–1929

Shimpei Gotou, 1857–1929

藤原書店

# 時代の先覚者・後藤新平　1857-1929

目次

# II 後藤新平のコスモロジー

**帝国の倫理――後藤新平における理想主義** …… 苅部 直 079
高い理想を抱き続けたからこそ、現実と格闘し続けた後藤新平。
後藤新平の根本思想とは何か■

**後藤新平の衛生思想** …… 新村 拓 087
後藤新平が拓いた、医療の思想における新しい地平とは？

**後藤新平の衛生政策** …… 笠原英彦 097
後藤が初めて手腕を発揮し、政治の世界に進む足がかりとなった大胆な衛生政策。

**政治史のなかの後藤新平** …… 千葉 功 106
「党弊」を排し、衆議院・貴族院、また官僚組織にまでまたがる人材活用を目指した後藤の格闘。
後藤新平は政党政治といかに格闘したか■

**後藤新平の自治思想** …… 小原隆治 115
後藤が唱導した「自治」の背景にある、互助と自制の精神とは？
後藤新平の唱えた「自治」とは何か■

**後藤新平の大陸政策** …… 小林道彦 125
後藤新平が構想した、大陸国家としての日本。
後藤新平は植民地主義者であったのか■

**後藤新平の外交政策** …… 井野瀬久美惠 135
イギリスによる世界協調、「平和維持」の限界を見抜いた後藤新平。

**後藤新平と草創期日本の〝東洋史学〟** …… 中見立夫 140
満鉄時代の後藤の「調査主義」は、白鳥庫吉ら東洋史学の先駆者を輩出した。

都市政策の父・後藤新平の都市論…………………………………………青山 佾 152
後藤は都市の機能を人々の生活という視点から総合的にとらえて都市をつくり変えた。
後藤新平にとって都市とは何だったのか■
日本鉄道史のなかの後藤新平…………………………………………原田勝正 162
つねに世界水準で構想されていた後藤新平の鉄道プラン。
後藤新平は鉄道をどう改革しようとしたのか■
後藤新平の逓信事業——その電話政策……………………………藤井信幸 177
電話普及が急務となっていた明治末期、後藤新平が提起した大胆な電話政策とは?
後藤新平は日本の逓信事業の基礎をいかに築いたか■
メディア時代の政治家・後藤新平……………………………………佐藤卓己 184
新しいメディアが急発展した時代、その恐ろしさと魅力を知り抜いていた後藤新平。
後藤新平はメディアをどう考え、利用したか■
後藤新平の夏期大学事業…………………………………………………中島 純 196
国家エリート養成とは異なる、民衆の知を高めるための社会教育事業。
後藤新平にとって教育とは何であったのか■

コラム
小林英夫 後藤新平と満鉄調査部 146
小田貞夫 放送の誕生 193
芳地隆之 ハルビン学院と後藤新平 149
中島 純 後藤新平とボーイスカウト 202
角本良平 後藤新平と十河信二 171
海老澤克明 後藤新平と拓殖大学 205
島 隆 後藤新平の広軌鉄道構想と島安次郎 174

〈幕間2〉
カイロのお金——後藤新平のアジア経綸 鶴見和子 208

# III　後藤新平ゆかりの人々

北里柴三郎（1853-1931）・長与専斎（1838-1902）・石黒忠悳（1845-1941）
——日本の衛生の先駆者たち……山崎光夫　213
安田善次郎（1838-1921）——「八億円計画」の意義を見抜く……浅井良夫　218
大隈重信（1838-1922）——元老世代の「寛大」……五百旗頭薫　223
渋沢栄一（1840-1931）——帝都の未来を後藤に託す……片桐庸夫　226
伊藤博文（1841-1909）——日露提携の夢……上垣外憲一　229
桂　太郎（1847-1913）——大陸政策における意気投合……小林道彦　238
児玉源太郎（1852-1906）——後藤の創造力を開花させた上司……大澤博明　241
寺内正毅（1852-1919）——シベリア出兵をめぐる確執……井竿富雄　245
山本権兵衛（1852-1933）——「英雄」型政治家の苦悩……小宮一夫　248
犬養　毅（1855-1932）——青年教育への意欲……季武嘉也　251
原敬（1856-1921）・浜口雄幸（1870-1931）——二人の「政党政治家」との関係……川田　稔　254
新渡戸稲造（1862-1933）——二人三脚で重ねた実績……草原克豪　258
徳富蘇峰（1863-1957）——「大記者」が見た「侠気」の政治家……杉原志啓　261

時代の先覚者・後藤新平　1857-1929

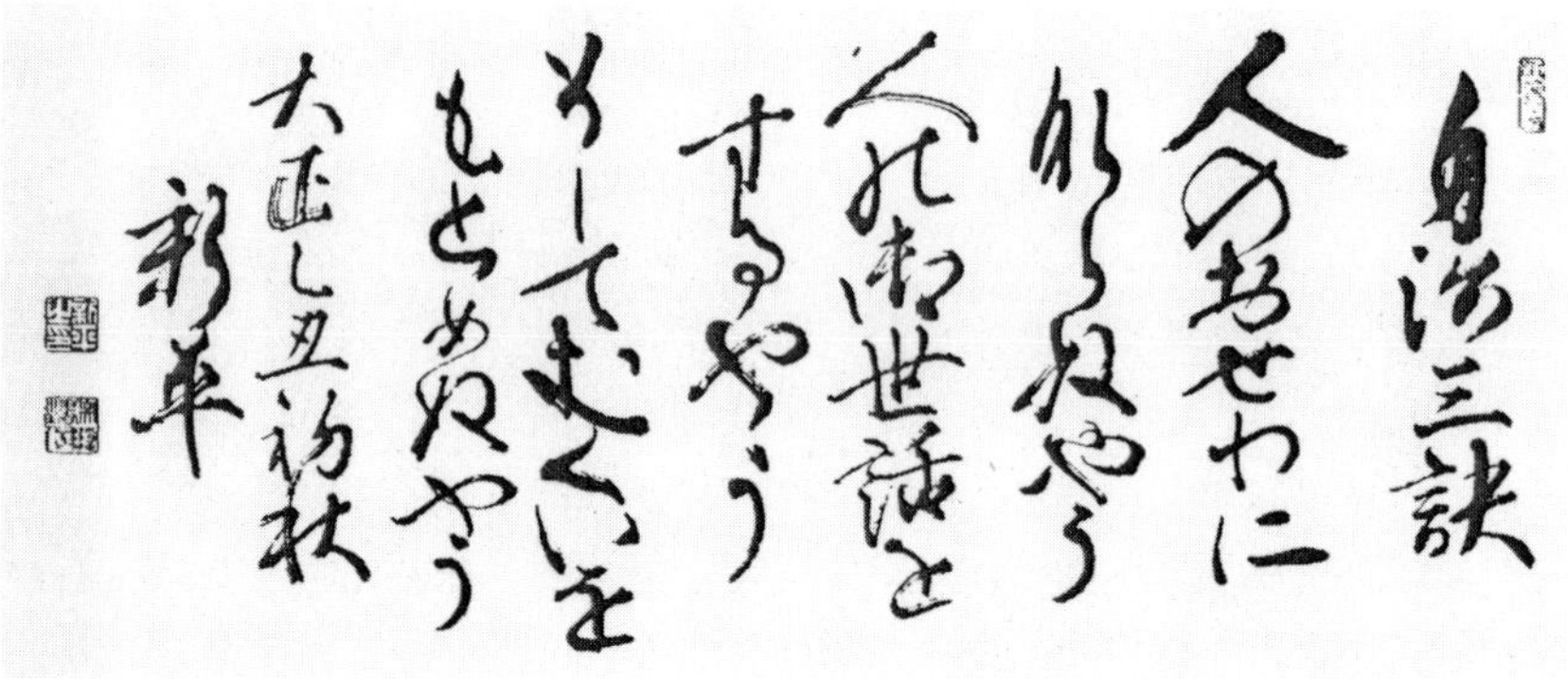

写真提供＝後藤新平記念館

「自治三訣」

人のおせわにならぬやう
人に御世話をするやう
そしてむくいをもとめぬやう

新平

# 序

御厨　貴

*Mikuriya Takashi*

## 「器量が地位をつくる」政治家、後藤新平

二十一世紀を迎えた今、日本で最も求められているのは、真に創造的なリーダーシップのあり方である。逆に言うと、既成の制度に則り、調整と安定を業とする守成的なリーダーシップは、今にふさわしくない。そして戦後六〇年の〝繁栄〟を育んだ制度や組織が化石化し〝疲労〟の限度をこえ、音をたてて崩壊しようとしている現在、人は肩書きや地位では生きられないと薄々感じ始めている。あるいは明治維新以来、近代一四〇年のものさしが通用しなくなりつつあると気づいている。

肩書き、地位、既存のものさしが重視された社会から、今や器量、実力、自己責任が問われる社会へ、日本は大きく変わろうとしている。こうした自覚を持つ時、我々は過去のとばりの中から覚醒しうごめき始めた一人の人物に注目したい。果たしてそれは誰か。その名を誰しもが一度は聞いたであろう、〝後藤新平〟に他ならない。

もっとも後藤には「大風呂敷」という評価が定着している。あるいは首相になれなかった「中二階政治家」の一人というイメージで捉えられている。いずれも必ずしも芳しい評価ではない。

だが果たしてそうか。こんなありきたりの一語で、事足れりとすましうる人物だったのか。台湾民政長官、

満鉄総裁、鉄道院総裁、東京市長、帝都復興院総裁、東京放送局総裁、それに逓信大臣、内務大臣、外務大臣。寺内内閣、第二次山本内閣では副総理格であった。一八九〇年代（明治中期）から一九二〇年代（昭和初期）まで、世紀をまたいで活躍した人物である。

こうして肩書きと地位を一瞥するだけでも、決してヤワな印象は与えず、むしろワクワクするほどの仕事師で骨太の人物であったことが伺える。しかも歴任したポストはいずれも異色だ。国務大臣にしたところで、内務と外務の双方を歴任したのは明治の元勲政治家を除けば稀有のことに違いない。

ではその働きぶりはどうであったか。一言で言えば、肩書きや地位が本来保証しているより以上の力を発揮した。後藤という人間の器は、およそ地位に自らを合わせ、上位の権力にすり寄り、大衆に媚を売るといった型にはあてはまらなかった。むしろ用意された肩書きは何であれ、自らの力で仕事をつくりそれをこなしていくだけの器量を有していたのである。その意味では後藤は「地位が人をつくる」タイプではなく、「器量が地位をつくる」タイプであったと言えよう。

### 戦前、戦後の後藤評価

果たしてこれだけの人物に、これまでまったくアカデミックなアプローチがなかったのかと言うと、無論そうではない。後藤に関しては、戦前・戦後各々一冊だけ、政治史家の手になる優れた評伝が書かれている。信夫清三郎『後藤新平——科学的政治家の生涯』（博文館、一九四一年）と、北岡伸一『後藤新平——外交とヴィジョン』（中公新書、一九八八年）がそれだ。いずれも副題に著者のテーマを見てとることができる。

信夫は次のように後藤を論ずる。「まことに、科学的精神による合理的政治の運用こそ、後藤新平の本領であったのである。そして、くりかえしていうならば、その実践のために自由な地盤を与えることのできた植民地行政（＝大陸政策）において、後藤新平の本領は現実に発揮され、発揮されるとともに比類なき成果をもたらし、また、その実践のために自由な地盤を与えることができず、市民的な基盤を欠き、合理的・科学的な精神を拒否する国内政治において、後藤新平は孤立せしめられたのである。」

やや時代がかった表現ではあるが、信夫は「調査の政治家」「科学の政治家」として、後藤を捉えている。これに対して北岡は後藤を評してこう述べる。

「日本における外交指導者を評価する場合、たんに条約の締結や権益の獲得のような目に見える成果ではなく、欧米優位の世界の中で日本が如何なる位置を占めるべきかというヴィジョンにまでさかのぼって、検討する必要があるであろう。そしてその場合、権力外交を中心とするにせよ、文化的差異から生じる問題をいかに乗り越えようとしたかが、やはり検討されなければならないであろう。筆者が外交指導者としての後藤新平に注目するのは、まさにそのゆえである。

まず後藤は、日本外交の基本戦略について、ユニークな見解を提示した人物であった。彼の持論は、日本外交の主流であった親英米路線でも、アジア主義でも、あるいは単独の発展論でもなく、日中露(ソ)提携論であった。また後藤は、文化の壁を乗り越えることに関しても、大きな実績をあげた人物であった。西洋医学を学び、内務官僚として衛生制度を日本に樹立していったこと、そして植民地経営者として、異民族の中で事業を発展させたことがそれである。このように、外交という言葉を最も広く拡大して考えるとき、後藤が同時代の人々によって注目すべき外交指導者として理解されたのは不思議ではなかったのである。」

きわめて明快に、北岡は「外交指導者としての後藤」の輪郭を際立たせている。ところで信夫の評伝が日米開戦の直前に、そして北岡の評伝が冷戦終結の直前に、公にされている点に、やはり後藤という人物と論じられる時代との緊張感を感ぜざるをえない。しかし、後藤には時代性と同じく普遍性の側面がある。彼が脚光をあびる時代の如何にかかわらず、〝文明〟や〝文化〟というスタンダードをもつ後藤の生き方そのものに注目することである。

## 都市計画に開花した後藤の手腕

その意味で実は植民地経営と都市経営こそが、政治家にとって自らの有する権力を、〝文明〟や〝文化〟を背景に、最もぜいたくに表現できる手段に他ならない。一人の権力者の統一した視点で都市をデザインし作り上げ、植民地を大胆に構築していく。そして完成の暁には、眼前に広がるパノラマを楽しむ。古来その例は枚挙に遑がない。近代都市の例をあげるとするならば、ナポレオンⅢ世とオスマンによるパリの都市改造、ヒトラーとシュペーアによるベルリンの都市改造などが有名である。

そもそも、伊藤博文や山県有朋など明治の政治家は、イギリスの貴族政治家とは異なり、自らが所有し支配する広大な所領を自らの力でデザインし造営するという、長年にわたる経験と余裕のある楽しみをまったく持たなかった。彼等は眼前に迫る帝国日本の近代化という課題に対して、公私分つことなく全力投球せねばならなかったのである。したがって「富国強兵」というよく知られた明治日本のスローガンにも「都市計画」的な発想は合致しにくく、たちまちのうちに「塗紙計画」（実現可能性のない計画）と化す運命を甘受せねばならなかった。逆に言うと、都市計画という権力者にとっての最高の楽しみを享受できる政治文化が、当時の日本にはまったくなかったのである。

だからこそ、大正期に東京の都市改造や震災復興事業を企図した後藤新平は、稀有の存在だったと言ってよい。すでに北岡の指摘にあった通り、後藤は内務省衛生局から台湾・満州経営へと携わり、いわば国内統治の本流からはずれた所で、若き日の勝負を賭けていた。そこで、児玉源太郎や桂太郎といった陸軍の大立物の全幅の信頼をうけながら、植民地経営において、明治の元勲政治家たちに欠けていた「都市計画」的発想をもとに、実現へむけて手腕を発揮しえたのであった。

そしてまさに「都市計画」的発想を植民地から東京に環流させ、アメリカの政治学者、チャールズ・ビーアドなどのブレーンを駆使して東京改造に臨もうとしたのである。だが後藤の雄大な構想と、プロジェクト型政治は、それ自体としては挫折を余儀なくされた。いったいそれはどうしてであろうか。実は後藤は、常にプロジェクト型の政治をモットーとしていた。だがそれによる都市づくりの行く手を阻んだのは、日本政治の近代化の一つの到達点である政党政治とデモクラシーに他ならない。がんらい権力者による都市づくりは、デモクラシーとは適合的でなく、むしろ反デモクラシー的でさえある。そして極端な話、ナポレオンⅢ世やヒトラーのような独裁者による専制でない限り、都市計画に必要不可欠な強制の契機は機能しにくいという側面をもつ。

政党内閣全盛の時代にあって、後藤には政党と取引できるだけの藩閥的バックや、また議会を制する数の力としての政党のバックも、共になかった。キングメーカーたる最後の元老・西園寺公望《きんもち》の信頼もうすかった。いずれも若かりし日の後藤がまいた種だけに、それらは如何ともし難かった。ただ後藤にあるのは、自らが集めたブレーンと、自らのブレーン（アイディアの宝庫）だけであった。そしてそれらを結集して、プロジェクト型の政治を行うことこそ、後藤の真骨頂なのであった。

## 二十一世紀のリーダーシップに向けて

その結果、後藤は短期的には政治上の敗北を喫した。しかし二十一世紀の今日から後藤をながめる時、プロジェクト型の政治を含め後藤の言動には、時代の先覚者としての意味が十分に認められる。後藤の先覚者としての一面は、昭和天皇も影響を受けたという、チャールズ・ビーアドの著書『東京市政論』（東京市政調査会、一九二三年）に寄せた後藤自身の手になる「序」に伺うことができる。ちなみにこの書物そのものも、東京市長時代以来知己であった後藤のすすめによって成ったものだ。

抑々《そもそも》、政治の研究は、比較によりて発達す。そのこれを為す、時間的に比較するは、歴史なり。空間的に比較するは、外国の検討なり。都市行政の研究も、亦この範疇を出づること能はず。一国政治の研究が、外国人の手に成るは、吾人の屡々《しばしば》史上に目睹《もくと》するところなり。かの英国憲法論が、仏人モンテスキューの手に成り、英国自治制論が、独人グナイストの筆に依り、而して、米国民主政論が、仏人トックヴィルの研究に出づるが如し。

更に、一歩を進めて論ぜんか、社会諸相の研究は、分析と綜合との二途に依る。分析とは、科学なり。否、科学的研究法の特徴なり。而して、科学とは、最近二三百年間に発達したる、現代文明の所産なり。然るに、綜合とは、哲学なり。哲学は過去三千年の文明の産物にして、殊に古代文明の特色なり。吾人は、近代科学の解剖的犀利を愛すると共に、古典の荘重なる綜合的風格を尚ぶ。これ現代都市の批判者が、近代科学の探究者たると共に、古典的綜合能力の把持者たらざるべからざる所以なり。

然りと雖《いえど》も、文化研究者の最大要件は、真理探究の燃ゆるが如き情熱なり。情熱なきの徒は、共に当世の時務を談ずるに足らず。市政の要目は、水道鉄管の厚さと、市制の条文とにあらず。都市生活者たる人類の、生活向上に対する人道的感激なり。これあって、初めて、彼は能く紛糾錯雑せる都市行政中に、終始一貫せる理想を洞見することを得べし。

もはや多言を要しない。この一文の中に後藤の合理的政治観、アカデミックな政治研究の歴史比較と外国比較の視点、社会をみる際の科学による分析と哲学による総合の必要性、それにもまして真理探究への燃ゆるが如き情熱と生活向上に対する人道的感激を最大要件とすることが、明らかにされている。これらこそが、後藤の器量を支え、後藤の実力を発揮させ、さらに後藤の自己責任を保証するものであった。

二十一世紀の創造的リーダーシップのあり方について、時代の先覚者としてこれほど雄弁に語っているものはない。今こそ我々は後藤新平の器の大きさを追体験すべき時であろう。

本書は以上に述べたような視角から、後藤新平に新しい光をあてる試みである。しかしながら、新しい酒必ずしもすべて新しい皮袋にというわけにいかず、しらずしらずのあいだに古い皮袋に満たされてしまったものもある。次の機会まで御海容頂ければ幸いである。

# I

# 〈座談会〉今、なぜ後藤新平か

鶴見俊輔　御厨　貴
青山　佾　粕谷一希

最も神聖なる法律は我が心中にあり、それは何ぞや、人々は尊重すべき自然性を有っている、内長性（Endogenous）あることである。教育はその内長性を開発するに外ならず、この内長的自然性の本源なる自我は神性である。我万物の中にあり、万物我の中に存す、森羅せる万象はこの自我の琴線に触れて鳴らざるは無い、自我は宇宙の一部、宇宙は自我の全体である。心とは自我のまたの名だとも言える。

（後藤新平『処世訓』より）

## はじめに

**司会・藤原良雄**　本日は御多忙のところありがとうございます。短時間ですべてを語ることは非常に難しいわけですが、後藤新平の基本的な全体像を四人の先生方にお話の中で出していければと思っております。

まず私は、後藤新平の最も端的で最も彼らしさが出ている言葉は、あの「自治三訣《じちさんけつ》」ではないかと思います。

人のお世話にならぬよう
人のお世話をするよう
そして酬《むく》いをもとめぬよう

本当に短い言葉ですけれども、何かそれが後藤新平の精神を表している言葉ではないかと思います。それをベースにしながら全体の後藤新平の仕事を見ていければ、この二十一世紀の日本を変えていく、新しい日本をつくっていくことができるのではないかと思う次第です。

本日はそれぞれの先生にとっての後藤新平をまず語っていただき、その後、後藤新平がやった個別の仕事について議論ができればと考えております。

まず、後藤新平の存在を直にご存じである鶴見俊輔さんから、祖父・後藤新平の思い出や、後藤新平についてのお考えを、口火を切っていただければと思います。

# Ⅰ　問題提起

# 祖父・後藤新平への想い

鶴見俊輔

## 記憶の中の後藤新平

**鶴見**　私は満六歳まで毎日会っていたわけですけれども、後藤新平の言葉を全然覚えていないんですよ。言葉というのは非常に早く成長するものでしょう。向こうはこちら側に合わせて何か言っていたみたいだとは推定できるんですけれども、彼の言葉を全然覚えていないんです。毎日会ったことは確かで、風貌はちゃんと残っています。私の姉（鶴見和子）は四歳上で、後藤新平が亡くなったときに十歳だったので、言葉を幾らかは覚えていますね。例えば、後藤が晩年ソ連を訪れたとき、私たちは「莚露《かいろ》の金」（二〇八頁参照）

というのをもらったそうです。薤露というのは、当時はどういう意味だか全然わからなかったけれども、「薤露行」の薤露で、その当時の漢詩では非常によく使われている熟語なんですね。薤《にら》に宿る露の玉でしょう。二度脳出血に見舞われていたから、ロシアに行ったら、帰ってこられないかもしれない、人生は短いという。それで屋敷内にいる者みんなにお金を渡したらしいんですよ。それに「薤露行」と書いてあるんですね。意外に漢詩が好きで、牢屋に入っても漢詩を書いていたわけだから、やはりそのころの人には漢詩に対する教養があったんでしょうね。

私自身の場合には、彼の風貌をよく覚えていて、子供と一緒にいることは非常に好きだったんですね。それは公共の生活をあきらめたから。だから少年団（ボーイスカウト）が来ることは非常に好きで、少年団が庭で「いやさか、いやさか」と声をあげているのは覚えていますよ。子供と一緒の時間を費やすことを好んで、私は引っ張り出されて自動車の中で写真をとることがあって。そのときこちらが四歳ぐらいですね。そういう接触はあった。だから彼について持っている像は、主としてお袋（後藤の長女、鶴見愛子）を通して、それからわずかに親父（鶴見祐輔）を通してということですね。それから姉を通してという。

親父が残した話の中で一番重要なのは、親父が結婚して後藤の家の中に入っていたわけですが、後藤に何かたのまれて帰ってきて「こういうことを言いつかってやらなければいけない。明日やれば間に合うだろう」と言ったら、お袋の顔色が変わったというんですよ。言いつかったらすぐやらなければいけないと。お袋にとっては恐怖がすぐに浮かぶ。すぐに仕事をやって持っていかないと、完全に怒って、かんしゃくを起こして手がつけられないわけ。親父は、それはびっくりしたんですね、家庭に入ったばかりだから。夜じゅう一生懸命調べて、ちゃんと答を出して、それから行ったんですよ。その話は、割合に特徴的ですね。一分とか二分とか三分の間に、仕事を済まさなければいけないんですよ。だから総理大臣のところに行って、いま帰ったと思ったら、もう一回戻ってくる話があるでしょう。帰る途中の自動車の中で思いつくんですよ。そうするとすぐ、また行くんですね。

それからこれは私自身の記憶だけれども、毎朝ものすごくたくさんの人が来て、向かって右側がアントニン・レイモンドのつくった洋館ですが、そこに集まっている。私の記憶では、毎朝自動車に乗って星製薬の星一が来るんですよ。私は学校に行っていないから家の前で遊んでいると、必ず毎朝、星が来るんですよ。どうして毎朝来るんだろうと。家の洗面所やなんかは星製品で洪水になっている。クレヨンから胃の薬から何から、関連で全部つくるんだから。全部くれるわけ。毎朝、どういう話があったのか。星の息子（星新一）が小説を書くようになってから、幾らかつき合いでそんな話をしたんだけれども。

もう一つ、私は海軍の軍令部で敗戦直前しばらくジャワにいて、帰れなくなって東京の海軍軍令部にいたんですよ。そこに一人、私から見れば老人（村谷壮平。百歳近くまで生きた）がいて、話してくれたことがあって、彼が二十歳のときに朝、後藤のところに行ったんですね。ラジオについてのちょっとした工夫をしたので、それを広めるための相談に行った。だから、無差別に人に会っていたわけです。その二十歳の人というのは、学歴も何もない人だから。ラジオの改良をして、後に英語もできるようになって、船の通信長をやっていて、英語ができるから軍令部の大きな部屋の翻訳の班にいたわけです。それで一緒になったわけですが。このことから見ると、無差別に人が来て、それを受けて話をしていたんですね。

**鶴見俊輔** Tsurumi Shunsuke
哲学者。1922年、祖父・後藤新平、父・鶴見祐輔のもとに東京に生まれる。15歳で渡米しハーヴァード大学でプラグマティズムを学ぶ。帰国後『思想の科学』創刊。京大、東工大、同志社大、で教鞭をとる。70年同志社大学辞任。『鶴見俊輔集』（全12巻、筑摩書房）他多数。

## 「御親兵一割損」――身内には厳しく

家の配置で思い出すんですけれども、日本ふうの家屋があって、向かって右側に洋館があって、そこにエレベーターがあった。一階から二階に上がるだけですよ。自宅にエレベーターをつけるのはぜいたくではないかという批判があったんです。これは設計をレイモンドに頼んだときに、九十九歳の自分のお母さん（利恵）が生きていたので、彼女が上がれるために設計依頼したんですね。でもできたときは、お母さんはもう死んでいたんです。だからそういう批判があっても黙っていたそうですが、そのエレベーターというのは、我々二歳、三歳の子供の遊び道具でしたね。自分で操って二階まで上がる、また下がる。そういう記憶がありますね。だけど脈絡の中に入れてみると、それは彼が母親に何かしてやりたいと、老後について思ったのでしょう。

その家の配置ですけれども、これは藤森照信氏があの家が解体される前の写真をくれたんですけれども、向かって左側が和風なんですが、右側にとってつけたように、フランク・ロイド・ライトについてきたレイモンドのつくった洋館がある。日本に来て最初につくったものの一つで、レイモンドは自分では「これは不出来だった」と書いているんですよ。そして和風の家の左には北荘というものがあったんです。そこに新平の弟の彦七一家が住んでいました。非常に大きな一家で、子供が五、六人いましたね。我々の住んでいたのは南荘と称する、前庭の逆側にある家でした。

後藤彦七の一家の家計は全部新平が持ったらしいんです。この人は何かの官吏をやったらしいですけど、後藤新平は自分が金の決断ができる位置についてから、弟には自分で何かやる能力はないと思った。その判断は、彼の生涯全部を通して重要な特徴だと思います。身内というのは、何となくよく見えるものでしょう。しかし、自分があとを見るからと言って、強引に官吏の位置を引かせたんです。それでその家を与えて、家計は全部新平が見た。

子供たちはなかなか優秀なので、男は附属中学から東大に行っていますね。四男まで覚えています。三男は知恵遅れで、兵隊に行って死にました。その三男を含めていつでも遊んでいたから。その知恵遅れであるという子供に対して、我々の間で全く差別はなかったですね。いい子でした。

新平は、自分の弟がおだてられていろいろな計画に入っていくことを、警戒したんですね。どこの家でもそういうことはある。志賀直哉の『菰野《こもの》』という作品を読むと、異母弟が右翼政治運動に担がれて、兄である彼は困るんですね。その異母弟の実母も本当にまいっちゃって、その継母と志賀直哉自身とのつき合いがそこで非常に深まるという話ですが。それと似たようなことが起こり得ると思ったんでしょうね。明治はそういうことが起こり得るときだった。だれだれの弟だからというので担がれて、いろいろだます人間はいっぱいいますから、それに引っかかってしまう。それに対して後藤は手を打った。

彼には、スローガンがあったんです。そのときは知らなかったんですけれども、親父の書いた伝記（『後藤新平』）で読んだんですが、「御親兵一割損」というんです。つまり自分の身内などには、地位を上げるように口ぞえしないというんですね。実は、親父は「御親兵一割損」に引っかかってしまったから、非常に不満だったんです。「君の同級生で、だれが能力があるか」と常に聞かれる。親父自身は一向に高い位置をもらっていないんですよ。たとえば一高の一級上の前田多門は、非常に早く、後藤新平が東京市長のときの助役になって、永田秀次郎とともに重用されますね。大変信頼されていた。だけど親父自身は鉄道省には入ったけれども一向に高い位置は与えられない。一高同級の岩永祐吉は、やはり若くして満洲の駅長になる。田島道治とか、金井清、みんなそれぞれ重用されるんだけれども、鶴見祐輔はだめなんです。表向きは通訳や何かで使われていますけれども、大変な不満をずっと抱いていたと思う。

だけれども、いま本当にカメラをロングディスタンスで引いてみると、新平は偉いやつだったなと思う。親父がとった態度と新平がとった態度は、まさに逆です。親父は身びいきの人だった。新平は「御親兵一割損」を、いつから始めたかわからないけれども、とにかく貫いた。これは実弟の一家全部の面倒を見たこと、知恵遅れの子供も我々の中に混ぜて遊ぶように指示していったこと、そういうことを含めて考えるんです。

新平の長男の長男（新一）、これは昨年（二〇〇三年）死んだんですけれども、彼はそれこそ私が記憶していない以上に、全然記憶していなかった。それで「どうしてあんな大きな家に住んでいたのかな」と言うんです。彼は後藤新平から逃れるために一生を費やした。彼が直系です。私個人の基準から見ればこの後藤新一は非常にえらい男ですよ。伊豆の「ゆうゆうの里」という施設で去年死んだんですけれども、ここはなかなかいいところなんですよ。「この木も庭も、自分のものでないと知っていると、うれしいね」と。それが彼の生涯の満足なんだ。私は自分の一族の中の、非常に優れた人間だと思いますよ。生涯独身で、長野県下茅《ち》野《の》の農学校の先生をして、自分の退職金で施設に入ったんです。すごく立派な男だと思うんですが。彼はどうしてあんな家に住んでいたんだろうと思っていた。私は幾らか知っているんだけれども。

新平が死んだ後、あの家は長い間売れなかったんですよ。新平が亡くなったときに、跡取りは一蔵（長男）というんですが、現金がないのに大変驚いたんです。土地と家を売るほかなかったんです。ところが、売れないんですよ。一九二九（昭和四）年ですからすぐ恐慌で、売れなくなってしまって、しばらく徳川義親侯に貸して何とかやっていたね。

現金がなかったんですよ。現金があるとえらいことになるという新平の自制の念は、いつ生じたかわからないけれども、台湾にいたときにはもう既にあった。ことによるとコレラの検疫のときにそれが生じたのかもしれない。確定はできませんけれども、金をもたないのが生涯の特色です。

## 妾腹の方がはるかに優秀だった

新平は、男女関係は本当にめちゃめちゃ。明治維新のときに、彼は賊軍ですから何にもなくなってしまって、上に、大参事で安場保和が来るでしょう。その引きを得て保和が知事であった須賀川《すかがわ》医学校に入って、学資を手配してもらって何とか医者になるんですから。安場が恩人なんですけど、その娘をもらったわけですね。すると結婚してすぐ、そこに女の赤ん坊（しず）が届けられてくるんです。妻になったばかりの後藤和子は、それをちゃんと引き受けて、育てるんですからね。海水浴に連れていったりなんかして。私が見たところ、そのおしずさんというのは、私が見た限りではもう断然私のお袋よりも、跡取りの一蔵よりも賢い、即座の知恵のある、仕方話がうまかったね。一蔵も、私のお袋の愛子も、ものすごく話が下手だった。私のお袋は、話は下手でおしゃべりだから、惨憺たるものなんだ。ただ、腕力はあった。だからこの母親に私は叱られて叩かれたりしたので、もう大迷惑で。

おしずさんは、義母の和子によく育てられたらしい。しず子を含めて家内三人の姉弟です。彼女は佐野彪太という精神病の医者の嫁に行って、戦後まで生きていました。本当におもしろい人でした。だけど後藤新平夫人の場合、結婚したらすぐ赤ん坊が来るなどと、いまは考えられないでしょう。それはハリウッド映画の世界だね。よく耐えた。しかも人間の関係から言えば、ほとんど乞食同然の人間を引き上げてくれた恩人の娘が細君になっているんですよ。よくそんなこと、できたね。やはりそこには確かに新平の人間が表れていると思う。

だけど私の偏見に満ちた考え方から言えば、後藤新平の妾腹の方がはるかに優秀な人間を生み出しています。段違いです。おしずさんの子供は佐野碩です。これは日本の歴史を考えてみたら一人の驚くべき人物で、スターリンから追放されても独立のコミューニストであることをやめなかった。彼はいろいろな言語ができたんですが、スペイン語を知らなかったのを、中年になってメキシコに行って自力でメキシコの演劇の父と言われるところまで行ったんですから。敗戦後といえども断じて日本に帰ってこなかった。日本を信用しないからです。彼の直観は現在の日本から見るとあたっているね。あまり正系の子孫はよくはないというのは、私の偏見に満ちた考え方ですが。ここまで来ると直接の体験に、私個人の偏見で潤色しているところがありますから、まあこの辺で。

# 後藤新平の台湾・満洲経営

御厨 貴

## 原敬・後藤新平・吉野作造――東北出身の同時代人の中で

**御厨** 私はちょうど先週の金、土、日と東北に、研究室の若い学生たちを連れていってまいりました。まず原敬（一八五六―一九二一）の記念館に――これは二度目ですけれども――行きまして、それから後藤新平記念館に行って、最後に吉野作造（一八七八―一九三三）の記念館――これも二度目です――を見て帰ってまいりました。その印象から始めたいと思います。

来館者の動員をするという意味で一番大変だろうなと思うのは原敬記念館でして、原敬記念館はもう小学生を動員するということで、書初めは全部「原敬」と書かせていたりします。しかも最近の流行でしょうか、原と書いて「たかし」がひらがなで書いてあったりします。いま原敬が衆議院に立候補すると、こういう感じになるのかなと（笑）。その記念館の中の物の納め方というか、展示の仕方にもやはり特色がありまして、原敬の場合は、少年時代、青年時代の展示物が圧倒的に多いんです。逆に政治家になってからのものはそんなにたくさんありません。あっという間に、彼が暗殺されるところまで行ってしまう。それは展示物にふさわしいもの自体があまりない、つまり彼は、日記ではあまりに有名ですが、展示するものはそうたくさんはないということもあるのでしょう。後で申しますが、後藤新平と違って原敬の政治とは何かということを考える上で、はっきり言えば目に見える物がないということと関係しているのかなと思いました。

二日目は後藤新平記念館に行ったわけですけれども、これは非常に伝統的な博物館的並べ方をしてありまして、後藤新平の生まれたところから、その幼少年期、さらには内務省に入って、さらに台湾に行ってという、クロノロジカルにきちんと展示がしてあるのが印象的でした。その時期、その時期に後藤がやったプロジェクト――彼の業績はプロジェクト型で出てきますから――、そのプロジェクトの写真とか絵は意外に多いんです。したがってそれを飾ることによって、後藤が何をやったかをきちんと展示できるというのが、印象的でしたね。たまたま館長さんがおられたので、話をしたんですけれども、今あそこには遺徳を偲ぶ会があって、遠方からもたくさん人が来るんですね。そういった「後藤ファン」が、原とは違って今でもあるレベルでいるのだろうなと思いまして。

しかもいま申しましたように、彼がやったことは現代につながるものが多いのです。例えば逓信事業の場合、その逓信事業でやったことが今の技術開発とどう結びついているかという話もできる。意外に今の技術や開発のルーツを追っていくと、後藤新平時代につながる。

三つ目は同じ時期を生きて、しかもやはり東北ということで、吉野作造の記念館に行ってきました。吉野記念館は、はっきり言ってバブルの産物でして、すごく立派な記念館、あれは維持するのが大変だろうと思います。ただ、吉野も非常に幅広くいろいろなことをやりましたから、そこでも吉野が関わった事柄別に展示されている。先ほど後藤新平が無差別に人に会ったというお話がありましたが、これはたぶん吉野作造も同じです。しかも後藤新平の場合はもう老年になってから、自宅に来られたという話ですけれども、吉野の場合は日記を見ると、毎日毎日出歩いて、だれかのところに必ず行っています。やはりすごく精力のある人たちは、こういうふうにいつも人と触れていたんだなというのがよくわかります。

この三つの記念館を比較してみると、やはりその人の人生の軌跡をなぞるような形での展開の仕方を、言い換えれば、各人の人生のあり方をストレートに反映する形で記念館は成り立っているんだなと感じました。

## 台湾での業績

私がいま後藤新平を見るときに一番気になっているのは、やはり原敬との比較なんです。原敬と後藤新平というのは同じ世代に属します。盛岡と水沢の違いはあるものの、東北にいて、一歳違いで、二十世紀の前半期の政治を担ったという点で、原敬と後藤新平は並び称せられる存在だろうと思います。しかし不思議なことに、今にいたるまで、原敬と後藤新平の対比列伝はないんですね。一言で申し上げますと、それはきょう私に振られた課題である台湾と満洲経営の話とつながってくるところがあります。

後藤新平の場合は、衛生局に入ってずっとやっているわけですけれども、その間に台湾に行くことが非常に大きな方向転換になるんだろうと思うんです。彼は八年近く（一八九八―一九〇六年）台湾の民政局長（のち民政長官）をやりますから、非常に象徴的なんですけれども、たぶん日本は、初めて台湾で異民族統治をやったわけですね。誤解のないように言っておきますが、それまでの日本が単一民族であったという意味ではなくて、台湾という日本とは全く異なる地域を日清戦争で割譲されて、とにかくそこをどうやって経営していくかというのが植民地経営の本当に最初の姿であったことを強調したいのです。そのときに後藤新平が児玉源太郎に抜擢される形で行ったということの意味は、非常に大きいという気がするわけです。

つまりあのときの常識で言えば、軍人がそのまま統治をするか、文官を投ずるにしても、普通だったら府県知事とか県令を歴任した地方官をそのまま使うという発想もあっただろうし、そうでなければ逆に今度は外務省から外務官僚を連れていってやるということも考えられたでしょう。けれどもそうではなくて、内務省の中でも衛生局から連れて行った。これはだれがどう見ても、何で衛生局長をという話になりますね。そういう異色の人材に児玉源太郎が目をつけた。むしろ従来型ではない人でなければやれないんだということになりますね。後藤と児玉のどちらが人物的に大きかったのかはわかりませんが、この二人の出会いの中で台湾統治のあり方が決まっていったということは、私は日本の、少なくとも最初の植民地を統治する段階での出会いとしてはきわめてよかったのかなと思っています。

**御厨貴**　Mikuriya Takashi

政治学者。東京大学先端科学技術研究センター教授。1951年東京生まれ。『オーラル・ヒストリー』『日本の近代3　明治国家の完成』（共に中央公論新社）『明治国家形成と地方経営　1881〜1890年』（東京大学出版会）など。

向こうに行ってからの台湾における後藤新平の統治のあり方の一つは、よく言われる阿片の問題ですね。阿片を急に禁止するということをしないで、阿片がある程度収入源であることに理解を示しながら、それを次第次第にやめていくゆるやかな政策（阿片漸禁策）をとるわけです。これについては評価は二つあります。一つは、やはり阿片の収益はいいから、結局はそんなに厳しい禁止政策にはならなかったという話と、いや、そうは言うけれどもやはり最終的に阿片を、当時の日本の植民地政策の中にある程度きちんと位置づけられたという点では、評価すべきであると。両論ありまして、私はそれなりに双方とも決定的に対立する評価にはならないという感じがするんですけれども、それが一つあります。

それからもう一つは、台湾にいた土匪《どひ》、つまりゲリラ対策の問題ですね。ゲリラ的に襲ってくる現地の人たちとどうやって融和をしていくかという話です。もちろん武力の発動を全くしなかったわけではありませんけれども、武力発動というハードな政策をすぐ軍がやりたがるのをできる限り止めて、いろいろな面での援助を講じたり、話し合いをしたりということで、ソフトな政策をずっとやっていった。つまりハードに一挙に片付けてしまうような政策は短期的には効率がよくみえるけれども、決してそんなことはないということです。長期的に見るとむしろハードな政策には、明らかに限界があり、統治の目標は実現できない可能性が高いので、ソフトにやっていった方がいいという確信めいたものが、後藤新平の考えの中にあった。阿片についても、そこはそう思うんですね。短期的な政策効果は考えずもうちょっと長期的なパースペクティブの中でことをとらえていく方が賢明なやり方であるという考えは、後藤の発想の中にあったのだと思います。

いま言った土匪や阿片の問題にプラスして出てくるのが、あの時期に彼がやろうとしたいろいろな事業についての「調査」ですね。後藤新平は調査が得意というわけですけれども、その調査が、最初はまず見ず知らずの国である台湾で行われた。知らないということを前提にした上で、どうやって知っていったらいいのかということに関して非常に謙虚であったわけです。まずそれは彼の科学的な、それこそ「衛生」の原理から発していることではありますけれども、統治のための調査をきちんとやっていかなければいけないという発想があった。これもやはり私は、非常にこの時期の人にしてはめずらしいことだと思います。後に織田萬の『清国行政法』につながっていくような、アカデミックにも検証可能な、学問としてきちんとしたものを生み出すような調査をずっとやっていったということは、非常に意義のあることだったと感じます。

そしてその調査の上に、開発をやる。鉄道を引くことから始まって、下水道の問題――特に衛生問題を彼は非常に気にしていましたから――とか、いわば台湾全体を一つの都市に見立てての「都市計画」的な発想でずっとやっていく。これもとても本土にいてはやれなかったことです。後藤新平は後には割合、一つの職にいる期間が短いために、彼の経綸が現実には行われることなく、いわば未完の課題となって先送りになってしまうこともたびたび生じたのですが、台湾に関しては八年八ヶ月で非常に長く、彼の思いどおりにやれました。児玉源太郎をいただきながら、それ以外の陸軍、とりわけ長州の人たちの力を、いわばパトロンとして借りながらやっていく。彼のその後の政治や統治の原型、最初のスタイルが、全部台湾で出ているのですね。だから台湾に関して言えば、私は非常に評価されるべき植民政策をやったんだろうと思います。

## 満洲での業績

今度は、日露戦争後の満洲経営ということになります。彼は満鉄（南満洲鉄道株式会社）の初代総裁に推されるわけです（一九〇六年）。満鉄はよくイギリスの東インド会社をモデルにしていたと言われるんですけれども、やはり満鉄も単なる鉄道会社ということではなくて、満鉄という鉄道事業、鉄道プロジェクトを中心にして、いかに満洲全体を経営していくか。満洲の場合は既に軍が出ているので、軍との対抗ないし連携、その両方を見すえながら、いかに効率的な統治を行ったらよいかが最大のポイントでした。この場合にも、彼は満鉄というものを自由自在に使いこなすのです。

しかも満鉄に最初に彼が総裁で行ったときに、中村是公《これきみ》（一八六七―一九二七）など非常に若い人たちを抜擢して連れていった。後藤新平が総裁になったのは四十九歳で、中村是公は当時三十六歳ですから、非常に若いんですね。しかも先ほど私が鶴見先生のお話で非常に印象的だったのは、よくこういう抜擢人事をするときは、その人間をよく知っているがゆえに、一種のコネで連れていくというイメージがあります。けれども後藤はそれとはまったく違いました。

中村是公に関してはもちろんよく知っていたわけですけれども、それ以外に連れていった人の大半は、実際には彼自身が知らない人間であっても、その人間ができるかどうかよく調べて、このポストならやれると踏んだら、それをスカウトしてくるという形の、スカウト人事でありました。それは先ほど鶴見先生がおっしゃった御家族に関して言われたことと、似たような話になるんだと思います。これは当時の薩長藩閥がずっとやってきたコネの人事、あるいは、薩長藩閥とは対照的になりますけれども、原敬が政友会を大きくしていくときに使ったコネクション人事と全く違うわけです。原敬の場合は、やはり自分が知っている人間、自分との関係で大丈夫という人間しか絶対活用しませんでした。しかも、そういった人材を原自身が熟知しているポストにすえていくわけです。後藤のように未知のポストにスカウト人事といった大胆さは、原にはなかったと言えるのではないでしょうか。そういう意味でも人の活用の仕方が随分違っていると思います。

もっとも満鉄総裁自体は彼は一年余しかやりません。ただちに中央政界に戻っていくわけですけれども、しかしそこで彼が敷いた路線はずっとつながっていきます。とりわけ彼が満洲経営の中でのポイントにしたのは、一つは満鉄調査部につながるような、調査主体で、とにかく知らないことを知ることが大事だということからスタートしているということです。それともう一つ、やはり満洲の場合に非常に印象的なのは、彼があそこに次から次へと学校をつくるんですね。旅順工大から始まって、理科系の学校、文科系の学校、その他含めて学校をつくって、そこで人材を育てていくことを常に考えます。つまり統治というものを長い目で考えたときに、人材を、しかも現地できちんと養成しなければ絶対にだめだという考え方が後藤の中にあったのだと思います。そういう面に確実に布石を打って、彼は台湾と満洲における赫々《かくかく》たる成果をもって中央政界に戻っていきます。これが日露戦争後のことです。

中央政界での彼がどうなるかという話はまた後でいろいろ出てくると思いますから、そこでお話をしたいと思いますが、とりあえず初期後藤、つまり日清戦争から日露戦争まで彼が頭角を現していく時期のお話は、そんなことではないだろうかと思っております。

## 後藤新平の都市計画

青山　佾

て、満鉄でも鉄道は広軌でなければだめだと。日本に帰ってきてもそうで、結局それはのちに東海道新幹線で生きることになるわけです。

震災復興でも色々ありますが、例を挙げれば隅田川を橋の博物館にしようと。市民からデザインを募集して、専門家に設計させる。いまだに白鬚《しらひげ》橋だとか、吾妻《あづま》橋、両国橋など、それぞれデザインが違うのは、そこから来ている。まさに橋の博物館で、隅田川を往来する観光船は、その橋を見ていただくということで、八〇年後の今でも我々はそれを使っている。八〇年前の建築物がいまでも観光の資産になっているというのは、日本ではめずらしいんですけれども、それを貫く思想に高級志向があった。これが一点です。

もう一点のネットワーク志向は、中身は二つあります。いま御厨先生もお話しになりましたが、台湾に行った場合ですと、新渡戸稲造を呼んでサトウキビを栽培する。原料を輸出したのでは付加価値がつかないので、精製をする。工場をつくり、道路をつくり、基隆には港をつくる。これも日本の国会と大げんかして、外債発行などある程度ですが認めさせるわけです。それで、製品として輸出すると。いまだに台湾では、砂糖が基幹産業の一つになっています。この砂糖の栽培、生産と輸出、販売に成功したのが、その

### 後藤新平の都市づくりの二つの柱

**青山**　後藤新平が台湾や満洲で植民地経営をやって、それから東京、横浜では震災復興をやった、その都市づくりの特徴を端的に言うと、一つは高級志向、もう一つはネットワーク志向、その二本の柱で見るとわかりやすいと思います。

高級志向というのは台湾のときに総督府をつくって、阿房宮みたいだと言われましたが、それに対して「いや、オペラハウスだって欲しいんだ」と反論した。当時日本の置かれた位置からすれば、日本が植民地経営なんかできるわけがないと欧米列強は言っていましたから、そこでどうやって成功させるかということでいろいろ苦心をしていたうちの一つが高級志向で、台湾に魅力のある町をつくるということだったと思うんです。これはその後も貫徹していまし

後植民地では唯一台湾が日本の国家に莫大な富をもたらした原因になったわけです。農業から輸出まで一貫したネットワークを、産業と都市構造との関係で組んだ、これが後藤新平の町づくりの特徴なんです。そういう産業や経済と都市基盤づくりとを結びつけて経済の発展を促した、これは満鉄でも同じようなことをやっているわけです。そういうことがネットワーク志向だという理由の一つです。

もう一つのネットワーク志向は、これが原点だと思いますけれども、亜熱帯の台湾では非常に伝染病がはやっていて、あんなジャングルで日本が経営できるわけがないと、やはり欧米列強から言われていたわけです。ですが、そこで道路、特に都市の道路をつくって上下水道を引いた。これはやはり、医師としての知識と、その前に学んでいた測量学――挫折しましたけれども――、そういう知識が役に立ったんだと思います。医師だから公衆衛生をやった、衛生局長だから伝染病でワクチンを、ということではなくて、基本的に国づくり、国土づくりからやったということだと思うんですね。現にいま台湾で出版されて売られている本に、後藤新平が統治していた当時の台湾の台北市の上下水道は、植民地の宗主国である当時の日本の上下水道よりよほど立派だったと書かれています。医学の知識を科学として国土づくりに持っていった、そういう分野・ジャンルを越えたネットワーク志向も持っているのが、後藤新平の特徴だと思います。

## 空前絶後の都市計画

その結果が最も生きたのが、もちろん台湾で大変な功績を挙げて現代の台湾人もそれを評価しているわけですが、計画論として生きたのはやはり東京市の八億円プラン、およびその延長線上である、二回目の内務大臣としての震災復興計画での環一から環八までの道路計画です。この環一から環八というのは、まさに世界の都市計画史上に特筆すべき計画です。皇居を中心として内堀通（環一）、外堀通（環二）、外苑東通（環三）、外苑西通（環四）、明治通（環五）、山手通（環六）、そして環七、環八まで。台湾のときは、直線道路と、環状道路は台湾城、台北城の城壁をなくして片側六車線の大道路をつくって、環状道路と直線道路と両方やったわけです。特に直線道路は、国会答弁でぱっと線を引いて、「これが道路だ」と言って大げんかしたという痛快な話が残っています。北辺にある基隆港と台北とを結ぶのが直線道路で、台北城の城壁を使って公園道路でもある環状道路をつくっているわけですが、それは東京市の八つの環状道路計画と共通です。東京の環状道路計画は、完成しているのは環七の一本だけですが、今でも正式な計画として存在するんです。

あの計画は都市の計画としてはほかの都市にはない。ニューヨークは碁盤の目状ですし、パリは広場を中心とした放射状の道路計画で、それはそれなりに幾何学的に美しいわけです。ローマは、ラファエロがポポロ広場からまっすぐ伸ばしたコルソ通みたいにまっすぐの道路です。どれもそれなりに非常に優れて美しいし、飛行機から見たりしたら見事なわけですが、もし後藤新平が描いていまだに東京都の正式な公的な計画として存在する環一から環八までが、環七の一本だけでなくて全部完成したとしたら、これは世界には例のないものすごく美しい都市になるし、しかも機能的な都市になるわけです。つくっていないだけでして、それは政治家が怠慢で、都民が怠慢で、行政が怠慢で、みんながだらしなくてつくっていないだけなんです。江戸時代にもやたら焼けたし、これほど空襲とか、震災とかに遭っているのに、一回も都市の骨格づくりを試みていない都市はめずらしい。ローマなんかだれもが何回も試みているし、ニューヨークは一九二九年の大恐慌のあと都市づくりをやっています。パリはナポレオン三世が二月革命のあと革命を起こさせないために、百メートルもあるシャンゼリゼなどをつくらせている。東京も何度も災害に遭って、そういうチャンスはあったんですけれども、これほど国民が強い意志を持って都市の骨格をつくらなかったという国民性もめずらしい。

後藤新平のそういう計画が出てきたのは、やはりこの人が法律家とか経済学者から出発したのではなく、測量学をやって医学をやったことが生きたと思うんですね。これは現代でも通用する話で、

**青山佾**　Aoyama Yasushi
明治大学公共政策大学院教授。1943年東京生まれ。67年都庁入庁。99年から03年まで石原慎太郎知事のもとで東京都副知事。『石原都政副知事ノート』(平凡社新書)『東京都市論』(かんき出版)郷仙太郎の筆名で『小説 後藤新平』(学陽書房)等。

すべての政策をする場合にも、社会科学と自然科学と両方やらないと成り立たない時代になってきているし、現に諸外国でも日本でもそういう傾向が出てきていると思います。そういう意味では、伊藤博文が後藤に「君は生まれるのが早過ぎた」と言いましたが——同時に、明治維新に間に合わなかったわけですから遅過ぎた——、それが表れているのだと思います。

町づくりとか国土づくりという点から後藤新平を眺めると、いまだに彼の思想や計画は生きている。学ぶべきことが、専門的に町づくり、都市計画の勉強しなかった後藤という人から出てきているのは、なぜそうなったのかという過程はまだ分析し切れていなくて、後藤新平はまだそういう意味での、分析の対象としての宝庫だと思います。

# 後藤新平の政治認識

粕谷一希

## 伝記のなかの後藤新平

**粕谷**　私は、近代日本外交史のなかで考えてみたいと思います。その前に私の場合は、鶴見さんとはまた違うんですが、非常に淡い、観客の一人として、後藤新平というのは子供のころから記憶がございます。たしか澤田謙さんに『後藤新平伝』という本がありまして、それがとにかく非常におもしろくて、そこから後藤新平という人を「エジソン」や「豊田佐吉」と共に記憶したんです。ですからそれは、『少年倶楽部』に夢中になっていた時代とほぼ並行しているわけです。ただ、その後二つきっかけがあると思いますけれども、鶴見俊輔さんと知り合ったということもまた後藤新平をよみがえらせる一つで、もう一つは、鶴見祐輔さんの一高の後輩にあたる河合栄治郎に対する僕の親近感があります。河合さんが死んだときに最初に駆けつけるのが祐輔さんですから、河合さんの友人としての鶴見祐輔がやはりクローズアップされてきた。二人がいたころの一高の弁論部というのはすごい人たちが揃っていて、とにかくべらぼうに英語がよくできたんですね。二人ともよくできて、アメリカに行くんですけれども、河合さんの場合はアメリカでも百人以上の人に会っているんですね。その英語力というのは、戦後の日本人にはちょっとないんじゃないかと思うぐらい非常に優れていたんです。それは鶴見祐輔さんも、河合さんも僕は同じだった気がします。

**粕谷一希**　Kasuya Kazuki
評論家、都市出版相談役。1930年東京生まれ。『中央公論』編集長，『東京人』創刊編集長，都市出版社長を歴任。『中央公論社と私』（文藝春秋）『二十歳にして心朽ちたり』『面白きこともなき世を面白く――高杉晋作遊記』（新潮社）など。

## 日本政治史の伝統的系譜からずれた存在

私は一応大学で政治学をやったので、政治学の方から見てどうなのかということですが、私には印象深い指摘を二度経験しています。一つは小島《おじま》祐馬《すけま》さんという、高知出身の、吉田茂と大体同世代の大中国学者で、京都大学で内藤湖南の弟分みたいな感じでしたね。内藤湖南と小島祐馬は二人ともなかなか政論が好きで、しょっちゅう研究室で時事問題を雑談をしていたということです。小島祐馬さんは晩年に高知へ行って隠棲して、僕が中央公論社に入ってからですけれども、お会いしたんです。そのときに小島さんが言った言葉が非常に印象的で、「日本の政治家の中で、明治以来考えてみると、結局大久保と原敬の二人かなと思っていたが、最近になって同郷の吉田茂というのも三番目に入るかなと考えている」ということを言っていました。

それからそのとき一緒に小島さんに会いに行った萩原延壽さんというのは京都から東大へ来た人ですけれども、この人が一つ示唆してくれた。一つは明治日本にとっての一貫した外交テーマは条約改正と半島問題だと。これも非常に卓抜な、簡単なことなんですけれども、いい言葉だなと思ったんです。もう一つ、萩原さんは陸奥宗光をやっていますけれども、陸奥、星亨、原敬というのは日本の政治家の中でのインテリ政治家で、星亨は悪名ばかり高かったけれども、大変な読書家なんだということを指摘された。それが一つの系譜になっていて、陸奥から星亨にバトンタッチされて、星亨が暗殺されちゃって、今度原敬にいろいろなものがバトンタッチされていくという解説を聞いたときに、なるほどと思いました。

ただ御厨さんも言っていましたけれども、原敬と後藤新平の対比列伝がないのはまさにそのとおりで、後藤新平というのは非常におもしろいという印象がずっとあった。いま言った大久保、原敬、吉田茂という政治家の系譜と、後藤新平との違いといいますか、相互のえらさ、貴重さを改めて考えることをあまりしなかったなという印象を持ちます。

## 子供の夢をかきたてた人物

ただ、後藤新平に関して言いますと、これはもう青山さんの領域ですが、後藤が建てた日比谷の市政会館というのは非常に印象的な建物で、時事通信があそこに入っていました。時事と共同というのは、同盟通信から分割されたものなので、先ほど話に出てきた岩永祐吉は同盟をつくった人です。岩永祐吉が今度は松本重治をスカウトして同盟に呼ぶんですよね。松本重治さんは、本当に僕はおもしろいいろいろなことを学んだ人ですけれども、戦後彼が追放になって弁護士をやっていたことがあるんですね。そのころチャールズ・ビーアドの『共和国』(*The Republic*) というのを彼は翻訳しているんですよ。今でも持っていますけれども。ビーアドと後藤新平とのつながりというのは、そういうふうに連綿としてきたんだなという印象があります。ビーアドと後藤新平、それから関東大震災とビーアド、東京の都市計画とビーアド……。そういう意味で、後藤新平の世界認識の問題につながってきますけれども、本当に日米関係の中で要になるようないい関係が成立していたのだなと。後藤新平を知ることによって、日本人はビーアドの本を見直していったでしょうし、そういう線を伸ばしていけば、少なくともあの太平洋戦争という愚行に直線的には進まなかったろうと。

ただ、戦後の日本人の歴史への反省というのは、戦争に協力したかどうかということで単純に割り切ってしまったものですから。そうすると、結局戦争中に無傷だった谷崎(潤一郎)さんとか(永井)荷風さんが偉いとか、思想家・ジャーナリストで言うと石橋湛山が偉いということになる。石橋湛山の小日本主義というと、ある意味では非常に卓見で先を見ていたと思いますけれども、ただ、石橋湛山のような意見は戦後でないと実現できなかった。結局明治時代の日本は、新聞記者でも学者でも、ジャーナリストでも、みんな大日本帝国の経営という点では、ある意味では一致してしまっている。その上での話になるわけです。だからそれ自体が無効だというような議論は、なかなかできない。

そのシンボルが、僕は後藤新平のような大経営者だと思うんです。やはり植民地経営を全面的に否定すればいろいろ問題が出てくる。もちろん道義観念から言えば悪いことは悪いですけれども、台湾経営にしても満鉄の経営にしてもすばらしいことをやっている。結局そういうものが、台湾でも今の東北三省でも、いろいろな意味で基盤整備になっていた。東京でもそうですね。単なる政治家ではなくて、文明全体の建設者というか、そういう意味での巨大さを見ていかなくては後藤はわからない。

後藤新平の場合は、どうも政治というのは一種の手段だったので、むしろ鉄道とか、都市づくりとか、そういうものがむしろ彼の狙い、目標だったのではないか。だから僕らは子供のころ、それこそ『少年倶楽部』か何かで「弾丸列車」というのを散々聞かされました。日本から朝鮮半島を通って、満洲からヨーロッパまで行くんだという、子供に楽しい夢を与えてくれた話として今でも覚えています。広軌鉄道というのも、どういうわけだか少年雑誌は一生懸命、広軌がどういうものだかを教えるわけですね(笑)。ですからそういうことも後藤新平とともにあった。だからどうも僕は、後藤新平を政治家としてとらえること自体がちょっと、全体をつかんでいない気持ちがします。

# II ディスカッション

**司会** ありがとうございました。今、粕谷さんから、後藤を政治家としてとらえるべきかということが出ましたが、やはり政治家という立場にある人は、少なくとも国家百年の計という見通しがなければ失格ではないでしょうか。その意味でも、いま後藤を見直すことは非常に大事なことだと思います。

また、いま御厨さんからも青山さんからもありましたが、後藤の最初に「衛生」——生を衛《まも》る——という概念がある。「生命」の問題がいま叫ばれていますが、生命をどう再生産するのかというところが後藤自身の出発点としてあった。そういうものと国づくりとがどうつながるのか。

それから、後藤は後年、「自治」について講演をしたり本を書いたりしています。当時の体制側からの自治、山県有朋などの言う自治と、後藤の言う自治は明らかに違う。そのあたりについて、まず青山さんからお話をしていただければと思います。

## 明治の人材登用システム

**青山** 「自治三訣」の考え方というのは、現代のボランティア活動で、アメリカなどで「プリーズ・ヘルプ・アス・トゥ・ヘルプ・ゼム」——彼らを助けるんだから僕たちを助けて——と、そういう言い方をするわけですが、まさに「自治三訣」を英語で言うとそういうことになるのだと思います。後藤新平はそれを先どりしていた。それでいて、福沢諭吉に「立国は私なり」という言葉がありますが、個人の自立があって初めて国家があるという思想の流れでもあるので、個人の自立を重視した近代感覚もあったのだと思います。

それと後藤新平の「衛生」の原理とは、つながっていると思うんです。「衛生」つまり人の生命を守るということは、結局人を育てるということでもある。それは時代状況のなかでとらえることが必要だと思いますが、後藤新平自身、東北の下級武士のせがれだったのが、安場保和らに才能を見出されて、育てられたという意識が非常に強かったんだと思うんです。だから、自分も身びいきはしないで、人材をスカウトして育てる。最後にはボーイスカウトに力を注いで、特に若い人を育てるところにつながっていく。

後藤新平の「自治三訣」とか「御親兵一割損」というのを見ていくと、それは後藤新平が最もよく体現していたけれども、そういう人材登用の考え方が、明治という時代にビルトインされていたと思うんですよ。現に後藤新平だけではなくて、水沢という負けた側の地域一帯から、原敬とか斎藤實といった人材が登用されていたり、科学者の世界でも北里柴三郎など今に匹敵するぐらい世界的な科学者が出てきているわけです。現代と引き比べると、人材を登用するシステムが決して逼塞していなかった。たしかに封建制度の残渣《ざんさ》や、権威主義的なものなど、もちろんいろいろありましたが、人材登用のシステムが社会にビルトインされていたのはなぜなのか。高学歴・高所得者の子弟が高学歴になるとか、人材登用の固定的なシステムは現在の方が逼塞している。明治の方がダイナミックだったと思います。

明治維新の会津戦争のときと箱館戦争のときとでは、明らかに新政府が変わっていたわけですよ。会津戦争では大虐殺をやったわけです。大虐殺をやって半年死体を埋葬させなかったというのはすごいですよ。婦女暴行を盛んにやったとか、それだけじゃないと思います。戦争が暮れにあって、夏まで片づけさせなかった。もう会津じゅうに死臭が漂っていたそうです。そういうことを明治元年から二年にかけてやった。それに対して箱館戦争のときには、榎本武揚だって相馬主計《そうまかずえ》だって、だれも首を切られていないわけですね。それを考えると、新政府の側の意識が、会津戦争のときまでは内向きで、内戦をいかに勝ち抜くかだったのが、会津で勝って、これは大変なことになった、日本の国家を担うんだと。そうすると外向きにどうしても意識が行くので、日本を植民地にしようとしている諸外国に対して、どう対抗していくかという意識の方が、箱館戦争のときには勝っていた。明らかにその点は、権力の意識が変わったんだと思うんです。欧米列強に日本の国土を蹂躙させないというテーゼの方が優先する意識になっていた。

それを人で象徴すると、西郷隆盛の、武力闘争で革命を起こすんだという路線から、大久保利通の、使える人材は全部使うという、テクノクラート重視の思想に新政府が変わっていった。その流れの中で登用されて、自分も人材を登用していった、その典型が後藤新平だとも言える。現代の私たちが、日本の中で人材をどう伸ばしていくのかと考えたとき、教育制度の問題としてではなくて、いま五十歳代、六十歳代の人たちの、お互いの気持ちの持ち方、社会に対する献身の仕方の問題としてみんなが自らを省みる必要があると私は思うんです。

安場保和が十一歳の少年の後藤新平を預かり、十二歳になって阿川光裕に任せたときに「この子の天性のままに育ててくれ」と言ったという記録が残っています。だから後藤新平は相当な才能だったんだと思いますが、占領軍の大参事がその才能を見抜いて、若者に預けるいう発想、それが占領軍の側にあったというのは、私の世代でも、アメリカ占領軍のマッカーサーの経緯を知って育っていますから、それは大変なことだったと思う。特に激しく戦った東北の地でそれを占領軍がやったということは、諸外国との関係で明治新政府の権力の側の危機意識がそれだけ強くて、それで人材登用というメカニズムが働いたんじゃないでしょうか。

## 二百年の幅で歴史をとらえる

**鶴見**　「国家百年の計」というのを日本に当てはめると、いま二〇〇四年ですから、百年前というと一九〇四（明治三十七）年なんですね。一九〇四年というのはなかなか有望な年なんですが、一年遅れると一九〇五年になって、その辺から日本の自尊心が肥大して、いまの日本の原型になるわけです。だから百年にこだわらずに、私はむしろ日本の歴史で言えば二百年で考えれば随分視野が広がると思います。二百年というと、明治国家の前でしょう。そこまで考えなければ。

私の非常に古い友達で、もう死んでしまった社会学者のマリオン・リーヴィの考え方では、吉宗の時代に変化があったというんですよ。彼は、元々家族社会学だったんですが、吉宗の時代、一七〇〇年代から養子が非常に多くなった。商人でも侍でも。ことに天文方や何か、技術の人は、自分の子供に数学の才能がなければ家が断絶するから非常に困る。だから、それができる人を養子にした。しかも養子にすると、形式があるからあまりぎくしゃくしないの。今日養子に来た自分があしたの朝、お母さんに会ったときに何と言うかというと、これは熊倉功夫の説だけれども、全然迷うことはない。「おはようございます」と言えばいいわけ。つまり、形式があるわけなんですよ。だからそういうようにリーヴィは全く形からいって、瀧川政次郎とか、本庄栄治郎とか、堀江保蔵に聞いて歩いて、吉宗のときに養子がいたるところで出てきたという仮説をつくるんです。ですから変化は、吉宗の時代から。つまり養子を重んじる、それがずっとあって。蘭学もまさにそれだと。

**青山**　学問や技術を伝承していくシステムがあったわけですね。

**鶴見**　蘭学は、日本国家全部を相手にして、自分を守らなければいけないでしょう。だからできない子がいたら困るわけですよ。水沢に、ほんの小さな家があるんですよ。佐々木といったと思うけれども、岡山まで来て乞食同然になって門前で倒れていた佐々木高之助を養子にしたのが、蘭学の箕作阮甫の家なんですよ。箕作の家で佐々木に自分の娘を娶らせて箕作省吾となり『坤輿図識』という世界地図全七巻をつくる。それが明治になって華族制度ができると、男爵になるのはその養子の子です。

**青山**　明治だけではなくて、江戸時代でも中期以降そういう学問や技術を伝承していくために才能のある人材を登用していくというシステムが、身分制度の中でも見事に機能していたわけですよ。

**鶴見**　歌舞伎もそうでしょう。特に箕作というのは、養子のほうにものすごい人材が出ているんですよ。いまも活躍している人がいる。自分の家の前で、行き倒れになったような有望な人間を、実子を差し置いてあととりとする、それが男爵なんですよ。そういうところに、精神があるんですね。

だから日本では、「国家社会」という中に詐術が含まれているんですよ。社会から国家をつくるわけで、国家から社会をつくるというのは幻想です。私は、日本の知識人はみんなその幻想の中で育っていると思う。知識人というのは、日本の場合国家がつくったんです。東大だって、国家ができてからのものです。しかし、最も若いアメリカをとっても、ハーバードは一六三六年創立ですよ。アメリカ建国は一七七六年。こんなに違いがあるんですよ。だから古い射程から見る。あるいは、イギリスのオクスフォード、ケンブリッジ、イタリアだったらもっとはっきりする。そういうところから知識人というのが出てくるので。日本の場合国家につくられた知識人だから、国家が決めたことを代弁するように初めからなっているんですよ。だからウィルソンとか何とか言ったって、また戦争になれば天皇万歳になるようになっているんですよ。だからどうしても二百年まで持っていくと、違ってくるんです。

後藤新平は、留守家という一万石の、戦国時代からの留守家家臣団ですよね。後藤の家は一〇石ぐらいだから、自分の給料で食えるような人ではないんですよ。白米食えなかったと思います。糅飯《かてめし》だったと思う。結構その家臣団の中では身分が高いのよ、あれ。中小姓なんだ。割合に身分が高くても、手習いを教えるアルバイトをやらなければ食えない。百姓仕事もやって炊き込み御飯で食っていた。それでも、身分が高い方ですよ、もっと下がいるんだから。部下を養わなければならない、賊軍だから。賊軍だと言ったって、伊達に対して大した帰属感は持っていないわけね。もう留守は伊達に改姓しているんだけど。維新後とにかく何も収入がない。そこから新天下を見るわけ。そうしたら、昭和の感覚と違うんですよ。

## 「衛生」はパブリックである

**鶴見**　衛生をとってみましょう。衛生は村全体、県全体が巻き込まれてしまう。ずっと日本は鎖国しているわけだから、外国からコレラとか何とか来ると、大変なことになるわけだ。大体、江戸末期から。これに立ち向かうのは衛生でしょう。衛生から見ると、もう賊軍、官軍はないんだ。

**青山**　そうなんですよ、科学技術なんですよ。

**鶴見**　だから後藤新平がたまたま手にして、これと思って力石みたいにずっと支えた衛生。著作のタイトルには国家と冠がつくけれども（『国家衛生原理』）、それは賊軍、官軍の区別を超えたところに根がありますよ——偶然安場保和が出てきたために超えられたんだけど。つまり国家社会じゃない、社会なんです。衛生というのは言いかえればパブリック（公共）ということですよ。パブリックだという考え方は、精神分析的に言えば、やはり賊軍としての出生と文無しの乞食の少年だったという経験と結びついて出てきていると思う。それが偶然、児玉源太郎が登用してくれたことで、検疫の長になるわけでしょう。そこで活かされて、台湾でも、となってくるわけね。だから賊軍、官軍の区別を超える体験が幼いころにあって、そこに全生涯の根があった。エリクソンのように『若きルーテル』とか、『ガンジーの真理』とかいうふうな仕方で後藤新平に精神分析の目を向ければ、そこのところに衛生の概念が非常に強く、医学を超えて社会に政策として出ていく可能性があった。

公共というのは、その政策は主として国家が担う。だけど国家に任せると、そこで長になった人たちは自分の立場、利益でやるからすき間ができてくる。だからパブリックという考え方に合わないわけでしょう。

**青山**　国家が人材を育てるといっても、その場合の基準が問題だと思うんですよ。それから国家をだれが構成しているか。国家意思をだれが形成しているか。後藤新平みたいに無私の思想を持った人で構成しているならいいけれども、国家権力の機構の一環にあるという地位にしがみついている人で国家の意思が構成されるのだと、人材は育成できない。その場合には、やはり国家権力は常に悪であり、常に対抗勢力が必要なんだという民主主義の原理を貫かないといけないので、だから社会が人材を育てるんだということになると思います。

**鶴見**　そちらの方から考えればそうだけれども、後藤新平に戻って言うと、彼は民権運動になんてあまり興味を持っていなかった。デモクラシーにそんなに興味を持っていなかった。

**青山**　公民館はつくりましたけれどね。

**鶴見**　興味はなかったけれども、国家が薩長のえこひいきでつくられていて、公共のことを考える能力はないことはわかっている。そうすると、そのすき間をどうやるかを彼は考えて、自分がやると。自分より上の権力を持っている人間で、目の覚めた人間がいると思ったし、不思議なことに実際にそういうコネをつかんだんですよ。児玉源太郎はそうだし、伊藤博文との「厳島夜話」ってあるでしょう。一晩で国策全部を上下対等で論じるなんていう機会は、いまの日本にはないと思いますよ。明治なかばまでは上の人にそういう人間がまだ何人かいたし、彼はそういう人間と出会う運に恵まれた。だから彼は、児玉と同じ旅館に泊まったときに、隣の部屋で下僕のように仕えたという。それは、上官だから下僕のように仕えたのではない。彼は自分の上司でも嫌と思う人とは完全に手を切ってしまう。長与専斎との関係なんかそうですが。

**青山**　児玉源太郎と後藤新平の共通点は、地位志向ではなくて、仕事志向だったという点において同志意識みたいなものがあったのでしょうね。

## 慣習を尊重した後藤新平

**粕谷**　衛生とはパブリックのことだという鶴見さんのおっしゃるのは非常に示唆的だと思うけど、ただもう一つ、先ほどの「自治」ということで考えれば、後藤新平は慣習法を重んじたでしょう。自然村的な秩序の中に生きている慣習を調査しろということをしょっちゅう言っている。満韓でも、白鳥庫吉とか津田左右吉に調査をさせて、自然村的な都市や農村の秩序がどうつくられているのか、慣習はどうなのかということを、盛んに調査する。だから、後藤の自治というのは、内務官僚が考えている自治ではなくて、後藤のそれこそ生物学的原則までいくものなのではないか。

**御厨**　民衆の視点ですね。民衆がとけこんでいる自然的秩序の調査ということになりますね。

**粕谷**　歴史的に言えば、天皇制以前の氏族社会から慣習があるから。

**鶴見**　四つ、五つから十一、二歳までの彼の眼に映っていた日本の国というのは、やはりそこがキーではないかな。二百年の枠で考えると、国家をつくった、国家以前の社会が彼の眼中にあるわけでしょう。結局、理論的な言葉にはならなかったけれども、理論的な言葉を彼のために見つけてくれたのは新渡戸稲造なんですよ。統一国家ができる前のドイツのさまざまの慣習法に関して、新渡戸がマンハイムなどの理論を持ってきたわけでしょう。イギリスも慣習法で、台湾にもその慣習法の考え方を導入して。それと気が合ったのは、やはり〇歳から十一歳ぐらいまでの後藤と新渡戸の体験に呼応するものがあったから。だから、若きルーテルみたいにして考えれば、そのあたりのことから新しい後藤新平伝が書けるのではないかなと。

**青山**　後藤新平が児玉源太郎に請われて台湾に行ったときに、真っ先にしたのが、台湾総督府の中で法律の専門家が非常に多かったので、それを日本に帰してしまった。そのかわり土木とか農業、工業、建築とかの学問を修めた人間を引っ張ってきたわけです。その当時、下関に船で続々と法律職が上陸したという話が残っていますね。それぐらいに人を取り替えたのは、やはり彼の自治というのは生物学の法則で、台湾に合った行政をやると、政策をやるためには制度で考えないで、その土地に合った実質で考える。その意味で言うと、現代の日本の地方自治も、「三位一体の改革」だとか制度論を語る人は大勢いるし、語る場も公的に税金で運営されている場がたくさんありますけれども、本当はむしろ政府が縛るのを全部やめてしまって、地域で自主的にやりなさいということをやればいい。政策を議論すべきなのに依然として制度論を語っているのがいまの日本の自治についてのやり方なんです。その意味で、後藤新平がやったやり方は非常に実際的で現実的だったと言えると思います。

## パトロン型政治の面白さ

**鶴見** それがどこから来たかというと、明治国家をつくる前の体験、賊軍の側に立った子供として放り出された、その体験が残っていたからだという気がしますね。公共という考え方はどこから来たかというと、具体的に検疫という考え方にぶつかって、一度衛生局長になってそれをやった。国家単位でやったでしょう。だからこれは日本の歴史の中で画期的なことなんですね。鎖国していたものが開いたわけだから、外国からいろいろな菌が入ってくるわけでしょう。それに対抗する偶然にいい位置にいて、全部を処理する権能を、児玉によって、与えられたということね。

彼は、非常に優れた軍人のバックを得ていますよ。それは児玉源太郎であり、山本権兵衛、寺内正毅でしょう。軍人で偉いやつは確かに偉いんですよ。偉くないやつは、偉くない。だから偉くないやつとはとっくみあいのけんかをして、台湾ではじめに辞表を出しますね。

**御厨** それはおもしろいと思います。おそらく後藤新平の政治は、パトロン型のプロジェクト政治ですね。絶対的なパトロンが必要です。そのパトロンを彼は本当にうまく見つけたわけで、児玉、桂、寺内というのは、これはもう長州閥の中でも一番の立て役者に他なりません。

**鶴見** 桂は重要でしょう。

**御厨** そうなんです。この三人に彼が重用されたということの意味は、かなり大きいと思います。今申し上げたパトロン型のプロジェクト政治でやっていこうとすると、どうしても政党政治とは相容れないものが本質的にそこに含まれています。一つには、彼のプロジェクトが息が長いということ、それからもう一つは――これはときどき僕も書いていますけれども――都市計画とか植民地政策は、根本的にどうしてもデモクラシーと合わないわけです。公の精神でも何でもいいんですけれども、それを体現したある巨大な力が、住んでいる人間や物をある種強制的に動かして、それで道路をつくります。でもそこには必ず利害対立がありますから、賛成・反対入り乱れての人間模様が展開されることになります。ですからそこはすごく興味深い論点を形作ります。一方で原敬は政党政治の枠組の中で非常にミクロな利益を体現していきます。これに対して後藤新平の場合はむしろそれを否定し、先ほど粕谷さんが言われたように、非常にマクロな視野から文明の利益みたいなものを体現していくのですね。ですから地方利益と文明利益というのは対比されるところがあって、その場合の文明というのは絶対に政党政治の枠組の中には入らないんですね。

大正期の政治は、議会制と政党政治の枠組を前提にして、すべてが組織化され制度化されていく特質をもっています。後藤の場合、そういうものに対する本能的対抗意識がありました。だからこその「政治の倫理化」ですよね。そして晩年に「今日流の政党制の政治ではなく」と彼が言うときの本音は、組織化されたもの、制度化されたものはもうその時点でだめになっているという否定的評価に立っているわけです。既成のものに寄りそうのではなく、制度や組織はある公の精神に則ったプロジェクトに合うように変えていくべきだという、かなりラディカルな発想になっています。そうでなければすべてが陳腐化するという切迫した感じが、彼にはあったと思うんです。当時の大正デモクラシー期の政治に対する、彼なりのアンチテーゼというか、制度化されないもの、組織化されないものを目指して、絶えず流動化していく面があったのではないでしょうか。多分その辺が、最終的に彼が政治的な場面で敗北を喫するゆえんでもあるということですよね。

**青山**　政治的にはね。

**御厨**　そう、だからプロジェクト化のプロセスとしては成功するんですよ。しかし政治的な場面では、彼は退場せざるを得ない。

**青山**　首相にもならなかったしね。明治時代に福沢諭吉が思想という面で国民を啓蒙したとすれば、後藤新平はテクノクラートとして国民をかなり啓蒙したのではないかと思うんです。

**御厨**　そうですね。だから今こういった人材を探すとしたら、政治家よりは、ベンチャー企業の経営者みたいな人ではないでしょうか。こういう人も絶対にパトロンが必要ですね。その中で、いわゆる普通の会社組織ではなくて、組織化されないものとして経営を展開していくわけです。いまの日本の政治や行政の実状と比較すると、とても考えられない状況になっています。

**粕谷** やはり政治ということを考える場合は、根本的な矛盾があって、いま言われた文明の利益と大衆の利益と、大衆と文明が対立するわけだけれども。「百年の計」というのは、ある意味でテクノクラートの方が考えているけれども、いまの道路族の改革を妨げるのは地元民というか大衆の利益であって、それが永遠のテーマですね。そういう意味では、僕は、後藤の政党不信は理由があるものだと思います。実業家の世界でも、戦前の実業家の方がおもしろい。渋沢栄一から岩崎彌太郎から、彼らは、本当にみんなパトロンになるのね。

**青山** 安田善次郎だってそうですよね。

**粕谷** それをみんな「財閥富を誇れども、社稷《しゃしょく》を憂う心なし」か。そういう若手の青年将校たちの短見がいかに世を誤らせたか。やはり社会が発展していくのに、ある種の富の集中というのは必要なんですね。それを単純な正義感で否定してしまった。

それから戦後は、僕は「サラリーマン重役」というんですが、社長が三年ぐらいで交代するでしょう。そういうサラリーマン社長にはパトロンの資格はないんですよ。経団連とか何とか組織はできるけれど、本当の意味での、自分の趣味を生かしたパトロンということにはならない。そこが非常に問題で、もちろん実業家がみんないいというわけじゃないけれども、言ってみれば結局実業家から大蔵省という役所が全部富を一度とり上げてしまうでしょう。それで何をやっているかというと、大蔵省管轄でたくさんの国有地を持っている。

昔、司馬遼太郎さんが土地公有論をぶったことがあるんです。この問題で、ぜひ『中央公論』で松下幸之助さんと対談をしたいということをおっしゃって。そのときに松下さんが「そんなこと心配しなくても、国有地は増えるんや。私たちみたいなものが死にまっしゃろ。そのときに公有か私有かという問題ではない。実際には土地の使用をだれが許可するか、そちらの方が本当の問題なんですよ」と。司馬さんよりも松下さんの方が一枚上手だなと思いました。

やはり後藤さんのようなことだと、プロジェクトまでがその人の個性と趣味によって彩られて、非常におもしろいものができるけれども、その他大勢のお役人がつくる大きなプロジェクトは、結局血も涙もないものになってしまう。だから戦後の平等主義から考えると後藤新平というのは本当に解けない存在で、パトロン政治もそうだし、植民地経営もそうだけれども、近代日本の大きな問題が、ジレンマも含めて後藤に集約されているかもしれない。

## 後藤新平――未完のプロジェクト

**青山**　後藤新平がパトロンを得てプロジェクト型でやっていって、しかし問題は、常に彼のプロジェクトが、かなり実現したんだけれども完結しなかった。震災復興でもそこが問題だし。

**御厨**　未完のプロジェクトですね。

**青山**　それから今おっしゃった、土地は所有するのか、利用するのかという点で言うと、いまだに日本はその問題を引きずっている。所有権イコール絶対保護で、その所有権を、公共のためにほとんどとり上げられない。しかも所有権を持っていればほとんど何をやってもいい。憲法では公共の福祉のために用いるとなっているんですけれども、実際にはとり上げられない。後藤新平は一度それを公共のために使える法制度をつくろうとしたわけです。一九一八(大正七)年、内務大臣のときに内務省に都市計画課をつくって、それは内務大臣を辞めてすぐに公布された。都市計画法も建築基準法も、後藤新平が内務大臣をやった一九一九年に公布された。いまだに日本は、都市計画法も建築基準法も基本的にはそれで来ているんです。あのときに彼は、建築に対してきちんと警察行政をやろうとしたわけです。一応手がけたんですけれども、ほとんど中身が建築基準法で骨抜きにされてしまって、警察行政的なところができなくて、所有者は何をやってもいいという現在の所有権絶対保護主義につながってしまっているわけです。あのときに彼が建築制限をしようとしてできなかったことは、日本の近代の、特に今の東京の町がごちゃごちゃ、めちゃくちゃになってしまっている一つの原因になっていると思うんです。

先ほど二百年サイクルでとおっしゃいましたけれども、江戸時代にも、そういう点は野放しだった。明暦の大火が一六五七(明暦三)年ですけれども、市街地の八割が焼けたのに、規制したものといったら木のひさしを道路に出してはいけないぐらいで、あとは何もやらない。イギリスでは、一六六六年のロンドン大火で木造一切禁止みたいな思い切ったことをやったのに比べると、本当に所有権の制限を江戸時代にもしなかった。半面、自由であったということも言えるんですけれども。日本の近世から近代にかけて、現代の所有権絶対保護主義みたいなものができてしまったことが、やはり日本で都市の骨格構造でさえつくれない原因になっていると思います。だからそういう角度から後藤新平論を見るのもいいのではないかと思うんですね。

## 昭和天皇も評価していた

**御厨** そうですね。先ほどのやはり粕谷さんの発言に触発されて言いますと、昭和天皇は後藤新平を好きだったんですよね。これは僕も以前に書きましたが、昭和天皇が戦後の記者会見の中で、後藤新平の震災復興計画がうまくいっていたら、東京大空襲の被害はもっと少なかったはずだと、はっきり言い切るんです。「後藤新平の大風呂敷」と言われたけれども、それはやれたはずだということです。

もう一つ、昭和天皇のおもしろいところは、自分が読んで影響を受けた著書の一つに、ビーアドの『東京市政論』を、箕作元八の本や山鹿素行の『中朝事実』と並べて挙げているんですね。これはまたみんなびっくりするわけです。どうしてビーアドの『東京市政論』が突然出てくるのかということですよ。昭和天皇も非常に戦略的な人だと思いますけれども、戦後のある時期に後藤新平をわざわざ挙げて「後藤新平の計画がうまくできなかったのは残念です」と言ったんです。うまくできなかった最大の理由は、政党政治にやられたということなんですが、天皇の発言は暗にそれを示唆していると言えなくもないわけです。これはなかなかの政治的センスだと思うんだけれども、そういうのもありますね。

**青山** 後藤新平がやろうと思ってできなかったことをいま挙げると、現代に通用するかもしれないでしょうね。それは、もしかしたらチャールズ・オースティン・ビーアドの影響あるいは関連があったかもしれない。ニューヨーク市立図書館に行ってビーアドの文献を調べたら七三件ありまして、そのうち関係のありそうなものを拾い読みしたんです。アメリカ外交史の学者としてのビーアドの考え方は、要はアメリカはアジアに対して友好的であるべきで、植民地化するべきではない、アジアの発展に手を貸すべきだと。それで、都市計画とか町づくりをきちんとした方がいいという考え方だったと思うんです。ビーアドのそれはもう強固なそういう信念に基づいているんだと。コロンビア大学をそれで追われているわけですからね。

けれどもそれは、ビーアドと知り合う前に後藤新平が台湾でやった思想とほとんど一致しているんですね。ビーアドは、都市計画の専門家でも何でもない、アメリカ外交史の学者であるのに、半年も東京市に来て町をああしろ、こうしろという助言をする。しかも関東大震災のときに、後藤新平の方はどうしようとビーアドに電報を打って、それに対してビーアドが打った電報は「ただちに新街路を決定せよ。それまで家を建てさせるな」と。後藤新平の従来からの建築規制の考え方と全く一致しているわけです。

**鶴見** そう、最初にぱっと電報を打つというビーアドの動きは、確かに後藤新平とぴったりと合うんですよ。つまり、ゆっくり考えますとか何とか言う、学者ふうのはだめなんだ。

**青山** 太平洋を電波が行き交ったと言われているわけですけれども。電報で行き交ったというのはおもしろいですよね。

**鶴見** ぱっと行くんですよ。思考のプロセスでいえば思いつき型と実験技術型の二つの組みあわせで、中間の演繹が欠けている。いろいろなことを知っていても、ぱっと一つの思いつきに結果しないような学者は、もう信用しない。だけどビーアドは実行の経験が非常にあって、ニューヨークの悪玉の巣であるタマニーホールや何かをよく知っていたでしょう。だからたくさんのことを知っているんだけど、学者風にあれこれ言わない。ぱっと一つのことを言うんだ。そこが、気が合ったんでしょうね。

**青山** それと建築家とか土木家とかじゃなくて、アメリカ外交史の専門家だったから、東京市に対してより的確な助言ができたということも言えるかもしれない。つまりディテールにこだわらないでその土地に合った助言をしたから、だから後藤新平もそれをとり入れることができたという面もあったのではないかと。

それで、私は一〇八歳の田辺定義（元・市政調査会理事長）さんに手紙を出したんですよ。でニューヨーク市立図書館でビーアドのいろいろ読んでこう感じましたと、いま言ったようなことを書いて。ビーアドは、アジアに対して友好的で、発展に手を貸すべきだという強固な信念があって協力したんだなということで、気持ちが落ち着きましたという手紙を出して、田辺さんを訪ねたんです。そうしたら田辺さんが言うには、そのとおりなんだと。その証拠に、日本が戦争を始めてからは、我々がアメリカに行ってアポをとろうとしても、もうビーアドは会ってくれなかったと。もうだめだ、日本人はと。そういうふうに私は感じましたと、田辺さんが私に教えてくれた。

## イデオロギーよりも仕事第一

**鶴見** 後藤新平には、イデオロギーという考えがないんですよ。イデオロギーというのは割合に日本に早く入って、明治半ばにヨーロッパ思想を入れたときから、ヨーロッパの左、右とかイデオロギーの考え方は非常に強くて、知識人になる人間は大体イデオロギーが入って区分けされてしまう。ところが後藤には、イデオロギーというのはわからなかったと思うんです。彼の「公共」という考え方は、イデオロギーのすき間にあるんですよ。つまり左の人間だって右の人間だってコレラで死ぬのだから、両方をどうしたら助けることができるのかという問題は、イデオロギーを超えてしまう。だから、後藤新平は子供のときに賊軍の側に立って放り出されたということがあって、それが公共という考えの起源なんです。それはそれでしっかりと七〇年走り切ったという感じはするんです。

イデオロギーの働きが弱いのが、めずらしいなと思ったのはシベリア出兵のときですよ。あれは生涯の大失敗だと思うんです。どう考えてみても失敗で、その責任は後藤新平個人に帰せられるんです。ロシアに行った駐露大使の内田康哉が、「赤軍は人民の信頼を受けている」という電報を打っているんですね。それを押し切ってしまって、外務大臣としてシベリア出兵に強引に持っていくわけでしょう。最後まで反対したのは、石橋湛山ぐらい。後藤はそれで大失敗をやる。アメリカ、イギリスの信頼も失ってしまう。

そのときに、失敗に気がつくのも早いんだよ。イデオロギーがないから、固執しないんだ。イデオロギーがあれば固執するなり、最後まで頑張るけれども、固執しない。自分が今度は責任をもって、赤色政権のヨッフェを呼ぶでしょう。暴力団に家に攻め入れられて、後藤新平の息子（一蔵）が腕を折っている。

**青山** そうですか、その反対する人に。

**鶴見** そう、暴漢にやられているの。それで、親父（鶴見祐輔）は後藤邸内の南荘から出てくるんだけれども、遅れるんですよ。私は親父をななめに見るから、そこに親父のためらいを感じるのだけど。木刀持っていくんだけど間に合わなくて。そこで、とにかく家まで踏み入れられる。それでいろいろなビラも書かれるし。だけどヨッフェを自分の責任で呼ぶんですからね。熱海で会談して、温泉療法なんかして。のちに自分がロシアに行ったとき、すでに死んでいるヨッフェの墓まで行ってお参りしていますね。あくまでも個人の信義であって、イデオロギーは抜けているんです。最後、二度脳溢血をやった後だけど、その「薤露《かいろ》の金」をみんなに渡して、ロシアに行ってスターリンと会うでしょう。これはロシアと日本の国交を回復する、もともとの「厳島夜話」の争点にはこたえています。イデオロギーがないから、初めは赤軍をやっつけて、沿海州はいろいろなことができるじゃないかと思ってやるんだけども、失敗すると今度は赤軍もいいところあるじゃないかと逆に乗りかえる。ああいう無節操は、イデオロギーという考え方があった後の日本の知識人には思いつかない。「川の中で馬を乗りかえる」というけれども、あんな無茶なことをよくできるね。

後藤にイデオロギーがなかったということは、かなり重要だと思います。つまり江戸時代の儒学で言うと、儒学もとんでもない朱子学風のイデオロギーがあるけれども、そちらとは無縁なんです。彼は漢文がかなりできたんだけれども、詩や何かをつくるときは、引いているのは『荘子』なんですよ。監獄に入ったときの詩を一つ持っているんだけれども、それはもう、『荘子』の「胡蝶の夢」だね。蝶はどういうふうに飛ぶかなんてことも前もって考えなくていいから気楽でいいという、そういう獄中の詩ですが。朱子学なんかとおよそ無縁な。だからイデオロギーという考え方は朱子学として確かに江戸時代にもあったけれども、その系統に後藤は行かない。日本に明治から大学ができてイデオロギーが入るけれども、それとも関係がない。名もない須賀川医学校。

大学教育を受けた人間から言えば、初めにシベリア出兵なんか強引にやっておいて、後でよくヨッフェなんか呼んでやれるなと。バカと違うかと思うんですよ、大学教育を受けた人間から言えば。だけれども元々そういう無節操は、明治以前から賊軍の子として育ったという、そのときからある。私は、シベリア出兵というのは生涯最大の汚点だと思います。人を実に殺しているし、無益なことをやった。それからぽんと飛ぶという無節操。

**青山**　日本から行った兵隊自体が悲惨な目にあっていますね。

**粕谷**　ただ、赤軍ないしは共産党が長期政権になれないだろうということは、あの当時多くの人が思っていたのではないですか。

**鶴見**　粕谷さんは、弁護するなあ。

**粕谷** 常識の盲点だと思いますけれどね。だけど非常に多くの人がレーニンの政権はそんなにうまくいくのかなと。

**鶴見** 宮本百合子の『二つの庭』に、中条の父につれられて百合子が後藤新平を訪ねてくる話が出てくるんですよ。非常に共感の気分が流れている。つまり百合子のお父さんもテクノクラート、技術者でしょう。そういう意味で未来を考える、非常にさわやかな気分を感じたと言っています。それで、新平は百合子がロシアを訪ねるため、パスポートがとれるように便宜を図ると。それで自分の孫（佐野碩）もそういうふうに、いまラディカルな人間として生きていると誇らしげに語るところが『二つの庭』に出てくる。だからシベリア出兵をやったのも、共産主義に反対だというイデオロギーは持っていないんだよ。そういうのは、大学教育を受けた人間にとっては非常に理解しにくいと思う。

**粕谷** 学校教育というのは本当に悪い面があって。すし屋のオヤジで江戸弁が実に気持ちいいような江戸弁をしゃべる人がいましてね、聞いたら十二歳のときからすし屋の丁稚をやっていたというんです。学校教育を受けると、もういい江戸弁がしゃべれなくなる。そういう意味で、小学校でもそうだけれども、学校教育がある意味では能力を消してしまう。後藤新平の事績を見て、僕はひょっとすし屋のオヤジを思い出したんですけれども。非常に直観力があり、ビジョンがあり、それから人を使うことがうまいでしょう。ああいうのは、普通の学問とは関係ない。

## プロジェクトの記録を膨大に残した

**御厨** 後藤が大したものだと思うのは、自分がやっているプロジェクトに関して必ず彼は記録を残すでしょう。普通の政治家はむしろ記録を残さない。原敬でも、できる限り残さないできたわけです。実は最後に膨大な日記を残していて、それを戦後になって一挙に出すという、これはこれで非常に戦略的ですよね。後藤の場合はその場その場の記録を残して、それからPRのパンフレットなどをよく作って出しますでしょう。だから、すべて直感で手を着けるのだけれども、やった後は、先ほどはしなくも未完のプロジェクトと言いましたけれども、未完であってもとにかくやったところまでのことはきちんと何がしか残して、まとめていく。これがあるから我々は今日、後藤新平の事蹟を追うことができるので、そうでないとこれはわからないんですよ。

**青山** そういう意味では、政治の世界にも身を置いて、総理まで狙ったとはいえ、最後までテクノクラートに徹したということかもしれないですね。

**鶴見**　『原敬日記』に、後藤新平が出てくるんですよ。原は後藤を非常に馬鹿にしています。後藤が会いに来て、次の総理大臣が自分に舞い込んでくると思っていろいろな話をするけれども、笑止千万という評価です。要するに、そんなあけっ広げなことをしていたら政権は絶対にとれないということです。要所、要所にちゃんとくさびを打っていかなければできない世界なんですよ。これはまさに原敬自身がそうやっているわけですからね。黙ってひそかに作戦を練り、隠密裏に実行することこそが、原の真骨頂なわけですから。自分の敵か友かも判然としない人の所にやって来て、こんなぶち明けた話をするのはどうかと思うと、ちゃんと『原敬日記』に書いてあるんですよ。これを言いかえれば、総理大臣の地位に上っていったい何をすべきかということは、原にとっては少なくとも第一の関心事ではなかったわけです。これは後藤との政治的姿勢をわける点でとても重大なことだと思うんですよ。

私は一九〇五（明治三十八）年が境目だと思うんだけれども、いまも同じパターンだと思っています。日本も国連に入って、安保理常任理事国になりたいと、これはいつでも出てくるでしょう。でも、なって何をするかが全然議論にならない。そういうことを考えないんだよ、あそこの議事堂に入った人間は。それは子供のときからそうなんです。何とかして一高に入りたい、東大に入りたい。ではそれから何をやるんだ、……全然ない。もう小学校一年のときからそうなっている。あれでは、もうだめだよ。全然未来に希望はない。

**粕谷**　鶴見節が始まった（笑）。それはそのとおりですけれどね。

## メディアとしての後藤新平

**青山**　後藤新平はあの当時、なぜあれだけ国民的人気があったのか。それは御厨先生が言ったように、いろいろパンフレットを出すと。「政治の倫理化」運動のパンフレットなんかも、もう大量に出たという話ですけれども、自分の考えていることを伝えることで国民の支持を得ると。パトロンはいたとしても、それしか彼には基盤もなかったわけですけれども。後藤はなぜそういう発想になったのか。

シチズン時計の名づけ親が後藤新平だと、そうシチズン時計側は言っているんですよね。実際、シチズンの側も、後藤新平の側も、お互いに相手の行事に出たり、手紙のやりとりもしている。ただ、会社を起こすのにシチズン時計と名づけなさいと言った証拠の品がどちらにもないんですけれども。それで、そのシチズン時計の名づけ親だろうとシチズン時計側が考えるのは、後藤新平の思想を非常によく理解していると思うんです。

日比谷公会堂をつくったときに、国民が政策について議論する場が必要でしょうと、そういう場として日比谷公会堂を考えて、それを安田善次郎に諮ってつくったというのは、まさにそういう考え方だった。そのためには情報を提供しないと国民は議論できないので、パンフレットを作るとか、あちらこちら演説して回るとか。亡くなったときもその遊説の過程で亡くなったわけですけれども、そういうことを考えていた。

そういう意味で言うと、民主主義と声高に叫ばなかったとしても、後藤新平は民主主義という観点から、自分の宣伝だとか演説会だとか公会堂だとかを考えたと思います。それが後藤新平のメディア戦略だと言っていいのだと思います。

だから、正力松太郎が読売新聞を一〇万円（現在の約三億円）で買収するのに協力したのも、やはり虎ノ門事件で退職させられた正力松太郎が新聞経営をするなら、それは意義ある事業だと考えたのだと思うんですね。

**御厨** いまのお話をちょっと発展させると、国民の支持を得るということには、彼はあまり関心がなかったのではないでしょうか。むしろ国民を教化したい、啓蒙したい、その気持ちが非常に強かったと思うのです。だから彼自身が、一種の広告塔になり、彼自身がメディアになるわけです。それが彼の晩年の動き方であって、ボーイスカウトもそうですよね。そして「教化する」というのは、人材をそこでつくっていくということになります。だから、まさに東京放送局の総裁なんていうのは、新し物好きの面もあったでしょうけれども、彼が本来やりたかったことの証明でもあると思います。それから倫理化運動に関して言えば、レコードを自ら吹き込んで、それをとにかくみんなに配っているわけですね。だからその意味でも、やはり最後は、二十世紀の日本を今後つくり上げていくための人材を育てたかったということにおちつくのではないかと思うんですね。そうなれば、そこにはもう政党政治も何もないわけですよ。それが、彼がメディアに関心を持ったことの一つのモチベーションではないかと思いますけれどね。

**青山** でも後藤新平はとにかく国民に人気があったわけ

ですよ。なぜなんですかね。

**御厨**　あの稚気満々たるところではないでしょうか。

**青山**　演説は決してうまくないですね。

**御厨**　うまくないですよ。

**鶴見**　原敬と後藤新平とに、共通点が一つあります。二人とものすごく演説が下手だったんだ。原敬は立ち上がって何も言えなくなってしまって、「今日はよくいらっしゃいました」ぐらいですよ。とうとう演説をしたことがない。後藤新平は、レコードで残っているのを聞いても、ものすごく下手です。だけど結構、今のこのぐらいの少人数の場だったら座持ちできたんです。我々子供はいつでも呼ばれているでしょう。子供は、あまりおもしろくないから飽きてしまって、離れてしまうんですよ。だけど、とにかく彼は子供を尊重していましたね。上に立ってしゃべるのではなくて、いつでも同じ目線でやっていた。ボーイスカウトに対しても、我々に対してもその態度だった。だからとにかく演説はものすごく下手だったけれども、日常的に対すると愛嬌もあるし、信義もある。彼のモットーは「子供を先生とする」ということでしょう。だから子供を敬って教えてもらうという態度なんですよ。それがあったので、写真は随分子供と一緒に撮りたがっていましたね。

それで、私は後藤新平の妾腹の方の子供と、現在親しくしているんですよ。河崎武蔵という人ですが、それは、ものすごくえらい男で、戦争のときに自分一人で朝鮮を横断して帰ってきて、戦後はアスピリンの日本の総支配人で、実力がものすごくあるんですよ。こどものころ彼は京都の方の家に預けられていて、そこにときどき後藤新平が来たんで、変なやつだなと思っていた。その男はムサシという名前なんで、変な名前をつけられたなと。つまり後藤新平を自分の親父だと思っていないの。変な名前をつけた、全く迷惑だと、後藤新平が来たときにそう言っていると、後藤新平は「変な名前じゃないよ。ムサシというのは、電報を打ってもすぐわかるだろう」と。電報なんだ。確かに新しい物好きだから、ラジオとか電報とかみんな好きだからそうなったんだったろうと思った。長じてから調べてみると、そうじゃない。彼は後藤新平が六十四歳のときの子供で、だからムサシなんだとわかった。

だからラジオ（現在のＮＨＫ）の初代総裁になるでしょう。ああいうことが好きなんだよ。つまり、技術的にものを考えることに未来があると信じているわけですよ。それは、イデオロギーを超えるから。超党派的に人間に利益をもたらすという考え方。

## 世界を受け入れる度量

**司会**　先ほど鶴見さんの方から伊藤博文との一九〇七（明治四十）年の「厳島夜話」のことが出されましたが、当時の後藤の世界認識について、御厨さんからお話しいただけたらと思います。

**御厨**　日米関係にせよ日露関係にせよ、後藤は外交に関してはすべて抽象的な認識論ではないと思うんです。後藤は日露戦争のころで言えば、あのときのセオドア・ルーズベルトに対してものすごく親近感があるんです。セオドア・ルーズベルトが何をやっているかということを彼はずっと見て、聞いて、そこからアメリカを見たときに初めて後藤にとってのアメリカが発見されたのです。だから彼はその後訪米もします。訪米のときには新渡戸稲造と一緒に行って、アメリカの人たちとかなりいろいろな話をしながら、実際に皮膚感覚でとらえていくところがあります。一つには、国家としてのアメリカとかロシア、ソビエトと、日本がどうつきあっていくのかというレベルの話です。それからもうちょっと下のレベルで、実際アメリカはおもしろい国だとか、中国についても彼はその国の割合おもしろいところ、いいところを見ようとしたところがあります。ですから全体として彼の世界認識は割と楽観的であって、あまり悲観的ではありません。

楽観的であるがゆえに、グローバルスタンダードみたいなものに対して、それを受け入れられるだけの度量があると思います。先ほどの広軌鉄道ではありませんけど、技術の点から言うと、世界に通用するものならよいという感覚が彼にはあるものですから、その場合はむしろ日本の方を直していこうと考えるわけです。

原敬の場合は話が逆になります。たぶん原敬は外国に対してむしろ冷徹だったのだろうと思います。冷徹だからこそ、現在の時点で日本とアメリカやその他の国々との間でどのような国家利益を尊重するのが一番いいかと考えるわけです。彼は国内でも地方利益を尊重したわけですが、外交の面でも国家利益の点から何が一番いいかと、いわば利益考量していきます。利益考量の政治ないし外交の代表が原敬だとすれば、それから飛んじゃったところに後藤新平の世界認識、外交観があったのだろうという気がするんです。

後藤新平に象徴的なのは、日本の外務省への不信ですね。外務省や外交官が好きではありません。なぜだめかというと、小さなところでしかものを見ないからなんですね。やはりそこでものが本当に見られるのは、自分のような人間か、あるいは自分を中心とした植民地官僚であるという発想に立っています。原の言う国益と後藤の言う国益はやはり異なっていたのでしょう。だから二人はあるいは相互補完的にも見えますし、相互否定的にも見えるわけです。

## 後藤にとっての国家と世界

**司会**　後藤が外務大臣になった期間は非常に短いわけですね(一九一八年四月二十三日〜九月二十九日)。ところが後藤は、一九〇七年の「厳島夜話」もそうだし、シベリア出兵後のソビエトとの関係も含めて、外務大臣ではないけれども、世界認識を持った政治をやっていたのではないのでしょうか。

**御厨**　そうですね。だから、まさに楽観的だから、その国に直接行くこともできるし、それから先ほどのイデオロギーがないからということもありますが、ヨッフェを呼ぶこともできるわけです。そこで彼は、別に外務大臣としてではなく、後藤新平としてものを言っているわけです。肩書きがなくても彼は通用するのです。最終的には、彼はそこまで行ったと言えます。外務大臣をやったのはなるほど本当に短い期間ですけれども、それ以外は全部、後藤新平個人として、協会の会長程度の肩書きはあるにしても、後藤自身としてやれちゃったみたいなところがあります。日本の政治家をながめて見ても、今はもとより、当時においても、肩書きなしで個人で通用した政治家は後藤以外にいないでしょう。

**司会**　国家を超えたところで活躍する。

**御厨**　そう、国家を超えるのです。なぜ超えられるかといったら、彼の国家観によれば、非常に国家というものの被膜が薄いわけですね。だから超えられてしまう。彼は非常に好奇心が強かったのではないですか。やはり革命の後のロシアはどういう国だろうと考え始めます。そして、情報を得るためにやたらに人に会って、また本を読ませてその本のポイントを聞いて、ということをずっとやることになるわけですから。

**青山**　山本権兵衛内閣ができるときに、ロシア革命を起こしたソビエトとの外交は、おれが外務大臣としてやるほかないと、外務大臣になるつもりだったわけでしょう。関東大震災が起きてしまったから、内務大臣をやるという話になったわけですけれども。そういう意味で言うと、後藤新平のもともとの外交政策の考え方がどうだったかというよりも、もうちょっとそれと次元の違う人だったのではないですか。つまり内に対しては殖産興業だけど、台湾に行けば台湾の殖産興業だし、満鉄に行けば満洲の殖産興業をやって、みんな成功する。しかも台湾にもいろいろな人を連れていったけれども、満鉄の調査部や中央試験所にもまたすごい人材が行って。私は一九六七（昭和四十二）年から都庁に勤務して、そのころつき合った理化学研究所とか科学技術情報センターだとかシンクタンクの草創期の中堅の人たちは、かなり満鉄調査部や中央試験所出身の人がいましたよ。やはりそういう人を育てていって現地でも活躍させられるという、国家の被膜が薄いと言ったけれども、まさにそういうグローバリズム的な殖産興業主義者で。日本一国殖産興業だけではなくて、関係する国みんな殖産興業だから。そういう、ビーアドと似たような発想があったのではないでしょうか。

**御厨** 後年で言えば、同じく植民地に出ていって活躍した岸信介がいますが、岸とは非常に違うわけですよ。岸は満洲国の経営に行くわけですね。岸の経営は、後藤のように楽観的なソフトな経営論ではなくて、やはり満洲と日本の環流ということを意識した徹底的に合理化した経営論です。だから満洲国でやったことを今度は日本に還流させようという、彼のものすごく強い中央志向があるでしょう。だから岸の場合は目標も明確で、国家というものについての強烈な意識があってやるんですけれども、そこは後藤は意外に弱い。逆に言えば、そうだからこそ自由にものが考えられたという面があります。岸の方がはるかに能吏だし、ばしばしやったと思います。後藤新平の場合はやはりプロジェクト型ですからね。夢の部分が非常に大きくて、「大風呂敷」と言われるだけあって、なかなか実現していくところまではいかないんですね。岸は逆ですよ。夢がないんですから。とにかくまず実利が出てこなければいけないわけですから、そこをきちんとおさえない限り、先にどんどん行くということはありません。結論的に言うと、植民地経営の思想やあり方も、大正期から昭和初期のところで、後藤から岸へといったときに一八〇度変わったのだと思いますね。その後は大体、岸型で行くんです。

**粕谷** だからそこが問題でね。岸というのは、やはり本当に最たる戦争責任者です。統制経済を推進した人だし、戦時体制を、戦争動員を計画した張本人でしょう。それで岸は上杉愼吉の弟子でしょう。上杉に心酔していた。

**御厨** そうなんですよ。だから後藤の場合、最後は政党政治を否定して政治の倫理化運動にいくんだけど、岸の場合は逆ですね。岸の場合は、これからは絶対に数の勝負だと思うから、戦時中に代議士になり、護国同志会をつくり、戦後は政党政治家たるべしと言って政党に入っていくわけでしょう。そういう軌跡から言っても、非常にコントラストをなすんです。

**粕谷**　だからいま、北朝鮮の問題をめぐって六ヶ国協議というものがあるでしょう。ちっとも変わっていないなと思うんですよ。日韓米、それに中国、ロシアでしょう。後藤は日中露同盟論者だったというけれども、アメリカに対する視野も開かれているし、世界に対する目配りが非常にうまかった。ですから、地政学的に言ってももう全く当時と変わらない、また繰り返しているという印象がありますね。

## 後藤型の政治家の可能性

**粕谷**　政治の問題というのは、後藤型がいいのか、原型が実際にはリアリスティックなのか、それはわからないけれども、政治学者の中では大久保利通の評価は高いわけですね。清沢冽も外政家としての大久保と言っている。けれども、歴史をやっていくと、やはり西郷は捨てがたいんですよ。明治維新を考えていく場合に、西郷と大久保という対立がどうしても出てくるんですね。

それから後藤の場合は、やはり原敬との対比でしょう。昭和史の方に入れば、岸信介との対比もできますけれども。やはり原敬と後藤というのは、政治を考えるときの二つの軸ですね。

それから吉田茂の場合、対比するとすれば、ひょっとすると南原繁さんかもしれない。敗戦のときには吉田茂と南原繁は非常に近いわけですね。戦争をやめさせようと、平和工作やっている仲間ですから。それがあれだけ開いてしまう。だからドイツ型の観念論というか理想主義と、英国型の経験論みたいなリアリズムとが、両極にある。だから政治というのは複雑だなと思いますけれども。

だけどやはり後藤というのは飛び抜けて規模が大きいし、明治以来の日本の歴史の中で、他にないですよ。

**青山**　後藤新平は野放図に明るくて、私生活もめちゃくちゃだったし、隙だらけでね。そういう意味では、それも国民的な人気の一つの要因だったかもしれません。大久保利通は、西南戦争のときもそうですが非常に冷徹で。そもそも一八六五（慶応元）年以降、必ず第一線に留まり続けたという点で、西郷が温泉に入ったりなんかしているのを繰り返していたのに比べると、いつも第一線にいたからかなり泥もかぶっているわけです。だからそのパーソナリティの違いがあって、大久保利通と後藤新平とは結びつかないかもしれません。しかし国家に対する態度だとか、人材に対する態度だとか、それからプロジェクト指向型だという意味でいうと、要は地位が欲しいのか、仕事をしたいのかというと、やはり大久保利通もやはり仕事をしたい方だったと思うんですよ。ただ、仕事のために地位を無理やりもぎとっていたことが目立ってしまう。でも基本的に後藤新平は、大久保利通の殖産興業路線を、時代が変わったからやり方は違いましたけれども、体現しているのではないかと思います。

**御厨** そうですね。あと原と後藤の違いの一番大きいところは、とにかく原は爵位を含めて一切、国家からの栄誉を受けとらなかった。後藤新平は次から次へと国家からの栄誉を、本当に無邪気に喜んでもらっている。これはまたおもしろい対比になります。原は非常に戦略的に衆議院議員に居続けるでしょう。

**鶴見** 栄爵ねらいじゃない。

**御厨** 本当にそうなんですよ。後藤の場合はすごく無邪気にもらって、そのたびに勲章をもらったお祝いの会にまで出ています。彼にとっては恐らく、一つ一つのプロジェクトをやったことの証になっていて、そのプロジェクトが評価されたということでもらっているのだと思うんですけれど。これも人間観の違いでおもしろいですよ。

**粕谷** 原敬は、森鷗外と同じなんですよね。鷗外と原敬の共通性は、両方とも山県有朋に仕えたことですよ。それで山県に対する憎悪が骨身にしみてあったのではないかと思います。山県にシンボライズされる国家、叙勲序列を、本当に肉体的に拒否したんでしょうね。

**御厨** いまは日本の政党政治の行き詰まりの状況があるわけでしょう。昔はパトロン型でやれた時代が確かにあったわけです。それがいいかどうかは別として、また今にどう復活するのかわかりませんけれども、しかしやはりある種の大きな権力を背景としたから、息の長い大きな国家的プロジェクトができたことはまぎれもない事実です。今はそれが否定され、しかもリーダーシップも分散して弱っている中で、どうやって国家的プロジェクト、いや後藤的なるものを回復するかという問題が残りますね。

**司会** お話は尽きませんが、ひとまずここで締めくくりたいと思います。長時間にわたりどうもありがとうございました。

（二〇〇四年三月六日／於・藤原書店会議室）

〈幕間1〉

# インタビュー　祖父・後藤新平

鶴見和子
Tsurumi Kazuko

## 後藤新平家の人びと

――今回、後藤新平家の系図を作ってみて、各界の傑出した人物が、和子先生を含めて多く出ているので驚いたのですが、中にはこれは意外だなという人がいますね。例えば、佐野碩《せき》さんていますでしょう。

従兄です。

――この方についてはほとんど知らなかったのですけれど。

この佐野碩は、天才的な演出家でした。築地小劇場の創立時のメンバーです。まずソ連に行って、それからメキシコに亡命したのですね。アメリカに行きたかったのだけれどもどうしても入れなくて、メキシコでいろいろ大きな仕事を遺して、今でもメキシコは佐野碩のことを讃えています。来年（一九九六年）はその生誕を祝うお祭りをするそうです。

――「インターナショナル」という歌の訳詞をされた方でいらっしゃると聞きました。それと、佐野学さん、平野義太郎さんがいますよね。こうした方たちとはどういう関係にあるのですか。

佐野学は佐野碩の父の佐野彪太さんの弟です。佐野碩は甥になります。そういう関係があって、佐野碩は左翼の運動に入っていったのではないでしょうか。平野義太郎さんは、安場家の一番下の娘、安場嘉智子さんと結婚しました。後藤新平の姪にあたります。それは平野さんが学生時代に、父親が火曜会という、一高・帝大の学生さんたちを集めて、一ヶ月に一回ずつ講演会みたいなことをわが家でやっていたのですが、その時に平野さんがいらして、それで結ばれたのではないでしょうか。

それと後藤新平の息子さんの、長男の一蔵さん。この方については、鶴見祐輔さんの書かれた『後藤新平』（一九四一年）には、大学に留学したところまでの記述があるだけでよく分からなかったのですけれど。

一蔵伯父は学習院を出てから、コロンビア大学に留学して、それで帰ってきて、電力会社の重役になりました。ですから、政治には関係がない。実業家です。後は後藤家にずっといて、祖父の世話をしていました。

その奥様が杉浦春子さんですね。

それは「大久保小町」といわれた美人です。一昨年亡くなりました。伯父はそれより早く亡くなりました。

写真を最初に見たときに、女優さんかなと思いました。それで先生は愛子さんと祐輔さんの間の長女でいらっしゃいますね。そして弟の俊輔さん。

その下は次女です。女・男・女・男です。それで次女は、内山章子《あやこ》です。いちばん下が鶴見直輔といいまして。ちょうど『ナポレオン伝』を書いた時なので、「奈翁」というので、「ナポちゃん」と呼ばれていました。いちばん下の直輔は三菱商事に勤めておりまして、今は定年で退職いたしました。

後藤新平の奥さんの名前も和子さんなのですけれども。これは鶴見先生と何か関わりがあってのことなのですか。

そうなのです。祖母が亡くなったのが一九一八年四月八日。そして私が生まれたのが一九一八年の六月十日。ちょうど二ヶ月で、生まれ変わりということでこの名前を貰いました。私はおばあさんの生まれ変わりということをずっと子どものころから教え込まれて、今でも信じています。「おばあさんの生まれ変わりだから、おばあさんがしたいと思ってしなかったことをやりなさい」、そういうふうに親から言われました。生まれ変わりということはよく言いますし、柳田国男の「祖先の話」に書いてありますが、私は信じています。この和子さんという方は非常に文才があって、歌もよく詠みましたし、学問好きだったそうです。

そして良行（東南アジア学者）さんがいらっしゃいます。

良行は私の父のいちばん下の弟、鶴見憲というのですが、その長男です。私の従弟になります。

鶴見俊輔さんがエッセイ（「私の母」）で、お母さまの愛子さんについて書かれています。その中で、私の母は家にいても、一時たりともくつろぐことのできない性格で、たえず神経がピリピリ尖っていて、子どもの頃に自分は大変な思いをしたんだ、ということを述べてます。それはお母さまのお父さまが安場保和という熊本の藩士出身で、夫の後藤新平も、もともとは藩士の出身である。そういった武家の躾みたいなものがあって、そういうふうな気性が培われたのではないか、ということを書かれています。

まあ女の侍ですね。

■ やはり、そういったような女性だったのですか。

私が書いた母と俊輔が書いた母とはまったく違います。「あれは同じお母さまですか」って、しょっちゅう聞かれるのです（笑）。同じ母から生まれたのですけれども、私が見ている母と、俊輔が見ている母とは違う。母は侍ですから、俊輔は長男だから跡を継がせなくてはならないというので、非常に愛すると同時に、完全を求めました。昔の倫理・道徳ということから考えたら、これは根っからだらしがないと思うわけです。だから常に叱って、ご飯食べる時でもなにでも、叱ってばかりいました。

それで私は耐えられなくて、私がいつも母に反抗して防波堤になっていた。どうやってこの小さな可愛らしい男の子を、この大きな女のいじめからね——子どもですからいじめだと思ったのですけど——守るかということに私は本当に賭けていましたよ。子どもの時代はそれで一生懸命だったから、姉弟喧嘩なんかする暇はないですよ。俊輔をかばうと、今度は私と母が言い争いになるから、弟は楽になります。

私はなぜそういう立場にいたかというと、父が私を非常に愛した。母が弟を大変に愛したのです。だから父に愛されているということで、母は私に一目置いてそういうふうに扱うことができなかった。もう一つは私が女だから、跡を継ぐわけでもないから、家をどうせ出ていく人間だと思っていましたからね。つまり高きを私に望まなかった。理想を押しつけたりしなかった。ただ「慈父厳母」と私たちは言うのですけど、母はとても厳しい人でしたから、俊輔のように一挙一動について、とやかく言うということはなかったのです。だからいつも私は母に対して抵抗していた。

だけど私は母を尊敬しています。お料理でも、子どもの世話、健康のことについて細心の注意を払いますし、女のすることはすべてよく出来た人ですから。それを一生懸命見習っているので、今私は独りで暮らしていても困りませ

# 後藤新平 関連系図

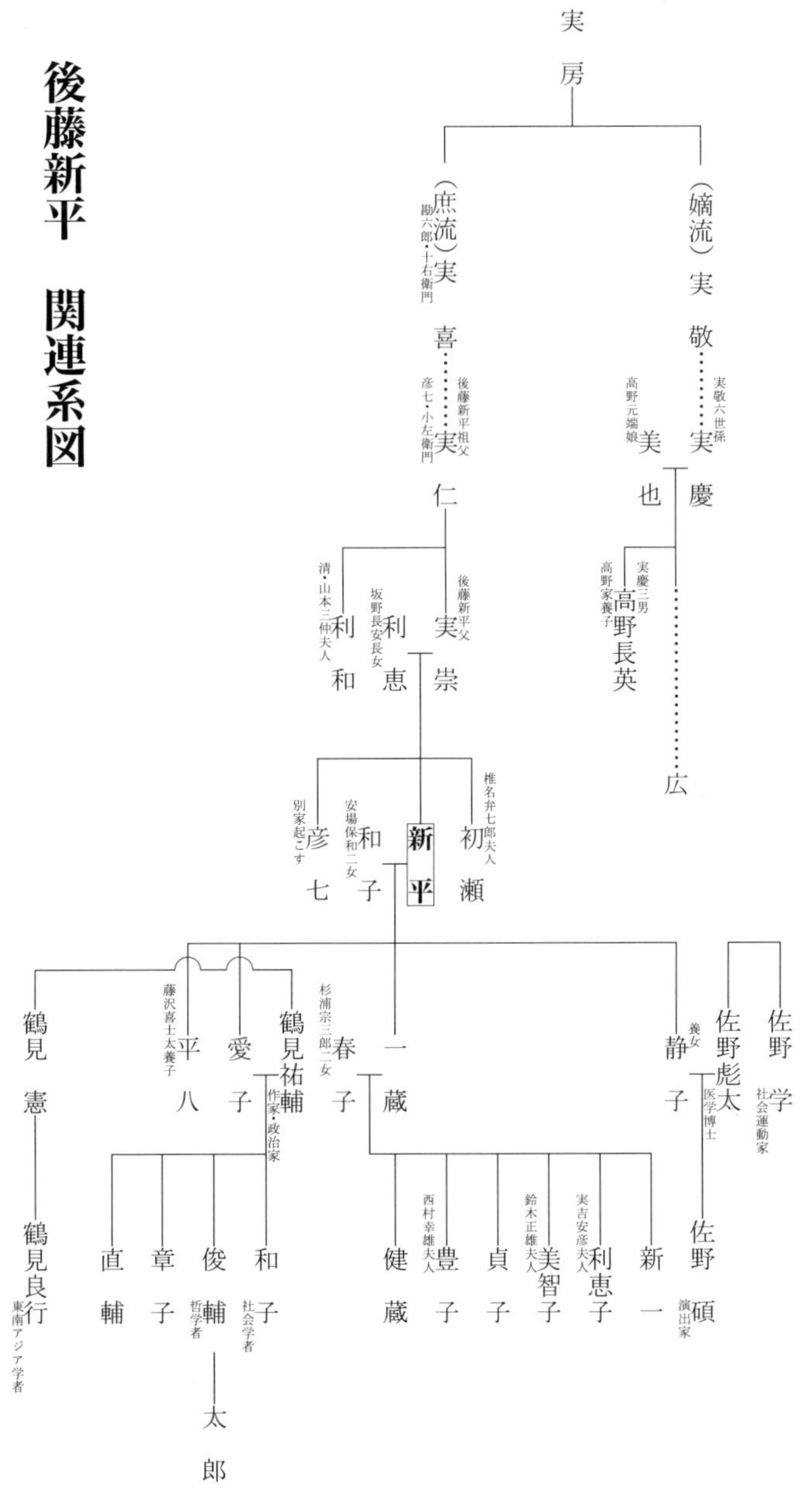

実房
（嫡流）実敬
実敬六世孫 実慶
高野元端娘 美也
実慶三男 高野家養子 高野長英
広
（庶流）実喜 勘六郎・十右衛門
後藤新平祖父 実仁 彦七・小左衛門
後藤新平父 実崇
坂野長安長女 利恵
清・山本三仲夫人 利和
新平
椎名弁七郎夫人 初瀬
安場保和二女 和子
別家起こす 彦七
一蔵
杉浦宗三郎二女 春子
鶴見祐輔 作家・政治家
愛子
藤沢喜士太養子 平八
鶴見憲
鶴見良行 東南アジア学者
和子 社会学者
俊輔 哲学者
太郎
章子
直輔
新一
利恵子 実吉安彦夫人
美智子 鈴木正雄夫人
貞子
豊子 西村幸雄夫人
健蔵
養女 静子
佐野彪太 医学博士
佐野学 社会運動家
佐野碩 演出家

ん。お料理でも、着物でも。それから人のもてなしがたいへん上手でしたからね、心を配って。父はお客が多かった。後藤新平もそうです。いつもお客さんでしたからね。ですから母はお客というと大変に注意してました。お客をもてなすのはどういうことか、全部私は母から見習ったので、そのことをとっても母に感謝してます。だけど弟は男の子ですから、そんなことを見習う必要もないし、興味もないから、そういう点にまったく関知しませんでしょう。

**先のエッセイを読むと、俊輔さんはあまりにつらくあたられるので、思春期のときにグレて、家出とか盗みとかを繰り返したようですね。**

自殺未遂も何度もやりましたからね。私は学校どころじゃなかった。

**それでお母さまは大変悩まれて、信仰を持ったようですね。**

母はどうして俊輔がこんなになるのかわからなかったでしょうね。本当にそういう点がわからなかった人ですね。

**確かお母さまは大柄だったと書かれていますね。**

背が高いのです。痩せているのですが、今いえば八頭身です。父より高いから。それだから私が中に割って入るという事ですから。

**不器用なのですが、几帳面な性格だったようですね。毎日会計をその日のうちに締める。ところが計算がうまく合わない。するとまたやり直すといった具合で、先生がお母さまと自分は似ているな、というところは、そういった几帳面なところでしょうか。**

私は几帳面ではないですよ。私はもうぜんぜん父の性格です。家の母に似ていると人によく言われるのは、着物を着ているのと、昔は太っていたけれども年を取ると痩せてきたら、お母さんに似てきたと言われるけれども、それは外見の事で、私は父の性格。だから、のんびりしているのですよ。いい加減なんですよ（笑）。

**鶴見先生からご覧になったお父さまというのは、どういった印象でしょうか。**

家庭の人として見た時と、社会の人として見た時とは大きなズレがありました。最後まで私は父と言い争って、翌朝に倒れたから私の責任みたいですけれど、何しろ政治は下手の横好きですよ。政治に向かない人が政治を目指したわけ。だから最後には落選して、それで「またやる」と言ったときには、私は「やめたほうがいい」と言いました。その時に、「女はそれでいいだろう。男は自分の理想があった

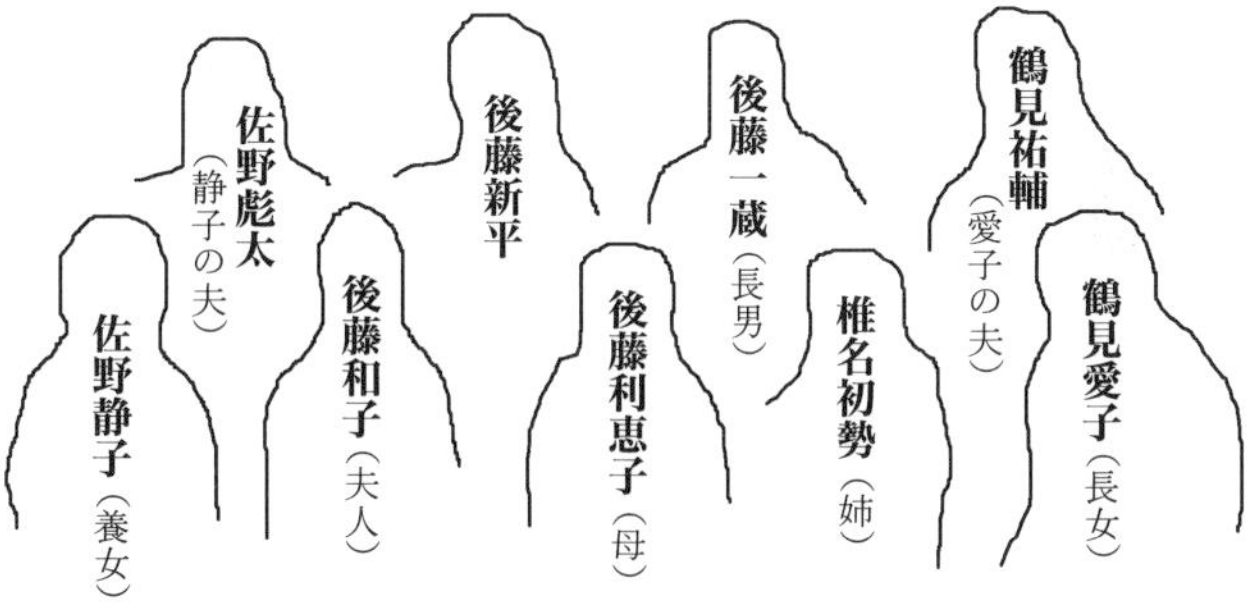
鶴見祐輔（愛子の夫）
鶴見愛子（長女）
後藤一蔵（長男）
椎名初勢（姉）
後藤新平
後藤利恵子（母）
後藤和子（夫人）
佐野彪太（静子の夫）
佐野静子（養女）

後藤新平と家族

ら、それを実現しなければならないのだ」と言ったので、ああ男って可哀相だなと思いました。後藤新平は結局、総理大臣になれなかったけれども、そういう意味で立派ですよね。ある程度のことを政治家としてやったわけですから。

父は政治を最後まで捨てきれなかったけども、政治家としては失敗ですよ。非常に能力があった人です。にもかかわらず、それを政治に注ぎ込んで、無駄な能力を使って早く倒れた。長生きしましてね、八十九歳で亡くなりましたけれども、一四年間この部屋で寝ていました。ですから、この人の才能からして政治でなくて、もっと文化的な仕事をすべきで、それに徹すべきでした。ところが男であるから、自分が考えたことを実現するというのは権力を持つことだ、と。

後藤新平も政治家として権力志向でしょう。「倫理化運動」というのを最後にやったけれど、それは（政治に）挫折して嫌になってやったのです。もともとたくさんの教育、文化事業を手懸けたけれども、やっぱり政治を志した。医者になったというのも、それがあの時の自分の筋道で、他に道がなかったから医者になったわけです。医者というのは国士ですからね。

だから板垣退助と肝胆を相照らしたのも、あれが政治の世界に入っていく一つのきっかけになったのだけれども、究極には政治を目指す人は日本では内閣総理大臣になりたいのですよ。本当に私は、馬鹿馬鹿しいと思っている。真剣に馬鹿馬鹿しい。生涯を賭けて「政治は嫌い」というのと、それから「権力志向はダメ」というのが私の信条なんです。だからそれを本当に後藤新平と鶴見祐輔が私の中に反面教師として植え付けたというのが、私に対する後藤新平と鶴見祐輔の大きな影響です。後藤新平はある程度やりたいことをやった。満鉄もそうですし、台湾でもそうです。やりたいことをやって、市長にもなりました。だけどね、鶴見祐輔は大したことはやれなかった。ですから、これは完全に失敗ですね。その代わり文筆では成功している。

俊輔が最近私について書いたものでね、親はその失敗によって子どもを助ける、と言っている。つまり政治に失敗したから、私は政治に入る機会がなかったわけですけれど、一切入らなかったことによって私が助かった。そういうことを書いています。

今の権力に反対して、新しい権力を引き立てるというのは、結局権力志向なのです。権力は堕落するというのが、私の考えていることです。後藤新平は堕落しないと考えたのですよ。だから「倫理化運動」をやった。鶴見祐輔も理想主義でやっていって、堕落しないと考えたのです。だからウイルソンを非常に崇拝していました。生涯の仕事として「ウイルソン伝」を書こうとして、資料を集めて一番温めてきた材料なのに途中で倒れて、結局書けなかった。だからナポレオン伝なんか書いているでしょう、ああいうの好きなのですよ。バイロンとか、ディズレイリとか。最後はチャーチル。その次は西郷隆盛を書くことを計画していました。たしかに隆盛的なところがあります。だから「英雄待望論」。後藤新平が「膨張論」でしょう。やはり、これは明治の男の一つの型じゃないでしょうか。

■もともと祐輔さんは鉄道省の官吏だったようですね。

後藤新平が鉄道院総裁でした。たまたまそこに父が入って、そこで結局見初められて。新渡戸稲造先生の仲立ちがあって、母と結婚することになった。父の場合は満鉄は全然関係ありませんからね。

## 家庭での教育

■ご家庭ではどういうお父さまでしたか。

家庭の人としては非の打ち所のない人でしたね。社会人としては弱点を持っている。戦争中に翼賛政治会に入って妥協しますから。だから斎藤隆夫の軍部の弾劾演説を非常に高く評価しながら、自分はそれが出来ない人だったのです。それは家族のことも考えていたようですが、それだけの勇気もない人でした。戦争中は批判もしないできましたから。まあ、近衛文麿さんに近かった。戦争を終わらせるにはどうしたらいいかということは考えていましたから。それに対して斎藤隆夫さんや河合栄治郎さんのようなね、あれだけの闘いをしませんでした。

ですから社会的には弱い人ですね。理想を掲げながら、家庭の中では完全な父親であった。家の中でも、外でも怒るということは一切なかった。だから父がちょっと悲しい顔をするとか、嫌な顔をすると、ああ、これはしてはいけないことだと気付く。声を荒げて物を言うようなことは一切しませんでした。だから家の中では本当の言論の自由がありましたから大変でしたよ。お客さんが来ても、親しい人だったら一緒に食事して、それでがやがや議論するのですよ。子どもも親をやっつけたりで。それでも最後の最後まで議論して、家の父が最後にね、「もう私は年寄りですから、この辺で寝かせてもらえないでしょうか」って寝室に行く。戦争中だってなんだっていつでもそうでした。

**■そういったところは明治の男としては珍しいですね。**

珍しいですよ、私のような娘を育てたのですから（笑）。私は「嫁に行け」なんて一度も言われたことがありません。なにしろ「仕事をしなくてはいけない」ということしか言われなかった。それが父の家庭教育というのでしょうか。ところがそんな人はめったにいないとはなかなか気が付かなかった。親はこういうものだと思っていた。

母もそういう点はすばらしいですよ、私は尊敬してますよ。私が成城小学校から学習院に五年の時に転校した。そのときに祖父が亡くなりました。砧に行く前の沢柳先生の成城小学校にも行きました。後藤新平が沢柳政太郎という人は自由主義教育の神髄だと言っていますでしょう。あの人が校長をしている学校だから教育勅語はないし、式典というものは一切ないし、君が代は歌った事はないし、御真影なんか見た事がない。

そういう学校に行って、女子学習院という学校に移ってからとまどうことが多かったのです。それで最初に天長節に父が「明日は軽井沢に行くか、行かないか」って言うから、「そんなら行くわ」って、家族で行きました。それで「不忠の臣」だと言われても、「不忠の臣」という言葉がわからないのです。だから「謝りなさい」と言われても、先生に「なんでだろう」と言ってますます怒られてね。母が呼びつけられました。そしてお母さんが、学校から帰ってきて「お母さんどうだった？」と言ったら、「ああ、先生に会ったらなんだかんだ言うから、うちの子どもは自分が悪いと思わないときに謝るようには躾けてございません、て言ってきたわ」って。母は学習院の出身ですから、わが母校だからなんでも言ってやれという感じがあるのです。そしたら先生がお母さんはダメだと思って、私に手紙や何かで総攻撃をした。私は馬鹿馬鹿しくなった。親は尊敬するべきだ、だけど母はお嬢さんだったし、父が守っているから世の中は渡っていける。でも私はこれから仕事をしていく。社会はこれでは渡れないとその時に感じました。親に見切りを付けて、自分でとっとと「悪うございました」と詫び状に判子を押して出してしまった。それからは、優等生でしたね。

それで、もう世の中というものはこういうもので、もう親を信頼して、親の言うことは正しい、学校の言うことはおかしい。全部そういう感じになってしまいました。私の家の教育というのは素晴らしいですよ。だから私は父を尊敬しているだけでなく、母も本当に尊敬してますよ、私のできないことをやった勇気に。つまり母は父より勇気がありましたから。

それから後藤新平はいろんな教訓をたれることが好きな人でした。「和子嬢求めに応じて」という書があります。それは「大正十二年」ですから、私が五歳ですね。おじいさんが一生懸命書いている。そうすると、そこへ行って「書いて」って、五歳の子どもが本当に言ったのかなって、私は疑っていますが。「正直あたまに神やとる／人は第一しんばふよ／石をくほます水滴《シダタリ》も……」。「水滴」と書いて、そこに片仮名で「シダタリ」って振り仮名がしてある。笑っちゃうのですけれども。五歳の子どもに「しだたり」なんていくらふりがながしてあっても、読めるはずがないでしょう（笑）。

とっても滑稽なおじいさん。ひどい癇癪持ちなんだけれどもね。父もユーモアがありました。巧むユーモアがあった。自分で考えておかしいことを言う。だけども新平さんは、巧まざるユーモアがあるのです。言っていることが本当におかしくなる。

滑稽だと思ったもの。一日に三回も四回も着替えをしていましたのですから。鏡が大好きなんですけど、いつも鏡の前に立って着替える。大礼服を着たり、燕尾服を着たり、背広を着たり、一日に何回も着替えます。今度はボーイスカウトが来るというと、あのカーキ色の少年服を着る。まるで着せ替え人形のようでしたよ。大きな鏡の付いた着替えをするお部屋が一つありました。ものすごいおしゃれでした。小川さんという新橋駅の二階にあった床屋が毎朝来ます。私もその時には一緒に整えて貰いました。わが家では、後藤新平さんが一番のおしゃれ、それから鶴見祐輔さんだから、男二人がおしゃれでした。俊輔がそんなにおしゃれじゃないし、直輔もおしゃれじゃないから、結局私がおしゃれをおじいさんとお父さんから受け継いだみたいですよ。

それからボーイスカウトが大好きでした。後藤家の庭でいつもやっていましたからね。あれがいちばん好きで、ご機嫌がいい時だった。それで「人のお世話をするように、人のお世話にならぬよう、そして報いを求めぬよう」。これはよく言ってました。だから頭にこびりついてますよ。それから相馬事件のとき牢屋で作ったのが、「めざめよき　ことこそなさね　なにわえの　よしとあし（葭と葦）とはいうにまかせて」。これがいちばんお得意の歌です。人がなんと言おうと、自分が正しいと思った事をすべきだ。そういう教訓をたれるのは好きでした。「倫理化運動」のことを中島さんが書いてますけれど、あれは何から来ているかというと、やっぱり儒教道徳だと思いますよ。少年時代は儒教ですからね。

**後藤新平は、大変な癇癪持ちで、奥様の和子さんはたえず雷が落ちて大変だったようですね。**

苦労しましたから、あんな早く亡くなってしまったと思います。後藤新平さんが癇癪持ちで、後藤新平の母親利恵《りえ》さんがまた希代の癇癪持ち。だからこの二人に仕える和子夫人は本当に大変だったと思います。私が怒られたことはまったくないけれども、よくおばあさんが、怒って君臨している夢を見ましたものね。奥の間に寝たっきりになっていましたが。

## 後藤新平の国際政治認識――東西文明融合論

後藤新平のここが一番面白いと思っているところがあります。それは結局なぜあの時（一九〇六年）、南満鉄総裁を引き受けたかということです。一九〇七年九月に、「巌島夜話」という三晩にわたる伊藤博文との談話があります。これが一生を貫く後藤新平の筋だと思う。伊藤博文が結局、最後にこれを深く受けとめるのです。ここで祖父はなんて言ったか。いわゆる大アジア主義ですけれども、のちの大陸浪人の大アジア主義とは違う。その時の世界情勢の分析でした。世界情勢の中で、日本がこれから行くべき道、とくにアジアの平和ということを非常に考えていた。そのときの中国は、軍閥で、袁世凱・張作霖とか、そういう群雄割拠の時代・混沌の時代でした。共産主義の運動が台頭してくる。そういう中で、中国と日本は一緒に平和にやっていかなくてはならないのだけど、それを働きかける相手はいるかと、伊藤博文にきかせたのです。結局、いないということになった。

それではどうするか、ということになったら、結局このままにしておけば中国が分割されてしまう。一番の問題はアメリカなんだ。というのは、新旧大陸の対立がこれから起こるだろうと言っている。ヨーロッパが旧大陸で、アメリカが新大陸です。この間に亀裂が生じて対立が起こるであろう。その時にアメリカが中国に目をつけて、これをひっぱり込むであろう。そのときに日本もたいへんな混乱に陥る。

これを避けるにはどうしたらいいか。日本は旧の方に属するのだから、旧大陸が一緒に手を握る必要がある。中国と一緒になって新大陸と戦争をするって言っているのじゃないですよ。平和を保つためには、こちらが一致しなければばいけない。これなんか非常に私は懸案だと思っています。なぜこれを考えたかというと、ちゃんとその頃にドイツ人の書いたものを読んでいるのですね。その中に新旧大陸対立論というのが出てくる。ヨーロッパのものですが、それを読んでいて、ここに問題があるということに早く気が付いた。

その場合にはどうしたらいいか。ロシアを相手にする。じゃロシアに話のできる人がいるか。いるって言うのです。それで人を説きつける。その名前をちゃんと挙げてます。その人に自分が連絡を取るから、ハルビンまで出てきてもらって、ハルビンで会見するというのはどうかと言うわけなんです。それに伊藤が動かされて、「ぐずぐずしてないで、今の職を辞めてヨーロッパに行きなさい」と。最初に伊藤に引き合わせようと思ったのはココフツォフという人なのですよ。これには伊藤も驚いた。これだけの人物がよく後藤の手紙一本でハルビンまで来たって。それで後藤がココフツォフをハルビンまで電報一本で呼び出して、伊藤との会見を設定したのですよ。それで伊藤が会見から出て来たところを撃たれた。だからハルビンで伊藤が殺されたその責任は全部自分にあると後藤は考えた。

そうして、今度は一九一七年。ロシア革命が起こります。それでソビエトになります。その間に、シベリア出兵、これは失敗です。やるべきでないことです。だから私はここで、よくわからないことが出てくる。つまりロシアと結んで、中国の内乱を鎮めるようにして、そしてロシアと結び、ロシアを通してまたヨーロッパとも結んで行こう。そうすればアジアの平和が保てて、アメリカがそこへ介入してきて、ということはないであろうと考えたのだったら、ロシアに革命が起こった時に、なぜシベリア出兵をあの時の外務大臣の後藤新平がしたのか。

ちょうどシベリア出兵、米騒動と同じ年ですよね。あの時に私は生まれています。私は狸穴《まみあな》町の外務大臣官舎で生まれた。そこで祖父が外務大臣をしている時にです。母は祖父の家の世話をしてました。祖母が亡くなりました関係で、私は後藤家で生まれた。後藤家で生まれた最初の孫になったから、外孫ではあるけれども祖母の名前を貰いました。

それで私は、どうしてその時に出兵したかと思う。あれは完全な誤りですよね。しかも侵略ですから。国内干渉ですから。完全に失敗するのは当たり前です。シベリア出兵は「新平のシッペイ」ですよ。大失敗です。ところが、「巌島夜話」へとつながっていくのは、一九二三年。その間に結局、日ソ国交回復が、革命後までできていない。だから ずっと連絡を取っていた。そこでその当時のソビエト連邦全権大使のヨッフェが、ちょうど病気でした。だから「日本に来て治療しなさい、静養しなさい」という名目で呼びました。これはもう外務大臣も辞めていますし、官職から退いた時です。一九二三年二月一日にヨッフェが後藤の招きで日本に来たのです。

そうして二月二十八日。後藤の家の玄関に右翼の暴漢が入った。私はその玄関にいました。新平さんが出てこないで、一蔵さんが出てきた。そして私の目の前で、一蔵さんを殴って大怪我をさせたのです。これは日ソ国交回復への下準備でした。ヨッフェは二月から八月までずっと滞在しました。その間ヨッフェは治療しながら交渉をつづけましたが、交渉はまとまらず、ヨッフェは帰りました。

もう一つ、この「巌島夜話」に関係してくるのが、満鉄総裁を引き受けた時です。満鉄総裁を引き受けた時に、満鉄に行けば、ロシアと中国との国境地域ですから、ロシアと近寄るということをまず考えた。

そこで後藤新平の頭にあったのは、東西両大陸文明をつなぐという思想でした。この後藤新平の思想を、私は受け継ぎたいと思っています。それには日本・中国・ロシアの三つのつながりが大切だと後藤は考えた。ロシアからソ連になったりしました。後藤はどっちでもいいと言う。ソ連になろうと、ロシア帝政であろうと、地理的に同じだから、と。それが面白いのですね。満鉄は地理的には、日本がロシアに接近していくのに有利であると。つまり今の中国は、これは世界で注目されている新しい二十一世紀への非常に大きな力になると思われているけれども、その時は大国でありながら、弱小でした。つまり四分五裂していて、欧米列強が入ってきて、分割統治みたいな形になる。植民地にはならなかったけど、半植民地のような形にもなりました。ですから、弱体につけこんでアメリカがやってくるだろうと考えたのです。

そうしないうちに、日本とロシアが結ばれて、ロシアを通じてヨーロッパに結ぶことによって中国の防禦になると考えた。そのために鉄道は大事である。南満州鉄道はロシアに通じる道になる。それなんですよ、目をつけたのは。

## ロシアへの思い

ですから私は、そういうふうに後藤新平を見ています。それで結局最後に、一九二七年十二月五日に、田中（義一）

内閣とすったもんだありまして、結局は政府の代理ではなく私人としてソ連に行くことになる。しかも佐野彪太さんは反対しました。「医者としては二回脳溢血で倒れているのだから。今度三回目が起こる。しかも極寒の時期である。これは無理だ。しかしどうしても行かれるというのなら、止めることは出来ないから賛成しよう」という話になった。非常に危ない状況で、しかも自分としてはどうしても行くと言う。これは最後の仕上げだったからです。巖島から続いていますから。だから二〇年間の思いです。その二〇年間の思いというのは、さらにもっと前から思っていたでしょうからね。この人の生涯をつなぐ、私は非常に大きな経綸だったと思うから、そこを見落とされたら、残念です。だから東京とか、南満州とか、問題はそんなものじゃない。今またアジアの安全保障ということが言われてるけれども、それと同じ問題なの。アジアの平和は、まず中国の安定にある。中国を安定させるのは、日本とロシアが結ぶことである。国交回復して何をするかというと、ここで協議をちゃんとできる状況にしておくということです。

それで二七年に、スターリンは快く会いました。そのスターリン会談は、すごく重要ですよ。つまり日本が中国に対する政策を誤ったら、これはアジアの平和に大変大きな問題になると、スターリンはずけずけはっきりと日本の使命について言った。すると後藤新平は、「赤化運動」をどうして防止するか。それはコミンテルンの指令があるからではないか、ということを言うわけですよ。すると、スターリンは「あなたたちは自分の歴史を考えなさい。日本は治外法権を撤廃しようと思って、明治以来非常に努力をしてきた。それは自国の独立を考える、ナショナリストの政治だった。今の中国の赤化運動は、外国からの干渉をどうやって避け、そして独立を維持するかというナショナリズムの運動だということを理解しないと、ただ赤化運動、共産主義という点だけを見ていくと、誤りますよ。そうすると、民衆を抑圧することになる。だからこれは中国がものすごい反対をしますよ」とまで、はっきり言っている。日中戦争が勃発することを予見していますよ。このスターリン会談はすごく大事なことだと思います。今の問題につながってくるから。それで結局、後藤は無事に帰ってきたのだけれども、これは最後の大冒険でした。これで伊藤博文に対する自分の責任を果たしたと思ったのです。

このことは、私の個人の歴史にも非常に大きな影響を与えています。それは一九二七年十二月ですね。出発の時の私は九歳です。その時に後藤新平の息子と二人の娘――一人は養女ですが――、それからそのつれあい、それからその子どもたち、孫と全部洋館の二階の応接間に集まった。このことはよく覚えていますね。「これからおじいさんはロシアに行く。生きて帰るかどうかはわからない。だからおまえたちに、一人に金一封ずつを渡す。これはカイロのお金だよ」と言った。ところが子どもだからカイロ（海路？）の意味がわからない。「帰ろう、帰ろう」と言うのかな（笑）。首尾よく帰ってきたらめでたしだ、帰らないかもしれない。それで一人ずつに手渡した。深く印象づけられました。

ですから、これは生涯の中で重要なことです。一私人として行くにあたっては、まず中国問題をロシアの要人と話す。それから沿海拓殖問題。日露で共同して、沿海に日本人がそこに植民できるように開拓していくことです。これは出来なかったけれども、それを出したのです。最後は漁業問題。これは田中首相から頼まれて、表向きはそれをやって成功したのです。中国問題については、スターリンとうち割って話をした。そして日ソ国交回復をしなくてはいけないという。これが生涯のいちばん大きい伏線ですね。

ただ、私が後藤新平と違う点はね、ソ連に関心がありませんでした。ずっとソ連に行きたくなくて、ゴルバチョフが出てきて、ソビエトがロシアに変ってから一昨年初めてモスクワで国際会議があった時に呼ばれて、今度は行くと決めて行ってきました。

**世界情勢認識から後藤新平がロシアを重視したというのもあるでしょうが、どこかにシンパシーみたいなものがあったのですかね？**

あったでしょうね。今私が使っている、上等のタオル、ああいうのでもいっぱい買ってきたし。麻のナフキンとかテーブルかけとか、ロシアに行くといっぱい買ってきました。なにしろロシアが好きね。それで尊敬していたものね。あれは相手になる、政治家として相手になる人物はあそこにいると思った。

人はそれぞれ人物を見るときは違う目で見ますけど、私にとっては個人的な印象も深いことは、後藤新平さんの一生に、科学的行政とか、都市計画とかいろんなことをしたけれども、貫いたものは、やはりアジアの平和のため、というのが指標になったと思う。私は後藤新平さんから受け継いだのは、反面教師としては権力志向は嫌いというのですが、もう一つは中国への関心ですね。後藤新平さんは中国を安定させるためにロシアと結ぼうとしたのです。（以下略）

（聞き手＝中島純・安達智則　一九九四年収録）

（『鶴見和子曼荼羅Ⅶ　華の巻』藤原書店、一九九八年所収）

# Ⅱ 後藤新平のコスモロジー

妄想するよりは活動せよ。
疑惑するよりは活動せよ。
話説するよりは活動せよ。

（後藤新平『処世訓』より）

# 帝国の倫理――後藤新平における理想主義

苅部　直
Karube Tadashi

## 一　ポリツァイと帝国

人は年齢を重ねるにつれて、みずからの歩みを語りたがるようになる。それが後藤新平のように、公衆衛生から植民地統治、さらに鉄道や都市政策に腕をふるって、他方でまた国内の政治諸勢力の間を泳ぎまわり、外交にも深く手を染めた人物であれば、なおさらのことであろう。

その多彩な人生の終幕近くに、後藤が文字どおり生命をかけてとりくんでいたのは、「政治倫理化運動」である。普通選挙の実施を目前にして、松島遊郭事件・陸軍機密費事件と、あいつぐ疑獄により、政党（憲政会・政友会・政友本党）に対する国民の不信が深まってゆく状況をみて、一九二六（大正十五）年四月、数え七十歳の老政治家がたちあがった。この運動は、日本中の「千二百万の新有権者」に対して、政党本位ではなく、「自治的自覚」に目ざめ、一国全体を導く「理想」「正義」を重んじて選挙に参加することを訴え、それを通じて、政党政治の「倫理化」をはたそうとするものである。

このとき後藤は、脳溢血で倒れ快復した直後の病身もかえりみず、全国を回って百八十三回の講演をおこない、あわせて三十五万人もの聴衆を集めた。運動の戦略として、後藤の東京での第一声を記録したパンフレット『政治の倫理化』（大日本雄弁会講談社、一九二六年九月）が華々しく発売されたが、その中で後藤は、三十三歳のときに刊行した著書、『国家衛生原理』（一八八九年）にふれて、こう語っている。

私《わたくし》が自治的自覚、自治的真精神、之を提唱したのは一日のことでない。是が生物哲学の原則に適うて居ると云ふことは、既に明治二十二年に私が著述した『国家衛生原理』の中に明瞭に書いてある。私は無学であるけれども、この書中の自説をずつと継承して今日まで来て居るのであります。(『政治の倫理化』五二一―五三三頁)

国民一人ひとりの「自治的自覚」を養うことが、若い頃から一貫して、自分の活動の中心であり続けたのであり、それは『国家衛生原理』と『政治の倫理化』とを並べてみれば、誰でもわかるはずだ。後藤はそう回想する。鶴見祐輔による厖大な伝記『後藤新平』(全四巻、一九三七―三八年)が、「伯の長き政治生活の根柢には、この『国家衛生原理』の思想が一貫して流れてゐた」(一巻三章二節)と評するのも、こうした晩年の自己了解にのっとったものであろう。たしかに、たとえば後でとりあげる著書『日本膨張論』(一九一六年)は、『国家衛生原理』で述べられた人間観や国家観に基づきながら議論をすすめているし、のちまで後藤はこの本の口語訳をしばしば企画していたという。晩年の後藤が自分の思想と経歴をふりかえるとき、若き日の出発点として浮かびあがったのは、「自治的真精神」を説いた書としての『国家衛生原理』であった。

しかし、実際に『国家衛生原理』をひもといてみると、期待はいったん大きく裏切られる。この本が示すのは、「生物学」の原理に基づいて、いわゆる個人主義の人間観を、非科学的な教説として斥ける見地である。後藤によれば、人間は身体と精神との「生理的円満」を求める本能、すなわち「生理的動機」に動かされた結果、円満な生存を確保すべく、群をなして生きるのが必然である。したがって誰もが、つねに社会の一部分として人生を送り、そして終えてゆく。この点ではほかの生物と変わらないというのが、十九世紀の生物学、とりわけダーウィンによる進化論が明らかにした「天然ノ法則」だとするのである。

そして、社会の中での優勝劣敗の競争の結果として、「優勝者」が「主権」を握ることで、全体の防衛をはかり、産業を奨励する体制が生まれる。この「政権ノ力」を中心として「国家」ができあがるのであり、それは人間の本能から必然に生じる「最高有機体」「至高人体」にほかならない。したがって、たとえばルソー『社会契約論』に見られるように、個人どうしが取り結ぶ契約によって国家を基礎づける発想は、そもそも人間の本性に反するということになる。

こうして見ると、『政治の倫理化』で後藤が、たとえば「政党革新を完《まつと》うするの途は……新有権者が自治的自覚を励まし、金力情実其他の誘惑に依つて弊害の生じないやうにするの外はない」と説くとき、それが本当に『国家衛生原理』における理論と一貫しているのか、疑わしくなる。あらゆる人が自分の属する「有機体」の一部分として生きるのが必然と考えるなら、「最高有機体」である国家秩序の現状に対して、個人が異議を申したてる営みを、しっかりと正当化するのは難しいだろう。それどころか『国家衛生原理』は、西欧諸国の衛生行政を比較する中で、都市ごとの「自治」を重視する英国のやり方を紹介してはいるが、書物全体の原論部分には「自治」の語が登場しない。人のもつ「権利」についての言及があっても、それはあくまでも、全体の「生理的円満」を充実させるために、国家（政府）が配慮する対象としてなのである。

また『国家衛生原理』は、国家の行なう活動は、人々の「生理的円満」を促進するという意味で、すべて広い意味での「衛生」の職務にほかならないと説いている。その中核をなすのが国内行政の仕事であり、これを後藤は、ドイツの公法学者、ロベルト・フォン・モールの著作を引きながら、広義の「警察即『ポリツアイ』」と呼ぶ。その内容は、通常の警察活動が意味する治安の維持だけでなく、行政事務の幅広い範囲に及び、教育政策を通じて国民の「風儀」を淳良なものに保ち、公衆衛生・医療制度によって国民の健康を増進することに主眼をおいている。ミシェル・フーコーによれば、こうしたポリツァイ（Polizei, police）の構想と実践は、西欧の諸主権国家で十七世紀以来、積み重ねられてきたものである。それはすなわち、国民全員の生命や身体について、きめ細かく育成するとともに、他面では彼らを戦争などに動員してゆく、近代国家の巧妙な管理体制を、現在に至るまで支えている機制にほかならない。(1)

さらに問題含みなのは、大正期の後藤の著作『日本膨張論』（通俗大学会、一九一六年二月）である。この本で後藤は、「個人は国民なる超個人的生活体の一部又は一員である」と述べた上で、国家の構成員集団である「国民」は、さらに、言語や文化を共有する「民族」として、自分たちの一体性を自覚するのが、順当な発展であると説く。そして、民族も個人と同じく、それ自体の「生命欲、膨張欲」を必ずもっているので、世界の諸民族は、それぞれに「膨張」をめざして、たがいに競争し、敵対しあうものだと言う。ここで

「日本民族」の場合なら、その民族としての自覚の中核をなすのは、本来は皇室と同じく「天孫」（ニニギノミコト）から岐れでた「同血の一族」としての紐帯であり、宗家の「祖先教」として歴代の天皇を崇拝する「古神道の精神」なのである。

もっとも、この本の中で後藤が説いているのは、台湾・満洲・朝鮮に対して、武断主義とは異なる、「文化政策」としての植民地統治を行なうことであり、貪欲な植民地争奪や、現地人の強制同化に乗り出すべきだとは語っていない。その限りでは、後藤が台湾や満洲で実践した、現地の慣習の尊重という穏和な支配の姿勢が、言論においても一貫していると言えるだろう。

だが、「挙国一致の性質」に富み、「理想的民族」「東洋の主人公」としての性質を備えるとされる「日本民族」と、「新版図の住民」とは、ここで截然と区別されている。後藤は『日本植民政策一斑』（一九一四年）や『日本植民論』（一九一五年）の中で、日本政府に関して、「帝国」の本国と植民地との関係をいかに定めるか、ろくに吟味もせずに他地域への支配に乗りだしたと批判するが、台湾領有の際に帝国議会でも議論された、現地住民に「母国人」と同じような参政権を与える案は、急進論として斥ける。(2) こうした側面について見れば、全体の生存と発展を使命として、国家が国民を、本国が植民地を動員するための論理を提供し、「帝国」日本の秩序を支えてゆく方向を、たしかに後藤の言説はもっていた。

## 二 横井小楠の影――理想主義と「自治」

『日本膨張論』は、立憲同志会を脱退し、無党派の政治活動にみずからの場所を定めた後藤が、新渡戸稲造・建部遯《とん》吾《ご》といった学者たちとともに始めた「通俗大学会」による刊行物であり、結論部では、当時の大隈重信内閣の対外政策を痛烈に批判している。後藤はこの本を、八年後、一九二四（大正十三）年九月に、大日本雄弁会から再刊しているが、その背景には、先の大隈内閣の外務大臣、加藤高明が、同じ年の六月に成立した護憲三派内閣の首相として返り咲いたことに対する危機感もあっただろう。

この再刊本には、徳富蘇峰が序文を寄せている。蘇峰もかつて、日清戦争に際して『大日本膨張論』（一八九四年）を著し、「日本民族の膨張す可き命運」を熱烈に説いたことがあり、後藤の著書に同じ思想のさらなる発展を見る。そして、そうした主張に関する偉大な先駆者として、徳川末期に活躍した朱子学者、横井小楠の名を挙げるのである。その説くところによれば、「〔小楠〕翁の国家経綸の根本主義は、宛《あたか》も本書の所説と、其の揆を一に」するのであり、かつて小楠が「何ぞ富国に止《とど》まらん、何ぞ強兵に止まらん、大義を四海に布《し》かんのみ」（漢詩「左・大二姪《てつ》の洋行を送る」、慶應二年）と述べた「大趣旨」を、大正の現代政治に活かしたのが、後藤の『日本膨張論』にほかならない。

徳富蘇峰の父、一敬《いっけい》と、後藤が少年時代から親炙し、のちにその娘をめとった安場保和《やすばやすかず》とは、ともに熊本出身で横井小楠の高弟、おたがい親友であった。その縁で、後藤は三十歳代の末から晩年に至るまで、蘇峰と親しく交流している。[3] 小楠が述べる「大義を四海に布かん」とは、全世界の国々が、自国のみの利害に執着する「割拠見」を超え、平和に交流しあうべきだという「公共の天理」を断言したものであり、その点では、「国民」どうしの生存競争を永遠不変の現実のように語る、蘇峰や後藤の言説とは、大きく異なっている。小楠の思想そのものに照らすかぎり、序文での蘇峰の評価は、当を得たものとは言えない。

しかし、故郷の岩手水沢での幼なじみであった斎藤實《まこと》の回想によれば、後藤は少年時代から漢学にすぐれた才能を見せ、のち西洋医学に専攻を定めたのちも、漢籍を好んで読んでいたという（鶴見前掲、一巻一章四節）。そうした事実を念頭において、改めて後藤の著作を見直すなら、朱子学における「理」を思考の基盤としながら、利害対立の現実を根本から批判し、人と人、国家と国家が平和に共生することを唱える、小楠の理想主義とも共通する要素もまた、見いだすことが不可能ではない。

たとえば、『日本膨張論』は、「生命欲の発現」として民族の「膨張」を説く際に、当時の日本で流行していたニーチェの思想から、「権力の為の闘争」という言葉を引いている。だがそれは、国際政治においてヘゲモニーを得るという意味で用いられているのではない。むしろ、民族の「生命欲」が、生存の維持と支配地の拡大のみにとどまらず、それを超えた「内面的充実」、つまりは「精神的発展」をめざすという主張に結びつき、「釈迦とか孔子とか、基督《キリスト》とかソクラテスとかといふやうな一世の偉人」のもつ倫理性と関係づけられている。そしてまた、フィヒテの『ドイツ国民に告ぐ』を引用しながら、そうした「精神的発展」に哲学・思想が大きな役割を果たした例として、徳川時代の朱子学や、明治維新における水戸学を挙げている。

他方、同じ本で後藤は、当時の世界の言論に見られる「世界主義」「平和主義」の潮流に対して、「仮面的平和主義」

と呼んで批判する。たとえば英国の平和論者は、世界平和を口にするが、その内実は、みずからの帝国支配をはばむような異民族の主張を「侵略」と見なして排除するものだと言う。平和の主張の裏に、国家の利害関心を見いだす姿勢は、のちに、第一次世界大戦における米国大統領ウィルソンの十四か条平和再建構想（一九一八年）に関しても、「公義人道ヲ被衣トセル偽善的一大怪物」という批判を投げかけることになる（鶴見前掲、三巻三章七節）。後藤の眼前の国際世界では、平和主義とはみな、道義の仮面をかぶった「民族主義」にほかならず、世界平和は「地平線の遠きかなたに隠れてゐる」のである。

だが、平和主義に対する後藤の批判は、帝国の自己利益の拡大を開き直って是認するものでは決してない。それはむしろ、世界平和の理想を、国家が追求すべき「精神的発展」の、無限に遠い到達点として遠望する姿勢から発している。(4)『日本膨張論』は、人間というものの本質に関する考察から議論をはじめているが、そこでは、他者を排除し支配しようとする「闘争の事実」とともに、たがいに協力しあう「親和の事実」との両面が、人間の本性には見られると説く。そして、「人類生活の不断の努力は、畢竟は理想の実現を志して居るものだといふ事が出来る」と断言している。

人間が備える、親和と闘争との両面性に関する議論は、直接にはハーバート・スペンサーなど、十九世紀の西欧思想に学んだものと思われるが、ここにたとえば、朱子学・陽明学による心の分析に見られる二元論、人間本来の調和性を志向する「性」と、それに背反して「情」をつき動かす「人欲」との相剋の響きを、ききとることもできるだろう。そのことは、『国家衛生原理』が、人間を「生理的動機」から「社会的団結」へと導く心の作用について説明するときの、「仁心」や「良知良能」といった言葉づかいにも現われている。人間の親和性に基づく「終局の理想」としての世界平和を念頭におきながら、いま現実にある生存闘争をリアルに見つめ、それに進んでかかわってゆく思考方法。——この点では、後藤の思想は、たしかに「勢に随ひ理亦同じからず候」（『沼山対話』、元治元年）と説いた、横井小楠とも共通しているのである。

冒頭に紹介した、晩年の著作『政治の倫理化』で後藤は、みずからの立場を「新理想主義」と呼んでいる。国民の一人ひとりが、既成政党や無産政党など党派の宣伝に惑わされず、「大中至正」の立場で「国家全体」の事業を支えることを唱えたものであるが、ここで中心概念として持ち出されるのは、先に見た「自治的自覚」である。

> 自治の精神は決して舶来の新思想でもなければ、一行政の局面に専用せられる程、狭《せ》ま苦しい観念でもない。其の淵源は深く生物固有の本能に根ざし、其の作用は人類社会の協同生活全般を支配する。古人は格物・致知・誠意・正心・修身・斉家・治国・平天下と説いたが、吾人の所謂自治精神とは、之を要するに此の修身の工夫、修養、努力に外ならない。然らば如何にして身を修めるかといへば正心・誠意・致知・格物と下《か》学《がく》して上達するのである。其の下学するや近代科学の真を究《き》はめて物に格《あた》り、其の上達するや宇宙の大霊と冥合する。
> （『政治の倫理化』八二―八三頁）

「格物」（個々の事物に即してその理を究明する）・「致知」（みずからの知を完成させる）に始まる八つの言葉は、朱子学の基本経典の一つ『大学』に由来し、人がみずからの心の内に備わる「性」を本来あるままに発揮し、「天下」全体の調和の実現へと歩みでてゆくための過程を述べたものにほかならない。原文は「誠意」（意を誠にする）が「識意」となっているが、この頃にはすでに、儒学風の言葉づかいが、時代遅れで理解されにくくなっていたことを示す誤植であろう。しばしば科学主義と呼ばれる後藤の思想も、その内に一貫して息づく理想については、儒学の色調を濃く残していた。

後藤は、『日本膨張論』を書く前、大正初年から、中世ドイツのハンザ同盟をモデルとして、市町村を単位とする「自治団」、職能別の「産業自治体」と、さらにそれらの連合体の結成を唱えていた（『自治生活の新精神』内観社、一九二〇年）。それは、都市における社会の大衆化と国際化（後藤の言葉では「社会階級」の「複雑」化）が進み、国家の従来の統合方式が通用しなくなった、二十世紀の新しい問題状況に対する、後藤の処方箋にほかならない。[5]だが同時に、ここに言う「自治」とは、人々が共通の活動に携わることを通じて、みずからの内にある親和性に目覚め、理想の調和へ向かってゆく場と考えられていた。

鶴見和子は、祖父である後藤をめぐるインタヴューの中で、倫理化運動は「（政治に）挫折して嫌になってやったのです」と語っている。[6]これを、実際の後藤の白熱した姿勢と矛盾すると見るのは適切でない。現実政治の渦中に身をおきながら、つねにそれを嫌悪するほどに突き放す、「理想」の視点をもち続けること。そうした内面での緊張が、後藤の政治活動を生涯にわたって支え、さまざまな事業にわたる思考の運動に、動力を与えていたのである。

**注**

（1）Michel Foucault, "The Political Technology of Individuals" in Luther H. Martin et al. ed., *Technologies of the Self : A Seminar with Michel Foucault* (Amherst, The University of Massachusetts Press, 1988), pp. 156-161（「個人の政治テクノロジー」石田英敬訳、『ミシェル・フーコー思考集成』第十巻所収、筑摩書房、二〇〇二年、三六六―三七一頁）．ポリツァイ概念を軸に『国家衛生原理』を分析した試みとして、白水浩信「ポリス論の受容と教育的統治の生成――後藤新平『國家衛生原理』を中心に」（『神戸大学発達科学部研究紀要』八巻一号、二〇〇〇年九月）がある。

（2）植民地には帝国憲法を適用しないという後藤の方針が、台湾総督府の本国政府からの独立性を保つ意図をもっていたことについて、小林道彦『日本の大陸政策 1895-1914』（南窓社、一九九六年）九八―一〇〇頁を参照。また、後藤による植民地支配における、教育政策の特質に関し、陳培豊『「同化」の同床異夢――日本統治下台湾の国語教育史再考』（三元社、二〇〇一年）六七―八四頁が詳しく分析している。

（3）蘇峰と後藤との関係について、徳富猪一郎（蘇峰）『蘇翁感銘録』（宝雲舍、一九四四年）三二三―三三八頁、高野静子「徳富蘇峰宛書簡」第一―四回（『環――歴史・環境・文明』一―四号、藤原書店、二〇〇〇年四月―二〇〇一年四月）を参照。安場保和についての研究としては、花立三郎「安場保和――熊本実学派の研究」（熊本近代史研究会編『近代の黎明と展開――熊本を中心に』所収、創流出版、二〇〇〇年）、井上智重「安場保和が小楠のよい弟子といわれる理由」（『環――歴史・環境・文明』五号、二〇〇一年四月）がある。

（4）北岡伸一「外交指導者としての後藤新平」（『年報・近代日本研究2・近代日本と東アジア』、山川出版社、一九八〇年）が指摘する、国際関係における「対立の契機」よりも「統合の契機」に着目する後藤の外交論の特質もまた、こうした発想に由来すると思われる。

（5）酒井哲哉「後藤新平論の現在」（『環――歴史・環境・文明』八号、二〇〇二年一月）は、帝国秩序と国際秩序との関連という視点から、後藤の思想における、従来の主権国家像が崩れさった二十世紀に特有の問題意識を指摘している。後藤の「自治団」構想をめぐる政治史上の文脈については、季武嘉也『大正期の政治構造』（吉川弘文館、一九九八年）二二七―二三七頁に詳しい。また、本稿では後藤の「自治」構想について、人々の自主性を重んじる側面を強調したが、議論の総体としては、前田康博「後藤新平」（『現代日本思想大系10　権力の思想』所収、筑摩書房、一九六五年、二三〇頁）が指摘するように、「彼のいう『自治』は権力に抵抗するものではなく、権力に順応しつつ自発的に権力を基礎づけるものであった」と評価するのがふさわしいだろう。加藤茂生「近代都市空間と公衆衛生　序論――後藤新平の衛生思想の臨界点へ」（『10＋1』一二号、一九九八年二月）は、そうした特質が、すでに『国家衛生原理』から一貫しているとする。

（6）『コレクション・鶴見和子曼荼羅』第七巻（藤原書店、一九九八年）二〇頁。（本書六八頁参照）

# 後藤新平の衛生思想

新村 拓

Shimmura Taku

## 一 信心と養生説による健康から公衆衛生術へ

世の中で大切なものを挙げるとすれば、寿命、無病、福禄の順になると中世後期の神道家吉田兼倶は述べる。それは「病を得る者は寿命の危きを恐れ、病に沈む者は財宝の重きを忘る」ことによって知られるという（『唯一神道名法要集』）。この考えは近世前期の井原西鶴にもうかがえる。彼の作品『日本永代蔵』は外題に「大福新長者」とあるように、新しい時代における致富の道を説くものであったが、そこでは人生において大事な金銀を稼ぎ出すには人の道としての徳目を踏まえ、そのうえで智恵・才覚を働かせ、倹約の神の御託宣に従って貯蓄に励まなければならないという。その一方で、財はあの世へ持って行けるものではなく、むしろ「堅固にてその分際相応に世をわたる」ことのほうが優れた人生であるといい、「福徳はその身の堅固にあり」とも述べる。では、その堅固（健康）はいかにして得られるかといえば、信心と養生にあるという。

同時代の貝原益軒は『養生訓』巻一にて、人は天地と父母の恵みを受けて生まれ養われたものであるから、己の体といえども己の物ではない。賜わり物であるから、よく慎んで「天年を長くたも」つようにしなければならない。「寿福をうけ、久しく世にながらえて喜び楽しみをなさんこと、誠に人の願ふところならずや」とし、寿福長生のためには養生術が必要であると論じている。この趣旨はその後に続く養生論の基調をなすもので、近世後期の医師平野重誠の

『病家須知』巻一では、忠孝を尽くすためには長生きと健康が不可欠であり、それには天命にすべてを任せ、知足安分、知行合一の実践が生む「心意を調《ととの》ふ」ことをもって基本とせよという。そうすれば身も保ち生を養うことができると説く。

信心と養生術によって寿命（生命）、無病（健康）、福禄（財産）の三つを求めてきた前近代の心行は、近代に入って様相を変えることになる。啓蒙思想家の西周は功利主義のミルに従って、人の世の宝として健康（身体健剛）、知識（知識開達）、富有（財貨充実）を挙げ、この三つを得ることが天に対する務め、善であり最大幸福になるという（「人世三宝説」、『明六雑誌』一八七五年）。欲望の充足を肯定している点では西鶴と変わりないが、西はその欲望充足の動きを私利とし、私利は人が本来持っている人との「相和相扶」の性によって公益に変えられるとする。これに対して西鶴は徳目を踏まえることによって私利と社会との調和は図れるとみる。

民権家の福本巴はスペンサーに依拠して「天賦の原権」である生命、生命を保全し健康を保護するための財産、財産を保全し増殖するための智識、諸種の財を産み出すことになる名声・美名・信用という名の名誉、他人の行動を侵さず己の行動も侵されない天賦の権利である自由、この五つを大事なものとし、その中から生命を除いたものを「人間の四宝」と呼ぶ。そして、幸福の基である四宝は「天より降り神より授かるものに非ず、人々奮て自から取る」ものとし、立憲政治の仕組みとその必要性を論じる（『普通民権論』一八七九年）。同じく児島彰二も民撰議院の設立によって自ら人間天賦の至宝である「生命を保完し其自由を請求して互に其幸福」を図ることが可能になると説く（『民権問答』一八七七年）。

ここ近代に至って前近代以来の寿命、無病、福禄という人世の宝は増幅され、それぞれは天賦の権利と位置づけられることになり、またそれの獲得と保全をめざす動きは私利であると同時に公利とされ、それの実効性を保証するための社会的政治的な枠組みが提起されることになったのである。そこでは宝は善であり、それに対置する病、貧乏などは公益に反する悪と認識され、国家主導のもとで排除あるいは日常的に監視されるものとなっている（鹿野、二〇〇一年）。ここにおいて個人を対象にする養生術は後退し、社会を養生する公衆衛生術、病を人体の生理の域に止めず社会や道徳の問題として捉える視点、さらには病人を集団と捉える疫学的な視点が前面に押し出されることになるが、その動きを加速させたのが一八二二年以来、流行と惨劇を重ねたコレラであった。「人類と下等寄生体との間に行はる生存競争」のひとつと後藤新平が捉えたコレラが、正に「衛生の母」となったのである(後藤『衛生制度論』一八九〇年)。

## 二 下等民の衛生が富を生むという思想

経験知としての養生術から先進国からの移入である文明知・権力知としての衛生への転換は、啓蒙・強制というかたちをとって国民国家意識の形成とも深く関わりながら、内部的には工業化と人口の流動化にともなって生じた市街地の不潔の排除、そこに住む者への蔑視という差別的な視線をも生み出していくことになったが(成田、一九九五年)、衛生家後藤新平にもそうした視線をみることができる。

後藤はまず、いくら財産があっても冥土へ持参できるものではなく、健康で働ければ財産だって名誉だって手に入れることができる。したがって、健康なる生命が「金の成る木」「造化の元金」となるから第一の資本であり、信用と貨幣が第二の資本になるという。そして、その生命にも通り相場というものがあって、「金玉の事業」を営む者の生命の値段は「金玉の価」となり、「瓦礫の事業」を営む者のそれは「瓦礫に等」しく、「事業の尊卑に従て命価に高下」が生じるという。「命価」とは生命の値段を意味する後藤の造語であるが、世において己の命価をよく心得ている「金玉の事業」を営むような、社会の中等以上の者は命価の保護にも熱心となり、「一山百文にもならぬ瓦石の命価を有する御連中」である下等の者にはそれがないとし、後藤は国民を二分する。

だが、彼はその下等民を切り捨てるわけではない。欧米文明国では命価の高さを認識している中等民が熱心に公衆衛生に取り組み、衛生の必要を感じていない賤民までも組み込み繁盛していると論じ、「国家衛生の盛衰は国民の命価に関」わり、資本の大部分を占める有為有力の貧民・労役者の衛生がわが帝国の将来の富強につながるから、中等以上の者もその点を十分に認識し衛生事業の発展に理解を求むというのである(「生命の直段を定むる秤量」「国家衛生の盛衰は国民の命価に関係す」「衛生と資本」、『大日本私立衛生会雑誌』三二、三九、一五七号、一八八五、八六、九六年)。

国富を生み出す下等民を衛生保護することが公益であるとする後藤の思想は、長崎の高島炭坑での惨状と暴動に関する風説に触発されて書いた「職業衛生法」において明確に示される(『大日本私立衛生会雑誌』六三、六四、六五、六六、六八号、一八八八、八九年)。すなわち、「英国の富は貧民に在り」

といわれているが、職業衛生制度を設けて労役者を保護し衛生巡閲官によって製作場を検閲させるという体制は、「労役者に私恩を施」し怠惰な民を作り出すようなものではなく、「邦国の富強を致すへき本源を培養するもの」である。その理由は第一に、製作場の設計あるいは設立時に衛生上の注意を与え、操業後にも「近傍に害を蒙らしむること」の無いように指導すれば、営業者に損耗が出ないばかりか、公衆や労役者の健康安寧を害さずに済む。「殖産興業家」は労役者を消耗し尽くすのではなく、将来のことも考えて彼らの培養をはからなければいけない。「今や煙突林立して煤煙天を焦し、汽笛鳴り、車輪響の地」が出現しており、「公衆の福寿」を守るためにも法整備が急がれる。第二に、欧米諸国においては貧富の差が拡大し、「資本家は金力を以て職工を抑制」しているところから、社会党や共産党が生まれて国家の安寧を害するに至っている。わが国においても「社会の進化より来る此影響は早晩免る」ことはできないから、職工保護規定などを設け紛争を醸すおそれのあるところを取り除いておくことが必要であり、それが生産性の向上にもなる、と。

要するに、職業衛生法の整備、作業環境や生活環境を社会全体として整備することが資本家・労役者・公衆の三者にとっての利益となり、公害対策や治安対策の面からも支持されることで、富国の源であり公益になるというのである。この論は労働者保護策が消極的な貧民対策と捉えられていた時代において、ビスマルクの社会政策をも超える先駆的なものといわれる（日野②、一九八八年）。職業衛生法は最後に職工のために設ける共済組合保険「養老補助金」「廃疾補助金」「療病補助金」の三つについてふれるが、その詳しい内容は後藤のドイツ留学後の講演「疾病の保険法」（『大日本私立衛生会雑誌』一一六号、一八九二年）にまとめられている。

講演では高島炭坑問題を取り上げ、また「同盟罷工」や治安対策という観点から労役者保護のための疾病保険（疾病金庫・救済衛生・救貧衛生）の必要性を説く。まず人間社会は、富・智識・生活力の分配が不平等となっているため生存競争が生じるという。わが国も欧米ほどではないが貧富の格差が拡大しており、布施同様な慈恵では対応が困難である。特に問題なのは都府に流入している無資産の徒であり、彼らは「何もない貧乏人」というだけでなく、「唯手から取って口を養ふ」だけのその日暮らしであるため、戸主が病となれば禍が全戸に及ぶことになる。「一時の労力不堪能は遂に永久の労力不堪能を起」し、それが「国民全体の労働力の減少」を招いて「富国強兵にも影響を及」ぼすことになる。さらに「社会党や其他の急激なる禍を起す所の党派」を養成することにもなりかねないから、「禍福平均法」「長短補充法」ともいうべき疾病保険を設けなければならないとし、ドイツの保険システムを紹介する。ここでも衛生が富国強兵の基盤となるという主張である。

## 三 衛生家後藤新平の誕生

後藤と衛生との出会いは一八七六（明治九）年、彼が愛知県病院の三等当直医として赴任したときにはじまる。同病院には同年、オーストリアより着任した御雇外国人医師アルブレヒト・フォン・ローレッツがおり、後藤はローレッツの持つ実験的実証的医学、国家主導による医事・衛生行政、病理解剖学の重視、基礎・臨床医学の不断の分化といった内容を特色とする新ウィーン学派の影響を強く受けることになる。八〇年三月ローレッツの任期満了後、病院長兼医学校長心得となった後藤が愛衆社（愛知県私立衛生会・医事講究会）を設立するのも、ローレッツの衛生警察思想の移植をはかるためであった（川喜田、一九七七年、田中、一九九五年）。八三（同十六）年東京に大日本私立衛生会ができると、後藤は評議員となって衛生の理義を説諭し人民の迷妄を打破する運動に邁進する。

後藤が病院に赴任した当時、そこには医師兼医学所教師兼通弁の司馬凌海がおり、司馬は東京警視庁の依頼でリヨンの衛生警察学および裁判医学の翻訳をするにあたって、後藤に口述筆記させたことが後藤の衛生への開眼となったといわれる（鶴見、一九六五年）。ローレッツは七八（明治十一）年十月コレラ対策として「健康警察医官を設く可きの建言」を後藤に代筆編述させて愛知県令に提出し、同年末に上京を命じられた後藤は衛生局長の長与専斎に面会し衛生警察設置の賛同を得る。これが八三年後藤の内務省御用係衛生局入りにつながり、長与の懐刀として活躍する機縁となる（田中、同）。

衛生局での後藤の最初の仕事は新潟・長野・群馬三県の衛生環境調査であった。彼は復命書において、この調査の意義を次のようにいう。すなわち、「利用厚生の道」「衛生の道」というものは時代とともに多少の変革をみるものの、どの時代どの地域においても存在するものである。国は風土に従い、それぞれ衛生の法度を異にするから、海外の制度をそのままわが国に採用しても適応障害を起こすだけのことである。今回の巡察は各地の習慣衛生の事実や沿革を集め、これを理想に照らして利害を審定することにあり、それが「衛生拡張の最第一著の手段」になると（鶴見、同）。言い換えれば、国家が主導すべき衛生行政プランも「群内の実情に照らして必要なる告示を発する」ようにし、「衛生上危害の存する所」において「其除害法を直接に実施するの機関」を置くという地方自治を尊重し（『衛生制度論』）、かつ衛生を基礎としてその上に諸学を配したスペンサーの教育論にみるような教育を受けた国民の自律的な動機にもとづかなければ（『国家衛生原理』）、実効性を期待することはできないというのである。

後藤の上司である長与は一八七六（明治九）年アメリカ視察を通じて、「人生の危害を除き国家の福祉を完うする所以の仕組」（『松香私志』）である衛生というものは、そこの風土に合ったあり方があることを認識し、自治衛生や環境改善に比重をおいた予防衛生の考えを持つに至っているが、それは後藤に共通するものであった（笠原、一九九七年）。長与の自治衛生構想は七九年、府県衛生課や町村の公撰衛生委員の設置となって実現するが、それも八六（明治十九）年には地方財政の逼迫と委員の機能不全によって廃され、その業務は警察に移管されることになる。それによって総合的な予防体制の構築をめざしていた内務省衛生局の計画は頓挫することになるが、それを後藤は市町村の自衛自治の意志を弱め依頼心を起こさせる不得策と断ずる。警察による分断的で対症療法的な衛生に対する後藤の批判が『国家衛生原理』執筆の背景をなしていたという（尾崎、一九九六年）。

## 四　『国家衛生原理』とその思想

一八九〇（明治二十三）年後藤はドイツに旅立つが、生物進化論をベースに国家有機体論を組み立てた『国家衛生原理』はその前年に著されたもので、同書に示された後藤の思想は留学中に実見したビスマルクの社会政策によって補強され、彼の不抜の政治信条となったといわれる（鶴見、同）。

ただ、同書は例言に「独逸国アルンスベルク参事官兼医務議官博士パッペンハイム氏著衛生警察学に拠る」とし、「余之（第二版）を愛読すること久し」とあるように後藤の独創ではなく、実際、同書と第二版を比較研究された日野氏によれば、全五編の同書のうち最終編のみがかろうじて後藤の執筆といえるもので、あとは翻訳抄訳であったという（日野①、一九八八年）。また後藤が警官練習所で府県警察官に講義した際の講義録『衛生警察原理』（ルイス・パッペンハイム著、後藤新平訳補、一八八六年序）を検討された宗田氏によれば、『国家衛生原理』はこの講義録を整理し章節を改め見出しを付け、若干の章を追補したものであったという（宗田、一九八九年）。『国家衛生原理』が独創性に乏しいものであったにせよ、また衛生学（公衆健康学・実用生理学）の紹介がすでに一〇年前、生理学教師であるドイツ人エルンスト・チーゲルによってなされていたにせよ（三浦、一九八〇年）、この時期に体系的な衛生学を出版したことの意義は大きく、後藤の衛生思想を知るうえでも欠かせない書となっている。なお、ドイツ留学の直前にまとめられたものに『衛生制度論』があるが、その例言によれば「警官練習所に於て講授したる手歴」をもとに急にまとめたもので、「国家衛生原理の如く理想的に非らすして実際的」なものとある。

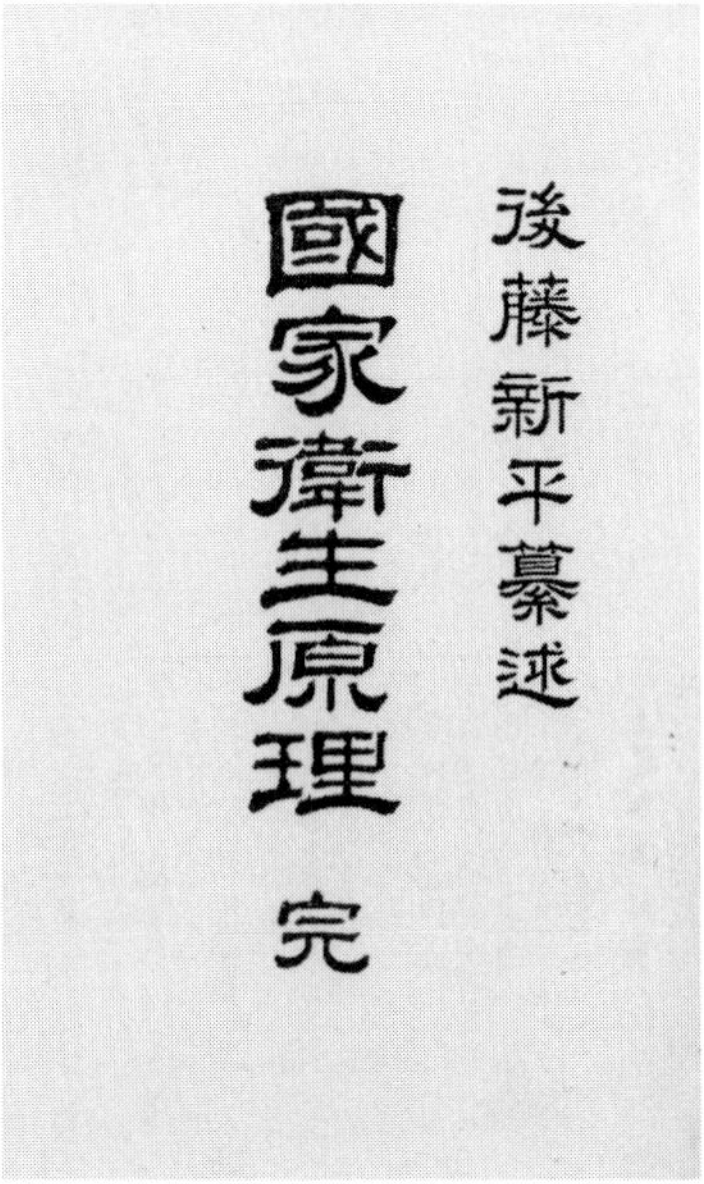
後藤新平纂述
國家衞生原理
完

『国家衛生原理』トビラ

『国家衛生原理』はまず、人類の目的は「天然の法則」の解読にあたったダーウィンの「進化説」が説くところの「生存競争」「適者生存」「自然淘汰」「人為淘汰」の攻撃に抵抗して、「平和公正を維持して給養生殖を営み、以て心体の健全発達に満足なる生活境遇」、すなわち「生理的円満」を享有することにあるとする。ところで、人というものは「諸多の敵を防き給養生殖を全くすへき道具」である「生理的衛具」を持たない「不満足の動物」であるから、単独生活はできず「群聚生活」すなわち社会を営まなければならない。社会とは「生理的動機」「衛生的動機」にもとづいて人が結合し、相互協力して「子孫繁栄の計策」と「福寿を得る」ために形成されるものである。ところが、人には「強弱長短智愚の差」があるため「優制劣従」「自然不同等を生じ生存競争の勢いを呈す」ることになる。また個人は「営業に汲々として只利に走」り、「私己の衛生を害し復公衆の衛生を害すること」にもなるので（『衛生制度論』）、安寧福寿を求めて調停者としての主権、国家が必要とされる。

その国家とは「欲情の集合と称すべき状況」となる社会において、危害の醸成を回避させるための組織、言い換えれば「欲情を克制する道徳心」「徳義の集合体」である。ルソーがいうような「治者と被治者との契約を以て成立」するものではない。人の工夫によるものでなく、「天然に稟有する生理的動機」にもとづく自然発生的なもので、その構成員である「至尊なる生活分子」が持つ個性に応じてなされる社会的分業によって成り立つものであるとし、個人の主体性にも配慮を示す。主権の目的は「人類の衛生」、国家という「至高人体の健全」にあり、人は「取福捨禍の能力を以て善悪利害を判別」し、主治者による恣意的な行為に対して「嫌忌して適従せさるの性」すなわち「生理的動機」を持つ。また主治者も「忠恕を以て道」とする「生理的動機」を有するから、主権の乱用を危惧するには及ばないと楽観する。

社会は開明の度に従い「進取競争の勢ひ」を増し、貧富の差は拡大して「資本家は労力家を役して止まる所を知らぬ」といった状態に至り、「破壊過激党の類」が現れて「人心を動揺せしむる」などのことも起こる。そこで国家は「百般の凶慟に警衛を加」え、「教育、殖産、興業等を計画」するといった行政や立法にあたる「広義の衛生公法」と、「人口稠密となるに随て理学力の人を襲うこと」すなわち「都府空気の不潔、黴菌増殖」などに対して、人工的に「抵抗競争するの制を講」じるといった「狭義の衛生公法」を持たなければならない。衛生とは「自行自為」「自治自衛」の道を固くし「仁心」を厚くし、人身と精神双方の健康を保護増進し「生理的円満」を享有する方法であって、国家とは「一大衛生団体」である。進化の過程で生じた最高の生命有機体である完全な国家とは、「主権の保護」と「人民の自衛」とが相まって「健全生活を遂くへき制度」が備わり、「生理的円満を享有すへき状態」を有するものである。

制度は「第二の天性と謂ふべき慣習」による制約を免れることはできない。悪い慣習を改めるには「真正の智識」の普及を待つ必要があり、変革は「進化の理より考究する」も急進劇変」を避けなければならない。「未曾有の変革」は「未曾有の流行熱」「社会熱」「競争熱」をもたらすと述べ、現地調査や総合的な学問・教育の重要性を説く。衛生制度とは個人の生死をのみ目的とした医学ではなく、公衆衛生学が要求するところを実施するためのものであり、その基本は「依頼心を起」させずに「個人の発達を助長」させ、個人の力だけでは「人民の生理的円満」を保護することができないときのみに、これに干渉する権利と義務を持ち、「貴賤貧富の為に健康の保護増進に厚薄」があることのないように努めることである(『衛生制度論』)。衛生制度には「一個人の健康を妨害せんとするものを防く所の法令及其処分を網羅」する衛生警察と、公害防除や飲水確保といったことにあたる衛生事務とがあり、漸次イギリスのごとく後者が中心となるべきであるとする(同)。

最終編では「近来衛生論の出てしより其費用の増加せしを歎するもの多」いが、「活機あれは栄養を要すへきは必然の理」であるとし、人体及び動植物における栄養学に相当するもの、これが事物における理財学であり、衛生の活機には費用が不可欠であるという。「無比の重宝」「至高の財本」である健康の価は「人の人たる品位の価」であり、「生命の価値」であって衛生費増減の基礎となるものである。そこでイギリスの疫学者ウィリアム・ファーの生命統計学を援用し、人口も経済上の価値を有するもので、それは「所得税の価額」によって知ることができる。「一国の資本の減少は人口の減少に随て、生産の原力を失ふ」にあり、人口の経済上の価格は「自然の力に勝つ」ことにあって、それは教育によって得られるものである。労働者の経済上の価値は健康と長寿によって生ずるものであり、流行病の蔓延は分業の利益を薄弱なものにする。したがって、人口の経済上の価値を高めようとするならば、疾病に苦しむ時間を節約し、幼年者の生命の失われることのない衛生事業に力を尽くさなければならないとし、そのための資本投下を要請する。

その要請に応えようとしない者に対して後藤はいう。これまで人は健康福寿を願って神仏や巫呪、医師らに供物や謝金を捧げてきた。これは個人の経済上にとどまる祈念的衛生である。これを全国の神社仏閣神官僧侶などの現数にもとづいて平均収入を算定すれば一五〇九万円を下らない。さらに陰陽師や家相、禁厭などへの支出は七万七四〇〇円、売薬への支出は売薬税から算出して四三万七〇〇〇円、鍼灸、按摩、入歯などへ二万円、医師、産婆、薬舗などへ五三六万三八〇〇円を支払っており、これを国民三八〇〇万人で割れば個人衛生費が算出できる。わが国の衛生費は一〇〇万円内外であり、これを総人口で割れば、その価は下等職工か雇人の一日の賃銭の五分の一に充たないものとなる。現在、公衆もしくは国家衛生費の支出は増えているといっても、結果として一個人の疾病および死亡が減少しているので、個人の衛生における支出のほうは減っていると述べる。

つまり衛生に関する十分な教育を受け、自分の生命・健康が貨幣に換算されうる経済価値を生み、衛生費についても理解した自律的な国民一人ひとりの有機的な諸活動があってはじめて平和公正で満足な生活境遇、すなわち「生理的円満」を享受することのできる衛生国家が成立するというのである。病を生活から切り離し隔離と投薬によって抑え込むことができるとする細菌学説（コッホによるコレラ菌の発見が一八八三年）と、病を沼沢地や排泄物から発する毒気・瘴気に由来するとして上下水道の整備など環境の改善への投資を求めるミアスマ説、その両説を後藤は『衛生制度論』において解説するが、後藤の意に反して、結局のところ明治の衛生行政は前者に傾斜していくことになるのである。


**参照文献**（史料の引用においてカタカナをひらかなに書き改めた。）

「後藤新平の衛生行政論に関する医史学的研究」『公衆衛生院研究報告』三七―三、四号、一九八八年。

「松香私志」、小川鼎三・酒井シヅ校注『松本順自伝・長与専齋自伝』所収、平凡社、一九八〇年。

「民権問答」「普通民権論」、明治文化研究会編『明治文化全集』第二巻所収、日本評論社、一九五五年。「国家衛生原理」「衛生制度論」、滝沢利行編『近代日本養生論・衛生論集成』第八、九巻所収、大空社、一九九二年。

尾崎耕司「後藤新平の衛生国家思想について」『ヒストリア』一五三、一九九六年。

笠原英彦「明治十年代における衛生行政」『法学研究』七〇―七、一九九七年。

鹿野政直『健康観にみる近代』朝日新聞社、二〇〇一年。

川喜田愛郎『近代医学の史的基盤』岩波書店、一九七七年。

宗田一『図説・日本医療文化史』思文閣出版、一九八九年。

田中英夫『御雇外国人ローレッツと医学教育』名古屋大学出版会、一九九五年。

鶴見祐輔『後藤新平』後藤新平伯伝記編纂会、一九三七、三八年。

成田龍一「身体と公衆衛生」、歴史学研究会編『講座世界史』第四巻所収、東京大学出版会、一九九五年。

新村拓『老いと看取りの社会史』法政大学出版局、一九九一年。

西田毅編『近代日本政治思想史』ナカニシヤ出版、一九九八年。

野村拓『国民の医療史』三省堂、一九七七年。

日野秀逸①「後藤新平『国家衛生原理』の理論的源泉」、②「後藤新平の衛生行政論の一貫性について」、③「後藤新平『命価説』に関する研究」『日本医史学雑誌』三四―一、三、四号、一九八八年。

三浦豊彦『労働と健康の歴史』第二巻、労働科学研究所、一九八〇年。

# 後藤新平の衛生政策

笠原英彦
*Kasahara Hidehiko*

## 一　医師としてスタートした人生

後藤新平が医師として青年期をおくったことは後藤の衛生政策を考える上で大きな意味をもった。後藤は陸中は胆《い》沢《ざわ》郡塩釜村（現在の岩手県水沢市）に幕末、仙台藩留守家の小姓頭の子として生まれ、維新後この地を治めた新政府の役人にその才を見出された。後藤が世に出る上で胆沢県大参事安場《やすば》保和《やすかず》とその配下にあった阿川光裕《あがわみつひろ》の存在は忘れることができない。才気煥発な後藤少年を安場は給仕に取り立て、阿川に託した。新しい環境の中で、後藤はひどく向学心を刺激され上京をめざした。

最初の上京は実をむすばなかったが、一八七三（明治六）年に再び遊学の機会が訪れた。福島県の須賀川に転任していた阿川が、医学校への進学を条件に学資の援助を申し出たのである。後藤は医師を「長袖流の小技」と呼んで軽んじていたから、当初後藤は医師になることを好まなかった。

しかし父親の願望などもあり、後藤はやむなく須賀川医学校に進むことになった。後藤が須賀川ではじめた医学修行は訳書による変則課程における学習であり、しだいに学業は熱を帯びたが、西洋医学の本流、大学東校（後の東京帝国大学医学部）に対して大きなコンプレックスを抱くようになる。だが、親戚筋に高野長英がいたこともあり、西洋文明に対する憧憬は大きく、後藤の精神構造を屈折したものとした。

それでも、恩人の安場と阿川が名古屋に異動したこともあり、一八七六（明治九）年には名古屋の愛知県病院に医師として赴任した。後藤はここで二人の重要な人物と出会った。愛知県病院付属医学校の教頭、司馬凌海と同医学校教師のローレッツである。司馬は型破りな天才肌の翻訳家であったが、後藤はドイツ語を学ぶために司馬の家塾に入った。後藤はそこで衛生警察や裁判医学の翻訳に筆生として携わり、衛生政策に開眼した。

一八七七（明治十）年の西南戦争による傷病兵を収容するため大阪に陸軍臨時病院が設けられた。同病院の院長石黒忠悳《ただのり》の知遇を受けた後藤はそこで外科医師としての腕を磨き、その実力をもって名古屋帰還後は弱冠二十四歳にして愛知県病院長兼医学校長に異例の昇進を遂げた。後藤はなおも現状に甘んずることなく病院の組織改革に辣腕を振るうとともに、病気の治療から一歩進んで病気の予防に関心を寄せ、よりよき衛生政策のあり方を模索した。後藤は安場県令に「健康警察医官ヲ設ク可キノ建言」（一八七八年）を提出したにとどまらず、「愛知県ニ於テ衛生警察ヲ設ケントスル概略」（同年）をもって内務省衛生局長長与専斎《ながよせんさい》にかけあった。

長与は当時衛生行政の要にあり、この使命に全力投球していた。長与は洋行体験を踏まえて公衆衛生の要諦を熟知していた。長与は「自治衛生」を提唱し、民衆の生活に直接関係する衛生事業は各地がその風俗、人情を念頭に自発的に取り組むことを肝要とした。その長与にとってはまず明治十年代に蔓延したコレラが当面の敵であった。いざコレラが流行すると、感染地域への交通の遮断やコレラ患者の避病院への隔離など物理的強制力に依拠した「衛生警察」が前面にでた。しかし長与は長い目でみたとき「衛生警察」だけでは不十分であり、「自治衛生」による補完を主張したのである。

同じく衛生政策に真剣に取り組もうとしていた後藤との出会いは長与にとっても大きな出来事であった。愛知における愛衆社の活動や後藤の建白に長与は関心を寄せた。後藤の才覚を高く買っていた石黒も、後藤のような逸材を地方に埋もれさせることを惜しんだ。石黒の強力な推薦もあって後藤の内務省入りが俎上にのぼった。

## 二　内務省衛生局と後藤新平

一八八三（明治十六）年に後藤が内務省衛生局入りするきっかけとなった建白「健康警察医官ヲ設ク可キノ建言」の中で、後藤は「各自痾病《あびょう》ヲ未発ニ芟除シ、原因殆ンド枯レ、病痾自体ニ感染シテ医治ヲ要スル虞《おそれ》ナカラシムルニ至リテ、甫《はじ》メテ衛生ノ挙、美ヲ尽クシ、又善ヲ尽クシタリト言フベキナリ」とし、また「民間痾冦ナシト雖《いえども》、予防ヲ怠ル時ハ必ズ惨痾ニ罹《かか》ル者ナリ」と警鐘を鳴らしている。かかる予防を重視した後藤の意見は、広い意味で長与のめざす衛生行政と同様の志向を有し、よって後藤の内務省御用掛への就任に結実してゆくことになる。

後藤の建議はまず、当時の安場愛知県令の入れるところとなり、後藤は衛生調査のため県より上京を命じられた。その際、後藤は内務省に長与衛生局長を訪ね、懇談する機会を得た。懇談の内容については、後藤著「東行の概表」(一八七九年)の中にみえ、「一日局長新平ニ謂テ曰、凡ソ全国衛生事務ノ隆盛ハ、各地方衛生掛ノ勉力ト、医輩ノ勇進奮励トニアリ。假令《たと》ヒ衛生局何的ノ良法ヲ分布スルモ、地方ニ之ヲ施行スル人ニ乏シケレバ、徒法ニ属スル」として、地方衛生家の勉励に期待するとともに、「郡区ニ適シタル方法ヲ設ケ、精密ニ衛生事務ヲ調理シ」と各地での主体的取り組みが重視された。

早くから後藤が「衛生警察」のみならず「自治衛生」にも心を砕いていたことは、一八八〇(明治十三)年の愛衆社の創設にみてとれる。同僚石川詢と伊勢の温泉に同行した後藤は「衛生私会」の開設で意気投合し、その後瀧浪圖南らの参画をえて、県に対して愛衆社の設立を申請し、許可された。後藤らが掲げた「愛衆社設立ノ告示」には「良医輩出ノ期」に臨んでの積極姿勢が示され、「衛生医事ノ議会ヲ起コス」ことや「公衆ヲ嘉域ニ導」くこと、そして「富国強兵ノ一助」とすることなどが会の目標として謳われた。

「愛衆社の主旨」にある通り、愛衆社は「衛生医事」の向上をめざす医師の協議機関として出発し、「医学政事」(衛生警察)にかかわる緊要の場合は地方官庁に建議するなど、地方衛生会の先駆として順調な滑り出しをみせた。長与も注目したように、同社の活動は地方衛生会の黎明期を知る手がかりとしてのみならず、後藤が「衛生警察」と「自治衛生」とを如何に経験的に結びつけようとしたかの指標であった。

こうした後藤の「自治衛生」への理解をさらに深化させる契機となったのが、内務省入りして最初の仕事、地方巡視であった。一八八三年、売薬税収入により拡大した衛生局は、防疫事業、医籍事業、水道事業に加え、地方巡視を一大事業に位置づけた。この年は山県有朋の建議に始まる大規模な地方巡察使が派遣された年であり、政府の地方行政に対する関心が高まったことが指摘される。衛生行政にしぼってみると、これに先立ち明治十年代前半、コレラ禍という手痛い洗礼を受けていたことも視野に入れねばならないであろう。

一八八三年の春、内務省御用掛に就任早々の後藤は、その初仕事として新潟、長野、群馬三県の衛生視察に出かけた。視察は同年四月二十三日から六月二十三日までの二ヶ月に及んだ。視察の内容については、『後藤新平文書』(四、衛生局時代)所載の「三、新潟長野群馬三県巡回復命書」に詳しい。愛知県病院長時代に激しいコレラ禍を経験したことや愛衆社の活動を通じた貴重な経験があったために、後藤は地方巡視の仕事に熱を入れた。

後藤は地方衛生視察の先駆者である東大医学部教授の三宅秀の「地方衛生巡察要領」を参照しつつ地方巡視に臨み、「巡回ノ際、此沿革ヲ跡ツネ、汎ク事実ヲ彙聚シ、之ヲ理想ニ照ラシテ、利害ヲ審定スル」ことが衛生の拡張につながるとの認識に至った。復命書の総括にあたる「巡回報告ノ大要」では、衛生行政の地域格差にふれ、それがひとえに人材と資本の有無にかかっていると指摘した。

後藤は視察の対象を地勢、民情、風俗、慣習など広範に設定し、西欧の制度とは明らかに異なる日本固有の衛生概念を模索していた。後藤は衛生を定義するにあたり「その地文的、歴史的、経済的関係を力説」した。こうした後藤の衛生概念は、後にその著書『衛生制度論』(一八九〇年)において体系化される。同書の中で後藤は、「衛生実務者ノ最モ注意ヲ要スヘキ事ハ、地文学的関係並ニ民間慣習衛生法ノ沿革ニ在リ。衛生制度ヲ実施スルニハ、世態、人情、風俗、職業ノ変遷ト比照シテ、考察ヲ加フヘキ事ヲ忘ルヘカラス」と明確に論じている。後藤は長与と同様に衛生法の施行における地域格差を重視していたのである。

## 三　後藤の衛生思想とその政策

長与がその自伝『松香私志』(一九〇二年)で回顧するように、伝染病予防体制の整備には多大の難問が山積し、行政サイドの悩みは尽きなかった。伝染病予防規則は数度にわたり改正され、改正のたびに「自治衛生」と「衛生警察」の比重が逆転した。一八八六(明治十九)年の改正は長与が「十九年の頓挫」と呼んだように、一挙に「衛生警察」の比重が増した。そして一八九〇(同二十三)年には再び「警察的武断政略」を用いるのではなく「予防の方法は主として学術的運動」により、また「その性質において自治の事業に属する」との考えに傾いた。にもかかわらず、一八九三

（同二十六）年には再び「地方の衛生事務は悉皆また警察官吏の管掌に帰する」ことになったのである。一八九三年といえば、すでに長与は衛生局長を退任し、代わって後藤がその職にあった。

後藤は衛生局長就任以前に二冊の注目すべき著作を発表した。それは一八八九（明治二十二）年発刊の『国家衛生原理』と翌九〇年上梓の『衛生制度論』である。いずれも後藤が三十代前半の学問的意欲盛んなりし頃、内務省衛生局の事務繁忙の合間に執筆されたものである。

「衛生制度論例言」に「余カ説ク所ノ衛生制度ナルモノハ法律ノ制度及ヒ之ヲ執行スルニ在ル」とみえるように、後藤は『衛生制度論』において欧州の衛生に関する知識や技術を日本の風土や慣習に合わせて実用化しうる行政制度を探求した。後藤はこの書を執筆するにあたり、法令全書や衛生局年報のほか、スタイン氏行政学、スタイン氏衛生制度論、ライヒ氏医学的社会論をはじめ各種の衛生法や衛生学の著作を参照した。

『衛生制度論』では、まず総論で衛生制度の意義や学術的必要性、衛生統計や衛生検疫などが説明され、つづく各論でわが国の衛生制度や欧州諸国の衛生制度、保健制度が詳述されている。内容は具体的であり「実際的」である。基本的に衛生制度は衛生学上国家の生活に必要とされる衛生関係の法律、命令の発令、施行等の総称と規定されている。なお、後藤は総論で衛生制度論は国家学の一部であり、「自治制ト衛生制度トハ頗ル重要ノ関係ヲ有セリ」として長与の「自治衛生」の理念を継承している。

これに対し『国家衛生原理』は後藤の理想論であり、一種の国家有機体説といえる。後藤は欧州から科学を導入しただけでは「生理的円満」を得ることはできないと考え、科学を生み出す力、すなわち「主権」が必要とした。ここで後藤は生物学の原理を持ち出し、主権の中核となる行政を確立することによって生存競争を止揚し有機的分業による国家経済の樹立を構想した。

かかる原理は一八九〇（明治二十三）年のドイツ留学直前に書かれたものだが、留学先でのビスマルクとの出会いがこれを確固たる信念に押し上げた。「生物学の原則」と「帝国」とは後藤の中で分かちがたく結びつき、まぎれもなく後藤の政治信条と化した。

一八九二（明治二十五）年、ビスマルクの社会政策などさまざまな手土産を携え留学よりもどった後藤を待ち受けていたのは、内務省衛生局長の椅子であった。後藤は大きな期待に迎えられたが、当時組織の縮小期にあった衛生局で

**ドイツ留学時代**（左端に後藤新平、右端に北里柴三郎）

は自ずと慎重な姿勢が求められた。後藤は局長就任一年目を地方への出張、視察に費やした。

辞令交付直前の高知出張では、後藤の発言が物議を醸した。かつて板垣の遭難を救ったこともあり、高知に出張した後藤は盛大な歓迎を受けた。その発言は県下視察後の講演会の席上飛び出した。後藤は講演で高知の衛生状態の悪さを指摘した後、「土佐の自由は偽自由である」と喝破したのである。これを聞いて集った土佐人は一様に激怒した。後藤の発言は波紋をよび、ついに血気にはやる壮士らは後藤に詰め寄った。しかし後藤は全くひるむことなく、詰問する壮士らを不潔な厠に連れ込み、「どこが自由だ」と応じたのである。

さすがの壮士もこれには参った。「蓋し伯の意は、衛生とは即ち自由、平等、博愛の精神に則り、公共的施設によって、公民の福利を増進するの道」であった。

後藤は局長時代を通じて講演に力を注いだ。臆することなく、足しげく地方を訪問した。後藤は衛生事業を完備するには官の制度を整え強制的命令を発するだけでは不十分と考えていた。いかに官の制度が整っても、民衆が衛生への理解と自覚を持たねば事は進まないと後藤は受け止めていた。だから後藤は官の制度を徹底するため、宣伝、すなわち社会啓蒙に重点を置いた。後藤の考えでは、公衆衛生の実効性をあげるには衛生制度の充実とともに社会教育が不可欠であった。

後藤衛生局長には二大抵抗勢力があった。一つは漢方医学派であり、いま一つは文部省医科大学であった。

漢方医学派の山田泰造らは一八九二（明治二十五）年末の第五回帝国議会に「医師免許規則改正法律案」を提出して、同法を改正し西洋医学に押され窒息寸前の漢方医学の復権をめざした。帝国医学は西洋医学の道を進むべきと確信していた後藤は、衆議院の長谷川泰議員を軸に陸軍医務局長の石黒、司法次官の清浦圭吾と連携して、こうした動きを阻止しようと試みた。

同法案は衆議院において審査特別委員会に付託され、委員長には長谷川が就任した。委員会に政府委員として出席した後藤は冒頭、学術上の観点から専門医家による答弁の必要性を強調した。漢方医学派は即座に西洋医学と漢方医学との優劣は速断できないことや同法案は行政手続上の改正であることを主張して専門家の出席を求める必要はないと抗弁した。しかし他の委員からは専門家の出席を求める声があがり、結局後藤の思惑通り石黒陸軍省医務局長と清浦司法次官の出席が求められた。

まず委員会では長谷川委員長が後藤衛生局長に対して、公衆衛生上における東洋医と西洋医の優劣や裁判における鑑定について和漢医の判定能力の有無を問うた。後藤はこうした露骨な質問に対して、明瞭に東洋医の欠点や和漢医の無能を指摘した。これに引き続いて石黒陸軍省医務局長が軍医として和漢医が不適任なこと、清浦司法次官が裁判の鑑定人として漢方医を用いることが稀であることを指摘するに及んで、和漢医の敗北は歴然となった。ここに漢方医の再興運動は挫折した。

次に後藤が推進したのは伝染病研究所の設立であった。ことは後藤のドイツ留学中に長与らとの間で計画されており、当時結核の新薬としてツベルクリンを開発したコッホの、有力な片腕として活躍していた北里柴三郎を中心に企画された。この計画に異を唱えたのが、大学派、すなわち文部省医科大学である。

コッホは内務省留学生の北里を高く評価し、新たな文部省留学生を不要としたことが、いわゆる大学派の反発を招いた。抵抗勢力の出現で研究所設立計画はなかなか進捗しなかったが、長与の旧友である福沢諭吉が芝公園内の私有地を提供すると申し出たことから事態は急速に進展をみせた。研究所の設立は後藤衛生局長らの後押しもあって前進をみせたが、今度は研究所周辺の芝区民らが反対運動に立ち上がった。反対運動は大きな盛り上がりをみせたが、その背後には帝国大学前総長の渡邊洪基ら大学派の後押しがあった。

研究所問題は再び壁にぶつかったが、後藤の果敢な対応で結局大日本私立衛生会の傘下に移って、後に国立となって内務省の管轄下に落ち着いた。

## 四 日清戦争後の衛生政策と後藤

後藤は相馬事件（一八九三～九四年）という蹉跌をなめたが、公衆衛生への熱い情熱は何ら変わることがなかった。相馬事件から解放された後藤を適切に導いたのは石黒野戦衛生長官であった。復帰後まもなく後藤は中央衛生会の委員に就任した。

日清戦争後、直ちに問題化したのは軍隊検疫であった。一八九五（明治二十八）年一月、石黒長官は陸軍大臣に軍隊検疫の設備を要求するとともに、大本営のある広島で野村靖内相に建言書を提出し、防疫体制の強化を求めた。中央衛生会でも同じ頃戦後検疫が議論され、後藤が選挙されて広島大本営に赴き協議を遂げることとなった。

後藤の念頭にあった検疫政策は、軍隊衛生と内国衛生の相互補完的措置であった。後藤は軍国衛生の急務として、現行衛生法および事務官の知識や実験が軍疫より生ずる危害と戦うに足るべき力があるか否かを問題とし、殊に都市の準備に配慮した。もしそこに欠点があれば、改良策や新しい方策が検討されねばならない。

後藤は今般戦地が不衛生で赤痢が蔓延していることに鑑み、大本営に照会の後、凱旋兵が上陸する港に万全の衛生上の準備を施すよう促した。戒厳地の指揮監督について、これに地方官があたるべきか陸軍があたるべきかも問題とされた。

以上のような諸点を後藤は覚書として携行し、児玉源太郎陸軍大臣代理に伝えた。児玉はすでに石黒の提案を速やかに受け入れ、軍隊検疫の必要性を十分認識していた。児玉は軍隊検疫を陸軍の責任で実施すべきであると決断し、内国検疫は内務省にこれを任せた。

軍隊検疫は想像を絶する難事業である。戦勝に酔いしれる凱旋兵を一時的とはいえ足止めし、消毒を施すことは相手が大量の兵員だけに至難の業である。失敗すれば日本国内に伝染病を蔓延させることになる。この難事業をやりおおせる人間は少ない。石黒はこれを後藤に託したのである。

一八九五年三月には臨時陸軍検疫部官制が定められた。そして部長に児玉が、事務官長に後藤が就任したのである。

検疫事業の執行は結局事務官長が独断専行した。北里の協力や児玉の機智にたすけられ、何とか後藤はこの修羅場をかいくぐった。

そしてこの年九月には再び内務省衛生局長に就任した。新たな後藤の目標は衛生事務にとどまらず、社会政策的立法を志向し、両者を統合した救貧衛生院の設立であった。これも留学経験の成果であり、ビスマルクの社会政策的行政に感化されてのことである。もちろんこれにはイギリスの救貧衛生院が大きな影響を与えている。

さらに後藤が関心を寄せたのは明治恤《じゅっ》救《きゅう》基金の創設である。日露戦争と異なり日清戦争では食糧や武器、弾薬を輸送するため多くの軍夫を使役した。各師団に配属された軍夫は後方支援に不可欠であったが、流行病の媒介者という負の側面を持ち合わせていた。軍夫に対してはこうした医療面の手当てが必要とされたほか、戦争が終結して軍夫を解雇された後の救済が問題であった。そこで軍夫救護会の設立が俎上にのぼり、大日本私立衛生会を通じて後藤が理事に就任する運びとなった。

関係者の見通しが判然としなかったこともあって、当初後藤は会への関与に慎重であったが、同問題が産業の振興に伴い下層階級問題につらなる重要性に着眼し、その社会施設の整備を急務と考えるようになった。後藤は清国からの賠償金をもとに明治恤救基金の建議を行った。かくして後藤は衛生を起点として社会政策の提唱へと進んでいったのである。

**主要参考文献**

小川鼎三・酒井シヅ『松本順自伝・長与専斎自伝』平凡社、一九八〇年。
笠原英彦「明治十年代における衛生行政」『法学研究』第七〇巻第八号。
北岡伸一『後藤新平』中央公論社、一九八八年。
国立国会図書館憲政資料室所蔵『後藤新平文書』。
鶴見祐輔『後藤新平』全四巻（復刻版）、勁草書房、一九六七年。

# 政治史のなかの後藤新平

千葉 功
*Chiba Isao*

## 一 後藤新平と政党政治

「後藤新平は政党政治といかに格闘したか」。この問いを考えるには、彼が政党に直接関与した期間をみればよい。第二次桂太郎内閣下で桂系植民地官僚として成長した後藤は、大正政変時の一九一三（大正二）年二月、桂が結成した新党（立憲同志会）に加わりながら、桂死去直後の十月には脱党する。このごく短い期間に彼が政党とどのような関わりを持ったかをみることは、それ以外の期間で彼が政党政治とどのような関係にあったかという問いへの逆説的な答えとなりうるものであろう。

それでは、本論に入る前に、大正政変に至るまでの時期の政党状況を簡単にまとめておこう。

初期議会期には藩閥政府と民党は激しく対立したが、日清戦後経営の必要性は両者の提携を促した。第二次伊藤博文内閣と自由党、第二次松方正義内閣と進歩党との提携のあと、藩閥政府が地租増徴を決意したため民党連合路線が一時期復活（自由党と進歩党の合同による憲政党の成立）したが、それも憲政党内の内部対立から崩壊、憲政党も分裂した。その後、第二次山県有朋内閣と憲政党（旧自由党）とが提携して地租増徴は達成されたが、この提携も永続的なものたりえなかった。

結局、長らく政党組織を考えていた元勲級指導者伊藤博文のもとに、憲政党（旧自由党）が政治的抱負を実現する手段として馳せ参じた結果、一九〇〇（明治三十三）年、立憲政友会が成立した。いわば、藩閥と民党との「政界縦断政党」の成立である。しかし、憲政党（旧自由党）の政権参与を推進してきた星亨が一九〇一年に暗殺されたこともあって、日露戦争末期の一九〇五年に至るまで、政友会はどちらかというと民党連合路線を取り、第一次桂太郎内閣（一九〇一年成立）と激突した。

政友会が民党連合路線から、桂太郎ないしその背後にある山県閥との妥協・提携路線へと転換したのは、日露戦争末期の一九〇五年のことである。このとき、桂から西園寺公望（政友会総裁）への政権禅譲と、政友会のポーツマス講和条約支持とが取り引きされ、いわゆる「桂園体制」を迎える。

この体制は対立と相互補完を内包するものであった。相互補完の側面について言うと、桂・山県閥と政友会は自己の要求に対してそれぞれ抑制的で、陸軍軍拡が成立したのは西園寺内閣のとき、地租軽減が実現したのは桂内閣のときであった。しかしながら、自己の要求を抑制しなければならないことは、必然的にフラストレーションを昂進させ、常に対立の契機たりうるものであった。例えば、桂は第二次内閣組織時に政友会以外の諸政党を合同（非政友合同）させ、それを与党化することによって、自己の要求の完全なる実現を企図した。ただし、この画策は失敗し、結局、政友会との妥協というういつもの結末に落ち着かざるを得なかった（一九一一年一月の「情意投合」宣言）。

他方、政友会が民党連合路線に見向きもしなくなった結果、苦境に立たされたのが憲政本党―立憲国民党であった。よって、日露戦後、憲政本党―立憲国民党の内部では藩閥との対応方針をめぐって、改革派と非改革派との対立が生じた。犬養毅ら非改革派が従来の通り、立憲政友会との民党連合により「藩閥政府対民党」という政界横断の実現を目指したのに対して、大石正巳ら改革派は非政友合同を行い、「閥族」（この場合は桂太郎）を担ぐという政界縦断を行うことで、二大政党制・政党内閣制の実現を目指した。

このような状況下で、桂は新党結成に踏み切った。第三次内閣期の政治的混乱のなか、一九一三（大正二）年一月二十日、桂は新党組織計画を新聞・通信社の代表に発表した。結果的には、立憲国民党が分裂、改革派が桂の新党創立に参加し、立憲同志会が結成された。政友会に次いで、藩閥と民党との縦断的政党、すなわちもう一つの政界縦断政党が成立したのである(1)。

## 二　後藤の理想とした政党とは

桂新党に参加した後藤にとって、理想的政党とはどのようなものであるかは、桂の病状が悪化した後、党を「改革」すべく彼が執筆した意見書類に窺われる。

後藤にとって政党とは、情実に支配される集団（それは党弊をもたらす）ではなく、主義・主張や政見によって結合する集団であって、たとえ内閣が非政党内閣でも政見が同じであれば支持しなくてはならないとする。よって、内閣員が党員でないということのみをもって内閣に反対の立場を取るのは、「政権争奪の弊」と考える。

若し夫れ内閣組織者の意見が、自党の意見に背反するものあらんか、之れに反対するも可、若し同一ならんか、之れに賛成するも亦た不可ならず。唯其の去就は一に政見の異同如何に依りて決すべきのみ。而かも単に内閣員が自党員たると否とに依りて、其の去就を決せんとし、威嚇脅迫、至らざるなきに至りては。是れ全く自党の利害を以て、去就を定むるの本位となすものにして。政党の本義全く湮滅《いんめつ》す。即ち故公の深憂とせる政権争奪の弊に陥れるものにあらずして何ぞ。(2)

また、後藤は多数の人材を集めることができるために多数党を是認する一方で、政党外の人材を網羅できないという点から政党内閣制には反対する。

政治ノ実際ニ於テハ多数党ヲ有スル者多クノ場合ニ於テ内閣組織ノ地位ニ立ツヲ利トス然レトモ多数党ノ組織成ルカ故ニ政権我ニ在リトシ依テ以テ政党内閣主義ヲ実行スルモノナリト言フカ如キハ畢竟本末ヲ転倒スルモノニシテ我憲法ニ於ケル大権ノ畛域《しんいき》ヲ踰越スルモノ素ヨリ我党ノ与セサル所タリ

我党ハ固ヨリ衆議院ニ多数ヲ得ムコトニ力ムヘク又経験ニ富ミ実力アル人材ヲ集メ以テ内閣組織ノ要素ヲ具ヘムコトニ努メサルヘカラス然リト雖我党中閣班ニ列スヘキ適材足ラサルニ於テハ固ヨリ之ヲ他ニ求メサルヘカラス(3)

それでは、後藤にとって理想的政党とはどのようなものなのであろうか。情実（「党弊」）を排した政権集団という以外に、次の点を挙げることができる。

抑我国政ノ動力タルヘキモノ衆議院其ノ一ニ居ルヤ疑ヲ容レスト雖貴族院亦衆議院ト同等ノ権限ヲ有シ均ク其ノ責務ヲ負フモノタルヤ明白ナリ而シテ枢密顧問亦憲法所定ノ機関ニシテ重要ナル職責ヲ有ス倘《も》シ此等諸機関ノ存在権能ヲ尊重セサラムカ政機運用ノ円滑期シテ望ムヘカラス[4]

すなわち、衆議院・貴族院や枢密院、さらに政府官僚組織にまたがる巨大政党ならば政機運用の円滑が望めるし、広く人材を求めることができるのである。そして、これらの機関をまとめるには強力な政治的リーダーシップを必要とするが、それを彼は準元老の桂太郎に求めるのである。

## 三 「立憲統一党」から「立憲同志会」へ

桂太郎は、一九一二（明治四十五・大正元）年七〜八月の洋行時にはすでに新党構想を抱いていたようであるが、新党構想が急速に進捗したのは、第三次内閣組閣時の政治的苦境の中であった。そして、桂の決心を促し、または主導したのが、後藤新平であった。一九一三（大正二）年一月十六日付の寺内正毅宛の書翰で、後藤は、衆議院を解散しても国運進捗の見込みが立たないから桂も政党組織の決心を内定した、と知らせている。[5] このように後藤は当初から新政党組織にかかわっていたのであって、二十日の政党組織発表の際、急に桂から立会いを求められたという伝記『後藤新平』における記述は、[6] 正確ではない。

また、この頃の新聞記事には、後藤が立憲国民党脱党組の一部を「股肱」としていたという類の記事が散見されるが、それは政界革新グループに属していた坂本金弥や、国民党には所属していなかったが坂本に近い秋山定輔・長島隆二のことであろう。そして、後藤—坂本・秋山・長島ラインは、同じく桂系官僚で中央倶楽部を実質的に率いていた大浦兼武とは横の連絡がなく、別々に行動していたようである。[7]

さて、桂の新党構想は、当初、「立憲統一党」として構想されていた。[8] それは、桂新党における後藤の影響力の現われであった。第一、「立憲統一党」という名称自体、後藤によるものだと、一月二十一日付『二六新聞』は報じている。また、二十三日付の『大阪朝日新聞』『東京朝日新聞』『時事新報』では、新党の創立委員長として後藤が擬されていた。

この「立憲統一党」とは、木下謙次郎によると、「是れは日本の政界横断だ。官僚と衆議院、貴族院の横断だ」[9]というものであって、衆議院だけでなく、貴族院や政府官僚組織においても過半を有する組織が想定されていた。

そして、この強力な政党によって解決すべき問題として特に念頭に置かれていたのは、対中政策の統一であった[10]。新党計画において後藤に近かった長島隆二によると、「曽つての日、秋山〔注―秋山定輔〕君か官僚の巨頭桂太郎公に政党組織をすゝめたのは、支那問題を徹底的に解決したい為であつた。秋山君は何時でも云つてゐる。当面の支那問題を解決するには四五年かゝる。その間終始一貫してこの問題に当らなければ解決は困難である。所謂一段語り通すのでなければ斯る大問題の形はつかない。その第一段の方法として桂公に政党を組織させ、然る後国内の力を統一して支那問題に当ろうとしたのである、と[11]」いう。

すなわち、国内外の問題（特に対中政策に重点が置かれている）に対して強力に対処していくには、安定的でかつ民意を汲み取れる政治体制でなければならないと桂ないし後藤は考えたのである。そのためには貴衆両院、さらには政府官僚組織にまで勢力の及ぶ強力な政党が構想されたのであろう。少なくとも、桂新党の理想が「両党並立」、すなわちイギリス流の二大政党制・政党内閣制になかったことは確かであり、もともとの理想は「一政党を以て、天下を一統する」ことにあったと、桂系ジャーナリストの徳富蘇峰はいう[12]。

それでは、「立憲統一党」は、当時の単独過半数政党である既成政党、立憲政友会とは、質的にはどこが異なるのであろうか。後藤たちが最も重要視したのは、「党弊」の排除であった。よって、既成政党外の新しい勢力、例えば実業家を糾合して、そこに代議士の中から「改心」して既成政党を脱党した者をも加えようとした。つまり、彼らは政友会からの脱党者を、立憲国民党や「院内」同志会（院内会派でのちの「又楽会」、立憲同志会と区別するためにこのように表記する）からの脱党者と同程度期待する一方で、当時、諸新聞からは「腐敗分子」とみなされていた中央倶楽部の参加を毛嫌いした。その点が、既成政党内部からの改革が可能と考え、また反政友会的立場から非政友合同（立憲国民党＋中央倶楽部＋「院内」同志会）を図る大浦兼武とは異なっていた。

さて、新聞各紙は一月十七日、「立憲統一党」についていっせいに報じた。以後、二十日までに段々とその輪郭がわかっていくのだが、各紙とも桂系通信社の太平洋通信の報道をそのまま載せているためか、記事がほとんど同じである。これは、後藤らによる意図的リークであると思われる。

例えば、十八日付の『大阪朝日新聞』『時事新報』は、「桂公等の創設せんとする立憲統一党は直に国民に接触し国民をして政治を知らしめ根本的に真の政党を組織する精神なれば今の代議士に求めずして代議士を選出すべき国民に求むべく従つて既成政党とは全く交渉する所なかるべし」と報じている。また、十九日付『大阪朝日新聞』『東京朝日新聞』、二十日付『時事新報』では、「立憲統一党は深く此に考慮し国民の政治教育に重きを置き現大臣にして新政党員たるべきものは其の事情の許す限り地方を巡回して地方の実体を明かにし外交の大方針を確立し軍政を統一するを首《はじ》め交通機関の施設等綱領を国民に示して誤解なからしむるに努め又適当なる社会政策を実行して国民と富豪との調和を企図し従来政情に疎かりし多数国民をして明に向ふ所を知らしめん精神なれば現在代議士等に求むることなく従つて既成政党とも交渉せず」とあった。このように、「立憲統一党」構想が既成政党外の新しい勢力に期待していたことは確実である。

さて、桂は一月二十日、新聞・通信社の代表者を私邸に招いて、後藤の立会いのもと、新党組織の発表をした。しかしながら、構想の重要な鍵の一つである貴族院においては、新党への参加が望めないことが早々と判明した。すなわち、一月十八日に十金会が、桂新党を是認しつつも不参加を決め、二十一日の幸倶楽部役員会で正式に決定された。[13]このような貴族院議員の「好意的中立」は、山県閥の平田東助の画策のためであったが、それに加えて、「立憲統一党」構想に与していないためにもともと貴族院議員の参加を期待していなかった大浦兼武が不熱心であったことも原因の一つであろう。

他方、衆議院では当初、かなりの動揺があるとみられた。前述のごとく日露戦後、憲政本党―立憲国民党の内部では、改革派と非改革派との対立が激化していたからである[14]。立憲政友会との民党連合により「藩閥政府対民党」という政界横断を目指していた犬養毅ら非改革派は憲政擁護運動に傾く一方で、「閥族」との政界縦断により二大政党制・政党内閣制の実現を目指していた大石正巳ら改革派は、桂の政党組織に理解を示すものと予想された。

まさに桂の新党構想が打ち出された真っ最中の一月十九〜二十一日に開かれた国民党大会では、改革派と非改革派の対立が修復不可能な域に達し、大石正巳・河野広中・島田三郎・武富時敏・箕浦勝人といった五領袖や片岡直温などが脱党した。よって、二十七日付の『大阪朝日新聞』が報じたところでは、政友会からの参加者を全く期待していなかった大浦がせいぜい一二〇人としたのに対して、後藤は新党参加者として二〇〇人獲得できるとしたように、強気であった。

しかしながら、一月二十四日から桂新党参加の動きにかげりが見え始めた。さらに、国民党脱党組もすぐには桂新党には赴かず、新党と別組織を作りかねない状態となった。そこで、桂は仙石貢を通して五領袖との会見を申し入れ、二十七・三十日に実現した。その会見で桂は「多年諸君が唱へ来たりたる所に全然同意(15)」と、国民党改革派の主張をかなり認めるに至ったのであった。他方、五領袖が一月三十一日に発表した桂との提携理由書(16)では、彼らが桂新党に合流した理由が「一たび内閣を責任制に納れ、国政をして立憲の大道に率由せしめんと欲する」ことに求められたのである。

立憲政友会の結束が固く、政友会からの脱党が望めなくなると、桂も国民党脱党組＋中央倶楽部で新政党を出発させるしかなかった。このように、貴族院や立憲政友会からの参加可能性が低下する、言い換えれば「立憲統一党」構想の可能性が低下するのに反比例して、国民党脱党組の影響力が上昇するのは当然のことであろう。

その結果、「桂公の時代に吾々は立憲統一党といふ大政党を作る筈であつたが、志と違つて政党員も幅の広い地盤を取る訳には行かず、一部では統一党でもないといふので、立憲同志会といふ名前に変へてしまつた(17)」。もちろん、この「立憲同志会」という名を考案したのは、国民党脱党組の片岡直温であった(18)。新政党の仮事務所も、最終的に、国民党脱党組が本部にしていた帝国ホテルに移ったが、それは力関係の変化を端的に示すものであると思われる。

桂は二月七日、「立憲同志会宣言書」を発表、また同日、立憲同志会参加者を招待して午餐会を開いた。その参加者の内訳は、旧立憲国民党四三、旧中央倶楽部三三、無所属三、「院内」同志会二、立憲政友会一、院外者二(仙石貢・秋山定輔)、貴族院議員一(徳富蘇峰)であった。

ここに「立憲統一党」として出発した新党構想は、「立憲同志会」へと収斂してしまったのである。

## 四　桂の死と後藤の決別

第三次桂内閣総辞職後の一九一三(大正二)年二月二十四日、立憲同志会は代議士総会を開き、桂の訓示のほか、党の綱領・政策を発表した。さらに、二十八日の同志会懇親会の席上で、桂は政党組織は一生涯の事業であることを強調した[19]。しかし、三月八日に桂が発病してしまい、さらに病勢は悪化して、七月に入るとほとんど絶望的な状態になってしまった。

「立憲統一党」構想を抱いていた後藤らが、結局のところ新党の主導権を握れずに終わったことは前述の通りであるが、彼らが依然として期待したのが桂の強力な政治的リーダーシップであった。桂の力によって将来、自分たちの理想が実現されるかもしれないと考えたのである。それなのに桂が病に倒れた以上、自分たちで党の「改革」をしなければならない。

五月上旬、後藤は「立憲同志会員諸君ニ質ス」という文書を同志会所属代議士・同会員に配布した。これは、第二節でみたごとく、多数党を是認しつつも政党内閣制に反対し、また国民の政治思想の涵養や衆議院外の機関（貴族院や枢密院など）の人材登用を主張したものであった。もちろん、国民党脱党組＋中央倶楽部で構成されていた代議士たちは、この主張に強く反発した。国民党脱党組のうち五領袖はその差し止めを要求、河野広中が桂に申し入れたことにより、公表は差し止めとなった。

七月に桂の病状が絶望的になると、七月十五日、同志会では五常務制が取られるようになった。常務委員長（筆頭常務）は、今や桂系官僚に転身していた加藤高明、そして常務に大浦兼武・大石正巳・河野広中・後藤新平が決まった。加藤が常務委員長に選ばれたのは桂の意向にもよるが、結党時に対立した後藤と大浦・五領袖との確執をひとまず避けるためであろう。

八月に病勢がやや持ち直しながらも、結局、十月十日に桂は病死してしまう。すると後藤は十一・十六日の常務委員会の席上で、一四項にわたる覚書を他の常務委員に突きつけた。その内容は、健全高潔なる政党を組織するため清浄無垢な三〇〇万円が必要であるとか、党の幹部組織や首脳は桂並みの能力を集成し、かつ大見識を持つものでなければならないとか、現在の日本は挙国一致を必要としているから党派の闘争をしてはならない、といったものであった[20]。

結局、常務委員会では後藤の意見は容れられず、現状維持が決定されたために、後藤は十月三十一日に脱党する。後藤の脱党は、桂新党が「立憲統一党」としてではなく、「立憲同志会」として結成された時点で半ば決まっていたともいえる。桂が生きているうちはその理念の実現を桂に託していた後藤も、桂の死とともにあきらめざるを得なくなったのである。のち、秋山定輔・坂本金弥・長島隆二といった後藤の同調者たちも、第二次大隈内閣期という同志会自体には有利な時期にもかかわらず、脱会していく。

一九一三年十二月二十三日、築地精養軒で立憲同志会の結党式が行われ、総理に加藤、総務に大浦・大石・河野が選ばれた。それが七月以来の五常務制と異なるのは、後藤を抜かした点だけであった。そして、桂新党は、桂や後藤らの意図とは離れて、二大政党制・政党内閣制を指向する者たちで占められるようになった。「擬似的二大政党制」(21)の幕開けである。

注

(1) 升味準之輔『日本政治史』第二巻、東京大学出版会、一九八八年、二三四頁。
(2) 立憲同志会内某「答客問」(桜井良樹編『立憲同志会資料集』第四巻、柏書房、一九九一年、四六―五八頁) 八―九頁。桜井良樹氏は「著者の名は記されていないが、五月ごろに後藤が発行したと推定してまちがいのないものである」(『立憲同志会資料集』第一巻三一頁) としており、著者もこの考えを取っている。
(3) 後藤新平「立憲同志会諸君ニ質ス」(前掲『立憲同志会資料集』第四巻、二一四―二一八頁) 七―八頁。
(4) 同右九頁。
(5) 一九一三年一月十六日付寺内正毅宛後藤新平書翰、「寺内正毅関係文書」(国立国会図書館憲政資料室所蔵) 二七―二四。
(6) 鶴見祐輔『後藤新平』第三巻、勁草書房、一九八三年、四四〇―一頁。
(7) 安達謙蔵『安達謙蔵自叙伝』新樹社、一九六〇年、一二四頁。
(8) テツオ・ナジタ著・佐藤誠三郎監修『原敬――政治技術の巨匠』読売新聞社、一九七四年、一七七―八頁。
(9) 「木下謙次郎氏談話速記」、「憲政史編纂会収集文書」(国立国会図書館憲政資料室所蔵) 七四八―三頁。
(10) 櫻井良樹「立憲同志会の創設と辛亥革命後の対中政策」『史学雑誌』第一〇三編第二号、一九九四年。
(11) 長島隆二『政界秘話』平凡社、一九二八年、五―六頁。
(12) 徳富猪一郎『大正政局史論』民友社、一九一六年、一一五頁。
(13) 「田健治郎日記」一九一三年一月十八日・二十一日条、「田健治郎関係文書」(国立国会図書館憲政資料室所蔵)。
(14) 北岡伸一「政党政治確立過程における立憲同志会・憲政会」上『立教法学』第二一号、一九八三年。
(15) 『大阪朝日新聞』『東京朝日新聞』一九一三年一月三十一日。
(16) 加藤政之助『立憲民政党史』上巻、原書房、一九七三年、二六二頁。
(17) 前掲「木下謙次郎氏談話速記」。
(18) 片岡直温『回想録』、百子居文庫、一九三三年、三三七頁。
(19) 同右三四〇頁。
(20) 後藤新平「立憲同志会大会始末大要」前掲『立憲同志会資料集』第四巻二一九―四三頁。
(21) 坂野潤治「桂園内閣と大正政変」『岩波講座日本歴史一七 近代四』岩波書店、一九七六年、二九四頁。

# 後藤新平の自治思想

小原隆治
*Kobara Takeharu*

## 一 行動と問題提起の人

後藤新平は思想というより行動の人、問題解決というより問題提起の人であった。

実際行動の面でいうと、後藤は日本の地方自治におよそつぎのような足跡を残した。まず寺内正毅内閣の内務大臣(一九一六―一八年)として都市計画法制定に向けてレールを敷き、関係予算の獲得や都市計画思想の普及に努めた。ついで東京市長(一九二〇―二三年)として八億円計画と呼ばれた大規模な都市改造構想を示す一方、人事刷新や職制改革、東京市吏員講習所や教員講習所の設置、東京市政調査会の設立、長年の懸案だった学政統一つまり市内一五区から市への小学校運営の移管といった着実な業績も残した。

さらに第二次山本権兵衛内閣の内務大臣(一九二三年)として大震災後の対応策を指揮し、帝都の復旧ではなく復興を唱えて、再度、東京の都市改造に取り組んだ。そして晩年は少年団日本聯盟総長として、あるいは政治の倫理化運動の主唱者として、少年や市民に自治精神の重要性を説いて回った。(1)

一方、思想の面でいうといま見た実績に加え、後藤が東京市政や東京市政調査会で重用した池田宏、前田多門、岡実らの印象も影響して、後藤を戦前ではまれな住民本位の都市自治論者とする位置づけが有力であるように思える。例えば辻清明『日本の地方自治』(岩波新書、一九七六年)は福沢諭吉、中江兆民、陸羯南、幸徳秋水の名前を挙げ、明治前期にも少数ながら住民自治論者がいたとしたうえで、彼らの「少数意見は、大正時代に入っても、（中略）後藤新平その他の先覚者に継承されてきましたが、依然として少数意見に留まるほかなかったのです」（二一九頁）と指摘している。

だが後藤は『自治生活の新精神』（新時代社、一九一九年）でこうもいう。「自治なるものは、国家の有機的組織の根本であり、国家の基礎をなしている所の一つの原則である。自治生活の要義は、国民各自の公共的精神を涵養し、披瀝し、一致団結、以て相互的協力の美風を作興するにある。換言すれば、確乎たる協同的観念に依準して、地方団体の文化的、並に経済的発展を促し、国民相互の福利を増し、各部各体、融和調合、以て国家機能を霊活ならしむるを目的とするものである。然れば、自治生活は、国家の活動力の泉源たり、国民の憲政的活動の練習所ともなるから、凡そ国家憲政の建立は、健全なる自治生活を基礎とせなければならぬ」（『都市問題』一九七二年二月号に再録、一一八頁）。

この考え方には山県有朋の流れを汲む内務官僚など、官治的自治論者のそれと大きく異なるところがないように思える。後藤の思想には、彼を都市自治論者とも官治的自治論者とも位置づけうる大きな振れ幅が内在していた。以下、その振れ幅を体系的理解を妨げる撹乱要因として切り捨てず、むしろそこに注目しながら後藤の自治思想をスケッチしてみたい。

## 二　自治の全体構想

後藤は晩年の講演録『政治の倫理化』（大日本雄弁会講談社、一九二六年）で、自分が自治精神を提唱するのはいまに始まったことではない、それは初期の著作『国家衛生原理』（一八八九年）以来の持論であって「この書中の自説をずっと継承して今日まで来て居る」（五二頁）と述べている。そこで同書まで立ち返って、後藤の考え方を整理しておきたい。

『国家衛生原理』によれば、人類は他の生物同様に「本能」として「生理的動機」をもち、それを充たして「生理的円満」を得るために有機体としての国家をかたちづくる。ルソー流の社会契約論に立脚して国家の成立を説く論者もいるが、それは誤りである。

人類が生理的円満を得るためには、問題解決装置としての「衛生制度」が必要である。衛生制度を通じた行政作用には大別して「威権《ゲヴァルト》」つまり強制力を用いた「警察」——今日風にいえば規制行政——と、「撫愛《フロエンデ》」つまり慈愛の精神に発した「事務」——今日風にいえばサービス行政——の二種類がある。そして社会の進歩に応じて、衛生制度の中心的な作用は警察から事務へと移行する。

『国家衛生原理』の姉妹編といっていい『衛生制度論』（一八九〇年）では、別図のような国家と一個人＝社会との二分法図式を示して、つぎのように説明している。国家と社会が接する「法境」の領域で生じるのが警察の行政作用である。それに対して事務の行政作用は社会の領域に属する。甲・乙両図の法境の大きさの違いは社会進歩の度合いの差をあらわしている。社会が進歩し「人民自治自衛ノ力ニ富ムトキ」（四四頁）は甲図のように法境が狭まり、事務中心

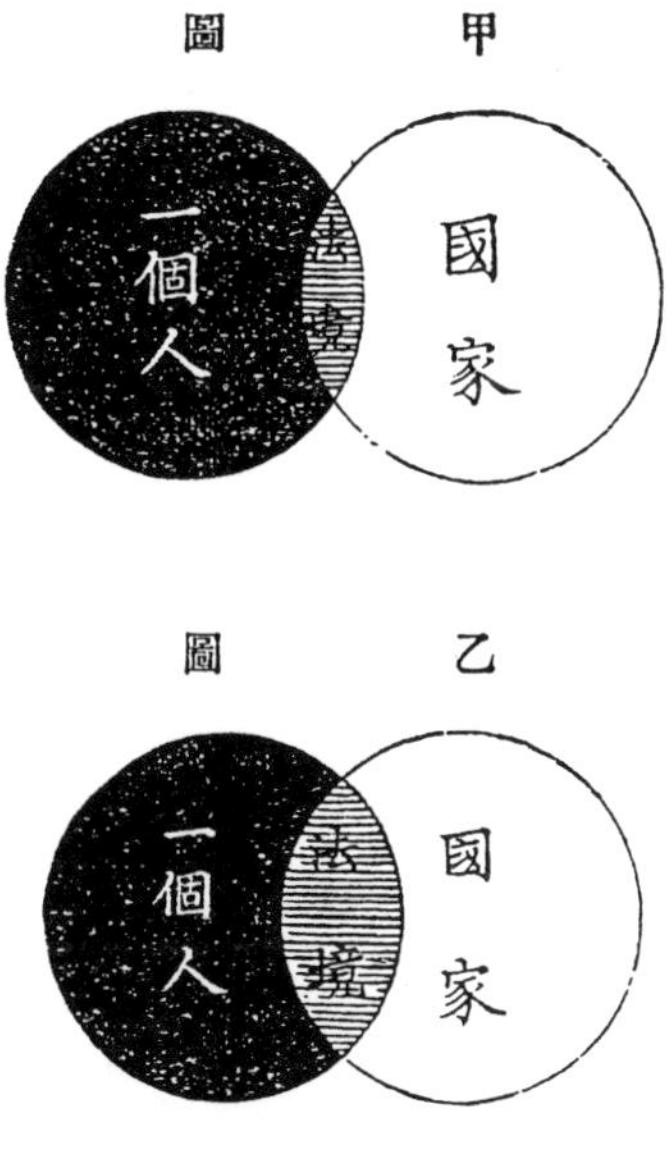

（出所）『衛生制度論』43 頁。

の衛生制度になる。その逆の場合には乙図のように法境が広がり、警察中心の衛生制度になる。

では、この図式のなかで自治体はどのように位置づけられるだろうか。後藤にとって自治は自治体に限らず、広くさまざまな組織で多元的に営まれる活動であった。『自治生活の新精神』の言葉を借りれば、そうした活動の場として「地方的なるものには、市町村の自治団体」「業務的なるものには、各種の同業組合、産業組合等」「階級的なるものには、在郷軍人団、青年団等」「精神的なるものには、各種の学術団体、教育団体、宗教団体等」（『都市問題』一九七二年一月号に再録、一二二頁）がある。そしてこれらの自治組織はすべて社会の領域に属し、事務を分担する。

もっとも自治組織のなかでも衛生制度との関連では自治体が特別な重要性を帯びている。ふたたび『衛生制度論』に返れば「日ヲ逐テ繁雑ナル衛生上危害ノ存スル所ハ地方（即市町村）ニ在リ其除外法ヲ直接ニ実施スルノ機関モ亦地方ニ在ル」（二頁）からである。

まとめると、衛生制度や広くいって行政一般について権力的な規制行政を担うのが国家であり、非権力的なサービス行政を担うのが社会のなかの自治組織とくに自治体である。社会が進歩し、自治の力が強まれば、行政作用の重点

はやがて国家の規制行政から自治体のサービス行政に移行する。こうした働きを通じて人類の生理的動機は充たされ、生理的円満が得られる。

なお後年、後藤は生理的動機、生理的円満という用語を使わず、前者にはそれに換えてほぼ同様の意味合いで「自治の本能」「自治的精神」といった言葉を用いたように思える。また後者にはのちに対応する用語らしきものはなく、ときどきの文脈に即して「調和」「極楽」「浄土」といった一般的な表現が取られていたと考えられる。

こうした後藤の立論にはいうまでもなく大きな無理がある。衛生行政は許認可事務を中心とする典型的な規制行政――戦前の官庁法学用語でいえば「行政警察」――の一分野であって、その性格は市民社会がどれほど成熟しても基本的に変わりようがないからである。にもかかわらず、後藤のように衛生行政のうち規制を国が、サービスを自治体が担い、社会の進歩に応じて自然と後者の比重が高まるとした場合につぎのような問題点が生じる。

一つは、自治体が衛生行政の自律的・一元的な運営を行うには国の規制権限をいかにより多く手に入れるか、つまりいかに分権するかが重要問題となるのに、そうした視点が薄弱化してしまうことである。戦前でも分権は、東京市のような都市自治体になればなるほど切実な課題であった。もう一つは、自治体の衛生行政も強権的な性格を帯びる。その自覚をとりわけ為政者が欠いた場合に、施策実現に向けた合意調達のための主体的な努力が弱まり、結果として施策が実現できないか、またはむき出しの暴力で実現するほかなくなることである。

後藤は後年、やはり典型的な行政警察の一分野である都市計画行政に深く関わるが、それについても衛生行政と同様の捉え方を示している。例えば「自治は人類の本能」（『都市公論』一九二二年五月号）でつぎのように述べる。

「都市計画と云ふものは一体官治的のものであるか、自治的のものであるかと言ったならば自治的のものである。都市計画に就て六ヶ敷い法律を作って圧迫して往かなければならぬと云ふやうになって往くのは、吾人の自治的生活の堕落である」（八頁）。確かに現実の都市計画は複雑な法制度によっているが、それは都市計画講習会で学びさえすれば胸に落ちるはずの内容である。「都市計画ばかりでなく、苟も文明生活をするものは自治と云ふ観念に就て理解を得るや否やは所謂禍福の分れる所である、地獄極楽の追分に立って地獄路に行くか極楽路に行くかと云ふ岐れ目になる」（九頁）。

こうして後藤にとって衛生行政であれ都市計画行政であれ、自治体が直面する難題は市民がかつての言葉で生理的動機、のちの言葉で自治の本能を発動しさえすればおのずと解決に向かうはずのものである。その本能を市民がもともと備えている以上、残る問題はそれをいかに自覚させ、奮起を促すかに尽きる。とりわけ晩年、後藤が自治精神の重要性を説いて回ったのはそのためである。

自治という言葉は「おのずから治まる」とも「みずから治める」とも読める。順風和気、隣保相佑の気風が残る農村であれば、おのずから治まる自治でもこと足りるだろう。そして山県ら明治地方制度の創設者がその官治的なしくみのなかに取り込もうとした自治も、おのずから治まる農村自治を原型としていた。

ところが都市はそれでは済まない。農村の紐帯から解き放たれた人々が各地・各層から集まるうえ、そこに生じる衛生、都市改良といった都市特有の問題に対処するために、みずから治める気風と技術を作為的に創り出さざるをえないからである。前田多門『地方自治の話』（朝日新聞社、一九三〇年）はそうした都市自治の特徴に関連してつぎのとおり指摘している。「『知り合ひ同志』の間だけの自治生活でなく、人間のもっと高尚な官能を働かして、眼見ず、指直接触れずともそこに共同生活体を感得する、『知らぬ他人同志』にまで及ぼし得る自治生活に展開して行かなくてはならぬ」（一九五頁）。

後藤もまた衛生行政や都市計画行政の実際に直面して、都市自治の特徴を少なくとも体感し、またいくらか散発的には論じていたように思える。だが問題解決の原点を自治の本能に置くために、彼の唱える自治はみずから治める自治に発しても、おのずから治まる自治へと絶えず環流する。後藤の自治思想に振れ幅があるのはそうした事情によっている。

## 三 政党排除の思想

後藤は伊藤博文、桂太郎、児玉源太郎といった長州閥実力者の庇護を得て政治的階梯を昇る一方、政友会の原敬とも太いパイプでつながるなど、国政の舞台では政党力学の微妙なバランス線上を歩んだ経歴を持つ。そのためもあってか言葉のうえで政党を全面的に否定することはなかったが、実質的には全面的といっていい政党排除論者であった。その点は岡実が「後藤会長を憶ふ」（『都市問題』一九二九年六月号）のなかで「伯は極端な政党嫌ひであった」（二四頁）と回顧しているとおりである。

後藤はなぜそれほど政党排除論の立場を取ったのだろうか。一つは、自治の本能の持論に見られるとおり、政治の作為一般とくに自治体政治でのそれに否定的な考え方を持っていたためである。政党は政治の作為の象徴的存在にほかならない。もう一つは、東京市政を舞台として展開された政党政治の醜悪な現実が与えた影響である。後藤と東京市政との関係が晩年近くになって深まり、またその時期、後藤が政党排除論を盛んに主張したことを考えると、この後者の要因は小さくないように思える。

東京市会では自由党の領袖・星亨が議員に当選した頃(一八九九年)から、自由党―政友会系会派が勢力を拡張して公然と利益誘導型政治を展開し、またそれと軌を一にして頻々と汚職事件が起きた。戦前地方制度の官治的性格を象徴するしくみに内務大臣の市町村会解散権があったが、東京市会は全国でただひとつ三回もの解散命令を受け、しかもそのいずれもが汚職事件に絡んでいた。最初の二回が不正鉄管事件(一八九五年)、残る一回が板船権補償事件、京成電鉄乗入れ事件(ともに一九二八年)に端を発する解散である。そのため東京市政に関していえば、市政から政党を排除すべしとするのはひとり後藤に限らず、田口卯吉をはじめとして識者の間に長期にわたり広く見られた主張であった。

政党勢力が市政に介入し、汚職事件まで引き起こすのを許す目に見えやすい直接の制度的要因は、市会が市長の選出権を持ち、それを通じて助役以下の人事にまで影響を及ぼすことが可能なしくみにあった。そこでいきおい政党排除論の焦点は、この市長間接公選制をどうあらためるかに向けられた。

間接公選制をあらためるには二通りの方法がある。一つは、府県知事同様に市長を官選制にすることである。ただしそこには腐敗防止と引き換えに自治を否定する難点があり、また官選するその政府自体に政党勢力、とくに市会多数派と同じ勢力が有力な地位を占めていれば改革効果は期待できない。もう一つは、市長を市民が選ぶ直接公選制にすることである。ただし選挙運動に政党勢力が参入してくることは避けられないので、既存の政党勢力に代わる改革志向のあらたな勢力の出現を待たなければならない。

前田多門はこのうち直接公選制に理解を示し、また、あらたな政党勢力という点では無産政党に少なからぬ期待を寄せていた。例えば『地方自治の話』では無産政党に一節を割いて論じ、そこで「従来多年の惰性に由り改め難かった自治体の悪習や弊害が、無産議員のために刺戟されて、革新された実例も少なくない」(二五五頁)と評価している。

無産政党に期待を寄せるのは、岡実もまた同じであった。岡は「後藤会長を憶ふ」のなかで「伯は普選準備を熱心に呼号されたが、他面、無産政党を扶翼するに付ては余り努力されなかった」(二七頁)としたうえで、自身の立場を後藤に仮託するかのように「伯の企図せらるゝ如く、普選制による新有権者が真に政治の浄化に目覚むるに至ったならば、伯たるもの、必ずや無産政党の味方となられたであらう」(同上)と論じている。

だが後藤がそうした方向に進む可能性はまったくなかっただろう。後藤はもともと社会主義と一線を画する国家社会主義の立場にあることを自認していた(「伊藤公と社会主義弁」、立石駒吉編『後藤新平論集』一九一一年)。また没する直前、三回目の東京市会解散後に初めて普選制で市会選挙が行われた際、「新東京市会議員諸氏に寄す」を発表してつぎのように述べている。「もし諸君の努力によって、市政を党争の犠牲に供し、多年全市会に刻印せられた道義上の罪人集会所の汚辱を一洗することができなければ、帝都は遂に恐るべき危険思想と呪うべき破壊運動の最適地となるであろう」(『都市問題』一九七二年二月号に再録、二四〇―二四一頁)。

後藤は東京市政から政党を排除するうえで、市長官選制にして官の監督を強めるのでもなく、市長直接公選制にして無産政党に期待をかけるのでもない第三の道を求めた。それが市民一般、とくに普選制であらたに有権者となった市民に対して自治精神の発揮を訴え、政治の倫理化運動を展開することであった。東京市政調査会を重要な担い手としてのちのちまで展開される市政浄化運動、選挙粛正運動は後藤のこうした動きと呼応し、その脈に属するものであった。

もちろん、いかなる主張や運動もときどきの政治的コンテクストのなかで特定の党派性を帯びざるをえず、それは後藤やその後続の場合も例外ではなかった。後藤らが唱える政党排除論は、実際政治のうえでは既存の有力政党の排除を意味していた。くわえて後藤の場合は無産政党に冷淡であった。その結果、後藤らの運動はもともと政党政治に対して超然主義を標榜する官僚勢力に有利に働き、また、彼らが背骨をなす官治体制の強化につながる政治力学上の効果を持った。

戦前無産運動に投じ、一時期、東京市政調査会研究員でもあった吉川末次郎は「議員数よりも選挙区数を減少せよ」(『都市問題』一九三六年三月号)のなかで、後藤の脈を引く市政浄化運動をつぎのように手厳しく批判している。市政浄化

「運動が既成の市政勢力を形造る政党政派に対抗せんとする建前をとる以上、日本の地方政治に対する見解を封建的に歪曲し壟断してゐる、官僚の政治勢力と結びつくことゝなり、自然発生的には本来自由主義的なるべき都市居住民の市政に対する観念を、また同様に官僚的封建的に歪曲することに貢献し、官僚の市政界における勢力進展のためのチンドン屋の役割を演ずるに了ることが多い」（五〇頁）。

この批判は後藤が展開した主張や運動に当てはめても、一面の真理を突いたものといえるだろう。[2] 後藤は政党排除論を唱えながら、自身の党派性やそれがもたらす政治力学上の効果に関してあまりに無頓着であったように思える。

市長を官選制にするか直接公選制にするかの改革論議は、東京都制の実現（一九四三年）によって決着がついた。東京都制は東京府が東京市を吸収するかたちでできた制度で、かつての市の区域では都が一元的な行政運営を行うしくみであった。そしてその長である東京都長官は府県知事同様に官選官吏とされた。

東京市に限らず大都市に特別な制度、いわゆる特別市制を置くべしとする議論は明治後期から長らく続けられてきた。そのおもな理由は、大都市と所在府県との間で二重行政の無駄が生じ、また、大都市とすれば所在府県の知事、内務大臣から二重監督を受けるのが不都合だからであった。

ただし二重監督についていえば、とくに東京市は内務大臣が直接監督を加える慣行が定着していた。むしろ問題の核心は、官の監督そのものを廃止して衛生警察、建築警察、交通警察などの規制権限を市に分権し、自律的・一元的な行政運営が可能なしくみにすることにあった。この点を鋭く見抜き、また論じていたのは前田多門である。

一方、後藤はしばしば特別市制の必要性について論及したものの、すでに指摘した理由で、実際は分権の視点をあまり持ちあわせていなかった。「都市計画と地方自治」（都市研究会『都市計画講習録』第三巻、一九二五年）では「学者から私が教えられましたが、今の自治制というものは官治制の混乱である。真に自治というものはない、真の自治というものは中央政府が干渉して出来ないようにしてしまうということになる。（中略）必ずしもこれは悪いとは言わない、また全然宜いとは言いますまいが、これらのことは法律先生のいう所に委かして」（『都市問題』一九七二年二月号に再録、一二七―一二八頁）云々と述べているほどである。

都長官が官選官吏とされた最大の理由は、戦前官庁法学の通念によれば、行政警察ほかの警察権は官が独占するものとされていたことにあった。だが官選制実現を側面から支えた理由として、東京市政が腐敗を繰り返したうえ、それを批判する勢力が政党排除論を軸に結集し、世論形成に影響を与えた事実を見逃すことはできない。政党排除の目的に照らせば、その実現手段として長の官選制も有効な選択肢の一つになるからである。

東京都制の立案に内務省地方局長として深く関わった古井喜実は「東京都制について（四）」（『国家学会雑誌』一九四三年一二月号）で都制実現に関し、「奪はるゝものは自治に非ずして自治を名にする腐敗と非能率であったとも謂ひ得る」（九三頁）と指摘している。この高笑いにも似た発言を後藤であったならどのように受け止めただろうか。(3)

## 四　自治精神の強調

後藤はあらゆるところで自治の精神を強調した。そこに「チンドン屋」とも評しうる政治的な無邪気さが同居していたとしても、最後まで自治というただ一つの歌をうたい続けたとはいえるだろう。澤田謙『後藤新平一代記』（平凡社、一九二九年）はその点を指して「『自治』といふ二字が、何の不思議もなく市民の耳に熟するやうになったのは、たしかに後藤のおかげであると思ふ」（三六二―三六三頁）と述べている。

後藤は少年団日本聯盟総長として少年に自治の精神を説くのに「自治三訣」をもってした。つまり「人のおせわにならぬやう」「人に御世話をするやう」「そしてむくいをもとめぬやう」である。(4) 鶴見祐輔編著『後藤新平』第四巻（後藤新平伯伝記編纂会、一九三八年）によれば、後藤は晩年、自治精神を鼓吹するために国内を講演して回るときも自治三訣をもってし、その際「この三訣に『自主的自治、社会奉仕、皇恩奉謝』と言ふ漢語を併せて説明してゐた」（八二一頁）という。「そしてむくいをもとめぬやう」が「皇恩奉謝」に飛躍してしまう一因は、やはり後藤の無邪気さにある。

だが幾重にも取り巻くそうした無邪気さを取り除いたうえでなら、後藤のいう自治の精神、とくにそれを敷衍した自治三訣にはあらためて噛みしめるべき深い含蓄がある。自治三訣は自助、互助、自制の精神とも言い換えられる。それを使っていえば、いま日本では自治体のなかの市民と市民の関係、都市自治体と農村自治体の関係、国と自治体の関係のいずれについても自助の精神だけが声高に強調され、互助や自制の精神は居場所を失いつつあるように思えるからである。

後藤の人となりを見れば、彼自身は自治三訣の精神を身をもって体現し、だからこそその主張に独特の説得力があったのだろうと推測できる。後藤ならぬわたしたちひらの市民にとって、自治三訣の精神を身につけるのは荷が重い。だがそうすることがいまでも市民自治の原点に位置する条件なのだと理解したい。

それと同時に市民相互間、自治体相互間、国と自治体間の関係を規律する現在の制度・政策をあらためて見直し、そこに自治三訣の精神をいかに埋め込むかを構想することが重要課題になる。そしてその場合に、それらおのおのの関係で実際に働く力学を冷静に洞察しなくてはならない。これは後藤が反面教師として教えてくれていることである。(5)

注

(1) 溝部英章「後藤新平」(『地方自治職員研修臨時増刊号・総合特集シリーズ6　日本の地方自治論』一九八一年三月)を参考にした。

(2) なお、吉川末次郎『民主主義の地方行政』(帝国地方行政学会、一九四八年)は「後藤新平一派」を名指しして同様の批判を加え、また、政党排除論が誤ったかたちで流布するのにあずかった一人として前田多門の名前をあげている。同上書二五、二九―三〇頁を参照されたい。

(3) 以上述べた東京市の市政腐敗とその批判、東京都制実現にいたるまでの制度改革論議について、詳しくは小原隆治「明治後期における東京市の市政腐敗と政党政治」(『成蹊法学』第三四号、一九九二年二月)を参照されたい。

(4) この自治三訣の表記は、水沢市立後藤新平記念館所蔵の後藤自身による書のそれに従っている。

(5) これまで本文や注で示した文献のほかに有益な参考文献として、前田康博「後藤新平」(神島二郎編『現代日本思想体系10 権力の思想』筑摩書房、一九六五年)、高木鉦作「自治という言葉」(自治体学会編『年報自治体学第二号　自治の原点』良書普及会、一九八九年)の二点をあげたい。とくに後者は、前田多門の自治思想を後藤のそれとも比較しながら検討したもので、本稿はそこから大いに着想を得ている。

# 後藤新平の大陸政策

小林道彦
*Kobayashi Michihiko*

後藤新平は植民地主義者であったのか？　植民地主義を「植民地からの経済的収奪によって本国経済の一方的繁栄を図ること」と定義すれば、後藤は断じて「植民地主義者」などではなかった。それでは、後藤による植民地経営の実態はいったいいかなるものであったのか。小論がまず取り上げるのは以上の問題である。

周知のように、後藤は台湾総督府民政長官─満鉄初代総裁と「外地」経営関係の要職を歴任した。しかしながら、台湾で培われた後藤の植民地経営技術は、複雑な事情に妨げられて満州ではその有効性を十分に発揮することはできなかった。後藤は日本を島国ではなく大陸国家として発展させたいと考えていたが、そうした後藤の経綸を実現するにはもはや満鉄総裁という政治的立場では十分ではなく、中央政界に一定の地歩を築く必要があったのである。第二次桂太郎内閣の逓信大臣に後藤が就任したのはそのためであった。それでは、後藤は日本を「大陸国家」に改造すべく、どのような施策を講じていたのか。

ところで、桂や後藤の積極的大陸政策は、山県有朋率いる官僚閥、とりわけ陸軍と、西園寺公望や原敬率いる政党勢力・立憲政友会とによって挟撃され、その実現を阻まれていた。また、日露協約とともに日露戦後の外交的枠組みを構成していた日英同盟は、後藤にはそれだけでは頼りにならないもののように見えた。こうして後藤は内外二重の拘束要因を打破して自らの経綸を実現すべく、桂とともに「暗中飛躍」を試みる。すなわち、桂新党構想への参加とドイツとの政治的接近の模索である。欧州情勢の行く末を睨みながら、後藤は世界政策という枠組のなかで自らの積極的大陸政策構想を実現しようと考えたのである[1]。

本稿はまことにささやかなものであるが、後藤新平の大陸政策構想が孕んでいた政治的パースペクティブを明らかにしようとするものである[2]。

## 一 後藤新平と台湾経営

一八九五（明治二十八）年、日清戦争の勝利によって日本は台湾を領有し、ここに明治政府は本格的な植民地経営に乗り出した。しかしながら、初期台湾統治は難航をきわめた。台湾各地では「土匪[3]」が蜂起し、設置されたばかりの台湾総督府は治安の確保はもとより安定的な税収を確保することもできなかったのである。もとより、明治政府もこうした状況は十分予見していた。だからこそ、台湾総督の任用資格は武官に限定され、事実上の軍政が敷かれたのである。ところが、土匪「討伐」に出動した軍隊が一般村落をまるごと焼き払うといった類の暴挙に出たため、かえって土匪の活動は活発化してしまった。したがって、徴税活動も自ずと停滞し、総督府は巨額の財政赤字に苦しむようになった。また、行政費の不足を補うべく、本国一般会計は毎年多額の財政補充金を台湾総督府特別会計に支出しなければならなくなった。こうして、台湾経営の混乱による財政危機を収拾すべく、第二次松方正義内閣は地租増徴を決意するのであるが（一八九七年）、それは地主や自作農を支持基盤とする政党勢力の反発を招き、その結果、最初の政党内閣である第一次大隈重信内閣が成立した（九八年）。台湾問題は国内に逆流して、日本の政治体制の一大変動を引き起こしたのである。

大隈内閣の後を襲ったのは山県であったが（九八年、第二次山県有朋内閣）、山県は台湾経営を立て直すべく、児玉源太郎と後藤新平を総督と民政局長（後、民政長官）として台湾に送り込んだ。後藤を抜擢したのは児玉であった。児玉は、後藤が内務省衛生局長として、日清戦争から復員する軍隊の検疫作業を効率的にこなしたことを高く評価していたのである。そして、この児玉・後藤コンビによって台湾経営は見事にその軌道に乗せられたのであった。

児玉は後藤の建策にもとづいて「旧慣温存」原則を台湾統治に適用した。すなわち、性急な近代的行政システムの導入を制限して、台湾伝来の保甲制度の「復活」による地方行政の簡素化を図った。また、土匪の実態を精査して、それが日本軍の討伐行動によって再生産されていることを察知すると、一般住民に対する軍隊の無差別的殺戮を止めさせて、いわゆる「帰順政策」の導入に踏み切った。これは社会的アウトロー以外の「良民」出身の土匪は「前非」を問わずにその投降を認めるというもので、その結果、土匪集団の自己崩壊と残存部分への警察力による鎮圧行動によって、一時「猖獗を極めた」土匪の活動も一九〇一年をピークに急速に沈静化していった。また、この時の経験から児玉と後藤は、陸軍の専横を抑制することこそが植民地統治成功の鍵であるとの確信を抱くに至った。

　こうして治安が安定すると租税収入も自ずと増大する。そして総督府財政が安定化の兆しを見せ始めると、児玉・後藤コンビは台湾事業公債法を成立させて、台湾の社会的インフラストラクチュアの整備に乗り出した（九九年）。これは六〇〇〇万円の予算で鉄道・港湾を整備し、あわせて土地整理もおこなうというもので、その償還財源には台湾の租税収入が充てられることになっていた。当時、日本本国では台湾の財政独立が盛んに論じられていた。すなわち、伊藤博文も山県もそして自由党・改進党といった政党勢力も、台湾の行政費は台湾自身の税収で賄うべきであり、本国からの財政支援などは段階的に打ち切るべきであると主張していたのである。したがって、彼らは台湾事業公債法による事業規模を大幅に削減してしまった（六〇〇〇→三五〇〇万円）。また、彼らは台湾の財政独立が予定より早く一九〇五年に達成されたことを高く評価していた。

　しかしながら、本国でのこうした評価に後藤は内心忸怩たる思いを禁じ得なかった。後藤によれば、植民地経営の要訣は植民地への積極投資による植民地生産力の向上にあるのであって、一時的な財政収支のバランスをとることなどは正に「吝費《りんぴ》主義」以外のなにものでもなかった。また、性急な財政独立の追求は「苛斂誅求《かれんちゅうきゅう》主義」につながり、結局は植民地経済を疲弊させ、人心の悪化を招くであろう。後藤の植民地経営理念を一言で言えば「積極主義と旧慣温存」ということになるが、その基底には異民族支配に対する後藤の周到な配慮が存在していたのである。

## 二　積極的大陸政策の推進

　さて、日露戦争（一九〇四―〇五年）の予想外の大勝利は、国家経営路線をめぐる為政者間の意見対立を引き起こした。伊藤や井上馨は大陸権益の経営には消極的で、なおかつ軍備の拡大にも抑制的であった。ロシアと清国の軍事的脅威が消滅した今こそ、日本は限られた国家資源を国内の社会資本整備に回すべきであるというのである。これには、立憲政友会総裁の西園寺や最高幹部の原も賛成していた。

山県率いる日本陸軍や官僚閥は、ロシアの復讐戦に備えるための大軍備拡張を主張していた。また、当初彼らは満州経営には消極的で、むしろ南清地方を日本の将来的な植民地として考えていた（北守南進論）。もっとも、それは言うべくして行いがたい議論であった。したがって、彼らも徐々に満州経営に乗り気になっていくのであるが、彼らの主要関心は満州の「開発」よりも来るべきロシアの復讐戦にあった。したがって、その経営方針はあくまでも軍事優先であった。

台湾経営を成功させた児玉や後藤は、満州は経営の仕方によっては莫大な経済的利益を日本にもたらすであろうと考えていた。ロシアと清国の軍事的脅威は消滅したと考えていた彼らは、山県の大軍備拡張路線を批判し、限られた国家資源の植民地部門への積極投入による日本の経済発展を夢見ていたのである。また、台湾経営の経験から、彼らは植民地の陸軍権力は抑制されねばならないと考えていた。

こうした状況のなかで、後藤は元老をはじめとする国内のほとんど全ての政治勢力の輿望を担って初代満鉄総裁に就任した（〇六年）。彼らは後藤の辣腕による「安上がりで効率的な」満州経営の実現を期待していたのである。当時、満州では都督府・満鉄・領事館のいわゆる三頭政治がおこなわれていた。純然たる外国領土のなかで「植民地」経営をおこなおうとした結果、このような変則的な統治体制が生まれたのであるが、後藤はこれを「満鉄中心主義」によって克服しようとした。すなわち、満鉄をたんなる営利を目的とする鉄道会社ではなく、総合的な国策会社として経営すること――「陽ニ鉄道経営ノ仮面ヲ装ヒ、陰ニ百般ノ施設ヲ実行スル」こと（児玉）――で、中国や諸外国を刺激することを避けながら大規模な植民地経営を展開すべきである、というのである（文装的武備論）。しかしながら、後藤の満鉄中心主義が成功を収めるためには、潤沢な資金供給と短期的な赤字は意に介さない寛大な世論の存在が必要である。ところが、事態はまるで逆であった。日露戦後の財政逼迫状況のなかで、大蔵省も政党勢力も満鉄が短期間で収益をあげて国庫を潤すことを期待したのである。こうして、後藤は満州でもまた「吝費主義」の壁にぶつかったのであった。

しかしながら、後藤は諦めなかった。それどころか、大陸国家として日本をより発展させるべく、後藤は小村寿太郎によって先駆的に構想されながらも（小村「極秘　韓満施設

大連・星ヶ浦（現在の星海公園）に立っていた後藤新平の銅像

ニ対スル附帯事業」)、その後誰一人としてそれを受け継ごうとしなかった壮大なプランを実行に移そうとしていた。すなわち、日本を広大な海外領土を有する大陸国家に改造すべく、彼は植民地や「満州」をも包摂した一種の「国土計画」を実行に移そうとしていたのである。第二次桂太郎内閣が計画した新橋―下関間の鉄道広軌化はその一端の表出であった（一九一〇―一一年）。大陸と日本本土の鉄道・港湾・電信を体系的に整備することによって、後藤は太平洋ベルト地帯に工業地帯を作り上げ、そこで生産された工業製品を満州に移住した数百万人の日本人に売り捌いて、日本本土の工業化とその大陸国家化を同時に、しかも組織的・計画的に実現しようとしていたのである。それはまさに一九三〇年代にようやく日の目を見る、「日満支という日本以外の領土をも含んだ国土の総合利用計画」(4)の端緒的形態であった。後藤はこれらの計画の総合調整機関として中央に拓殖省を設置し、自らも拓殖大臣に就任するつもりであった。だが、この計画は鉄道をもっぱら軍事輸送手段としてとらえていた山県や、政党の支持基盤の拡大のための地方鉄道の建設を重視していた原政友会の反対によって失敗に終わった。日露戦後における国家経営構想の分裂の前に、後藤の「国土計画」はその実現を阻まれたのである。

しかしながら、後藤の経綸は日露戦後の政界再編の呼び水となった。日露戦後の目標喪失状態の中で、児玉・後藤コンビ、それに小村が逸早く「大陸国家構想」を打ち出し、それがきっかけとなって明治国家内部に積極的大陸政策を志向するグループが形成されたのである。児玉が急逝したことで一時このグループは弱体化するかに見えたが、山県と寺内正毅に挟撃されて長州閥内部で徐々に居心地の悪くなっていた桂がその中心に座ったことで、積極的大陸政策派は俄然その勢力を強めた。そして、桂は積極的大陸政策と工業化・都市化の推進を機軸とした政界刷新を目論むようになる。一九一三（大正二）年の立憲同志会、桂新党の結成がそれである。実に後藤の経綸は、彼の本来意図するところではなかったが、日本における二大政党制形成の原動力の一つになっていったのである。

## 三　大陸政策から世界政策へ

ところで、後藤は日本が大陸国家として発展を遂げるためには、従来の日英同盟・日露協約という外交的枠組みでは自ずと限界にぶつかると考えていた。後藤の焦燥感は、辛亥革命（一九一一年十月）に際して時の第二次西園寺内閣が有効な手立てを講ずることができなかったために一層強まった。日英同盟を重視する西園寺内閣と政友会は、イギリスの動向に慮って山県や桂が主張していた満州への派兵にはついに踏み切れなかったのである。後藤は、この当時「一　英国の老朽日々加はるか故に、独逸との切近《ママ》策は我帝国に於て等閑に付すへからさる事なり。至急相当の方法を講せられ度事。一　独逸国との切近には、今回清国事変は或は好機会ニあらさるか」[5]とのメモを密かに書き残していた。辛亥革命の収拾にあたって後藤は、日本は表向き英国の顔を立てながらも裏面ではドイツと気脈を通じるべきであると考えていたのである。[6]

後藤の対独接近策は、必ずしも日英同盟の廃棄を前提とするものではなかったが、[7]日独同盟論は山県閥陸軍でも唱えられていた。すなわち、田中義一は意見書「滞満所感」（一四年）のなかで、英露提携による中国本土分割という最悪の事態を防ぐための方途として「独逸ト政治同盟ヲ策シ露国ヲ其ノ西境ニ牽制ス」ることを主張していたのである。もっとも、さすがに「日独同盟」を明記することは田中自身も躊躇したようで、意見書の正文ではこの個条はもっと無難な表現に替えられている。[8]しかしながら、その後も日独同盟論は日露独提携論として陸軍内部に燻り続けた。一九一四年八月に第一次世界大戦が始まると、山県や田中はドイツに軍事的に圧倒されたロシアが露独同盟の締結に追い込まれるのではないかと考え、そのような事態に備えるためにも日露間の紐帯を強固にしておくべきだと主張し始めるのである。ロシアに対する潜在的恐怖と陸軍固有の親独的傾向が相俟って、こうした対独（あるいは対露独）接近論は陸軍のなかに再生産され続けたのであった[9]。ドイツと交戦状態に入った後においてさえ、このような議論がなされていたということは陸軍内部における親独主義の根強さを示している。

ともあれ、英独対立が厳しさを増していた一九一〇年代初頭に日独接近を図ることには、桂としても慎重にならざるを得なかった。桂は後藤の対独接近論や新旧大陸対峙論に耳を傾けながらも、山県閥陸軍が伝統的な親独傾向の域を超えて日独同盟論に踏み込みつつあることには内心危惧の念を深めていたに違いない。桂は一九一二年春から加藤に急接近するが[10]、これは小村の死去（一一年十一月）もさることながら、親英派で山県嫌いの加藤の考えに桂が共感を抱くようになったことの表れでもあった。小村の死は結果的に、桂にたいする後藤の影響力の低下をもたらしたのである。

## 四　文装的武備論と中国問題

周知のように、桂は増師問題を利用して第二次西園寺内閣を打倒すると、宮中を脱出して自ら第三次内閣を組閣した。そして後藤らを誘って新党を結成して、積極的大陸政策の障害となっていた山県閥陸軍と政友会の同時撃破を図った。しかしながら、その政治戦略は中途で頓挫し、内閣は総辞職に追い込まれてしまったのである（大正政変）。その際、桂が後継首班に推そうとしたのは後藤ではなく加藤であった（一九一三年二月）[11]。

こうして、大正政変と桂の死（一三年十一月）によって桂新党は大きな打撃を蒙ったのである。後藤は失意の内に新党を去り、後継総裁には加藤が就任した。その後、シーメンス事件による第一次山本権兵衛内閣の退陣を経て、政治権力は大隈重信と与党同志会の手に落ちた（一四年四月）。加藤は外務大臣として入閣し、後藤は山県閥ナンバー2の寺内に接近していった。親英派対親独派という政界のなかの断層は一層明瞭となったのである。そして、第二次大隈内閣は加藤外相の外交指導の下、折から勃発した第一次世界大戦に倉卒に参戦し（八月）、翌年には二十一ヶ条の要求を袁世凱政権に突きつけた。この間、山県・寺内・後藤ら親独派は開戦には慎重であり、二十一ヶ条要求にも批判的であったが、彼らの意見はついに容れられなかったのである。

　後藤は東アジア情勢を安定させるためには中国の安定が必要であり、とりわけ北京政府の財政基盤の確立が急務であると考えていた。すなわち、東洋銀行構想がそれであって、これは日本から二億円を出資して中国に一大金融機関を創り、その財政的建て直しを図るというもので、総裁には中国人を充てることになっていた。後藤は日中の経済的関係を親密にすることを通じて、満蒙権益の延長などの交渉も無理なく進めることができると考えていたのである。これはまさに文装的武備論の対中国外交への応用であった(12)。この構想には元老の山県や井上馨も賛成しており、彼らは後藤を特使として北京に派遣することを加藤に打診した。しかしながら、外交への元老の介入を嫌う加藤はそれを拒否してしまったのである(13)。

　たしかに、長期的な視野に立ってみれば、加藤の親英外交はそれほど誤った選択ではなかったであろう。しかしながら、二十一ヶ条要求に象徴されるその中国外交は、中国人に抜きがたい対日不信感を植え付けた。そしてそれは、今日に至るまで日中関係に暗い影を落としているのである。そういった意味で、経済的アプローチを重視する後藤の中国政策がこの時期実行に移されなかったのは返す返すも残念であった。それは後年の西原借款同様あるいは上手くいかなかったかもしれない。しかし、少なくともその後の日中関係をあれほど悪化させなかったことだけは確かであろう。

## おわりに

　後藤新平はある意味では「不運な政治家」であった。彼の独立不羈の精神と時代を抜く先見性は、それゆえにかえって彼を総理の座から遠ざけた。満鉄の創立に見られるように、後藤はすぐれた組織者であったが、かと言って官僚制のヒエラルヒーに収まりきれる人物ではなかった。また、さまざまな世俗的利害にまみれながら、組織の維持運営に腐心しなければならない政党政治家にも向いていなかった。後藤の政治的才能は、官僚組織内部の、あるいは政党や陸軍との煩わしい折衝を一手に引き受け、後藤をして自由にその驥足《きそく》を伸ばさしめるような「指導者」の下でもっとも輝いていたように思われる。彼らはすべて山県閥の権力中枢に位置した藩閥政治家（軍人）であるが、同時にその晩年において山県と一定の距離を置いたり（児玉）、あるいは公然と対立した（桂）気骨ある政治家でもあった。しかしながら、児玉も桂もみな比較的早くこの世を去り、その都度後藤はそれまで蓄えてきた政治的資産を立て直さねばならなかった。とりわけ、桂の急逝は後藤にとって大きな打撃となった。それ以降、後藤の推進する大陸政策はなぜか精彩を欠いたものになっていったのである（シベリア出兵論など）。

桂の死後、後藤は寺内に接近し寺内内閣にも入閣する（一六年内相、のち外相）。周知のように、寺内は陸軍軍政畑を長年歩んできた生粋の軍人政治家であり、児玉（台湾総督、内相・文相）や桂（台湾総督、蔵相）のような豊富な行政経験はなかった。彼ら二人に比べて、寺内はより強く山県閥陸軍の利害を代弁していたのである。そして、寺内との提携は後藤の文装的武備論にも微妙な影響をあたえた。なぜなら、それはもともと陸軍の個別的利害の抑制の上に成り立つ議論だったからである。寺内内閣期以降の後藤の大陸政策が日ソ国交回復を除いて妙に精彩を欠くように見えるのは、おそらくはこうした事情と無関係ではあるまい。そして、後藤本人もまた寺内の死後は、自らの活躍の場を都市経営などの新たな舞台に求めていったのである（二〇年東京市長、二三年帝都復興院総裁）。

後藤の大陸政策は内外にわたる社会資本の大規模整備を通じて、植民地と日本本国の経済発展を同時に図ろうというものであった。しかしながら桂の死後、そういった政策枠組みを理解できる有力政治家はほとんど存在しなかったように思われる。台湾領有以来の財政独立主義は朝鮮三・一独立運動の衝撃（一九一九年）によって放棄されたが、その結果、時の原内閣が採用したのは朝鮮・台湾人の漸進的同化をめざす同化主義・内地延長主義であった。また、満州においては満鉄経営の健全化が追求されるようになった。[14] こうして、後藤の大陸政策は政治の表舞台から姿を消していったのである。

**注**

（1）拙著『日本の大陸政策1895-1914』（南窓社、一九九六年）では、大正政変を日本の国家経営路線をめぐる諸政治勢力の対立として描き出した。また、これより先に拙稿「日露戦後の日独同盟論」（『日本歴史』第五三二号、一九九二年九月号）では、桂新党と後藤新平の日独同盟構想の関係についても指摘しておいた。その後、以上の枠組みの内、桂新党の成立を桂やそれに参入した諸政治勢力の外交構想から説明するという論点は櫻井良樹氏によって発展させられ（「辛亥革命と桂新党」、藤村道生編『日本近代史の再検討』南窓社、一九九三年、所収。「立憲同志会の創設と辛亥革命後の対中政策」、『史学雑誌』第一〇三編第二号、一九九四年二月号。『大正政治史の出発』山川出版社、一九九七年)、さらにその後も氏は一連の関連論文を世に問い続けている(「辛亥革命時における日本陸軍の北清・満州出兵計画」、黒沢文貴他編『国際環境のなかの近代日本』芙蓉書房出版、二〇〇一年、所収など)。さて、櫻井氏は桂の外交構想を「全方位外交」=日英露仏独米協調路線と位置づけているが(櫻井前掲書一六一頁、「辛亥革命時における日本陸軍の北清・満州出兵計画」一九二頁)、これは桂が甘んじなければならなかった「外交的環境」をポジティブに評価しすぎた見解である。桂は世界情勢がどう展開するか自分の目で確かめるまでは(一九一二年七月の桂の洋行など)、さまざまな外交的選択肢をあえて温存していたのであろう。桂が新党を結成した理由の一つは陸軍の政治的抑制にあった。また、晩年の桂は後藤よりも加藤高明を重用する傾向にあった。して見れば、桂晩年の主要関心は親独派の山県閥陸軍との政治的対抗に徐々に移っていたように思われる(詳しくは後述)。つまり、後藤との間に疎隔が生じたのである。

(2)小論の論旨は前掲『日本の大陸政策1895-1914』によっている。詳しくはそれを参照されたい。

(3)「土匪」を「抗日ゲリラ」と等置することはできない。日本統治下の土匪は、社会的アウトローから旧「良民」、さらには清国復帰を願う人々に至るまで、きわめて多様な構成員(漢民族)から成る、総督府の支配に服さない人間集団である(前掲『日本の大陸政策1895-1914』参照)。

(4)国土計画のもった政治的意義については、御厨貴「国土計画と戦時・戦後の社会」(御厨『政策の総合と権力』東京大学出版会、一九九六年、所収)を参照のこと。引用箇所は二一三頁。

(5)水沢市立後藤新平記念館編『後藤新平文書』(雄松堂書店、一九八〇年)R—69所収。

(6)前掲「日露戦後の日独同盟論」。

(7)後藤は伊藤に説いた「新旧大陸対峙論」(一九〇七年)のなかで、アメリカの台頭に対抗するために日本は「日英同盟ヲ保持シツツ、他方更ニ欧洲大陸諸国〔露独仏—小林〕」と協力すべきであると説いている(鶴見祐輔『後藤新平』第二巻、勁草書房、一九六五年、九六二—三頁)。

(8)「滞満所感」の原文(山口県史料館所蔵『田中義一文書』15)による。『田中義一伝記』五七五頁や国立国会図書館憲政資料室所蔵の複製版では、この個条は「五、欧露接壌列国、巴爾幹諸邦殊に欧露新領土特殊の情態に鑑み、諸種の手段を尽して欧露の辺彊を多事ならしむ」となっているが、これは貼紙にて修正された後の文章である。貼紙をめくることはできないが、透かして見ると本文中に紹介した文章が読み取れる。

(9)拙稿「世界大戦と大陸政策の変容」(『歴史学研究』第六五六号、一九九四年三月)。

(10)櫻井前掲書一五九頁。

(11)櫻井前掲書一八九頁、奈良岡聰智「加藤高明とイギリスの立憲君主制」(伊藤之雄・川田稔編『二〇世紀日本の天皇と君主制』吉川弘文館、二〇〇四年、所収)六九頁も参照。

(12)後藤の日独接近=新旧大陸対峙論も日本と欧州列強が協同で中国政府に借款をあたえ、中国の財政的混乱を収拾するという構想と表裏一体の関係にあったように思われる。無論これはアメリカのドル外交への対抗措置としての性格を有するものである。なお、この件に関しては伊藤之雄「大正政変とアメリカ」(川田稔・伊藤之雄編『二〇世紀日米関係と東アジア』風媒社、二〇〇二年)も参考になる。

(13)以上、「東洋銀行」構想の一部始終については鶴見前掲書第三巻、五三四—四三頁。

(14)拙稿「大陸政策と人口問題」(伊藤之雄・川田稔編『環太平洋の国際秩序の模索と日本』山川出版社、一九九九年)。

# 後藤新平の外交政策

井野瀬久美恵
*Inose Kumie*

## 一 ワシントン体制に代わる世界秩序を求めて

後藤新平が活躍した十九世紀末から二十世紀にかけての世紀転換期は、世界秩序の基軸がイギリスからアメリカへと組み換えられていく、パックス・ブリタニカからパックス・アメリカーナへの移行開始の時期であった。それは、第一次世界大戦終結から四ヶ月ほど後の一九一九（大正八）年三月から、二五五日間に渡って欧米を旅した後藤の実感でもあっただろう。没落するヨーロッパ、繁栄するアメリカ。その二年後、アメリカのイニシャティヴで行われたワシントン会議（二一年十一月—二二年二月）で成立した国際体制（いわゆるワシントン体制）は、この新たな世界像の〝かたち〟であった。

すでに台湾総督府民政長官時代、義和団の乱の拡大と関わり、中国（福建省）を訪問した際、後藤は「アメリカの時代」の到来を予見していたという。一九一九年の欧米旅行はそれを再認識させた。にもかかわらず、いや、だからこそ、なのだろうか。後藤は、この新しい世界秩序とそのゆくえに対抗すべく、ワシントン体制からはじき出されたソ連（ロシア）との協調を強く主張していくのである。東アジアの安定のために、そして満州経営を進めるに当たっても、鍵を握るのはロシアとの関係である——。時あたかも、社会主義革命を成功させ、反帝国主義を掲げるソ連に対して、ヨーロッパ諸国の要請で行われたシベリア出兵の真っ只中。当時外相として出兵を支持した後藤には、「生物学の原則」

**リンカーンの墓参をする後藤一行**（1919年、欧米旅行の折）

ではなく、社会主義というイデオロギーで国家が動く事態が理解できなかったのだろうか。

シベリア出兵の責任をとり、寺内内閣総辞職とともに野に下った後藤が行った欧米旅行。そのなかで彼がロシアとの関係改善を急務だと確信したことは、帰国後の行動が物語っている。帰国まもない一九二〇（大正九）年二月、日露協会会頭に就任した後藤は、ソ連という社会主義国家を調査、研究するために、そして何より将来の日露関係に活躍する人材の育成を目的として、ハルビンに日露協会学校（後のハルビン学院）を設立したのである。第二次世界大戦中、ユダヤ人に「命のビザ」を発給したことで知られる外交官、杉原千畝はその第一期生である。

## 二　イギリスへの礼賛と幻滅

世界秩序の核であった英米との協調を否定、批判し、ソ連ならびに中国と結ぼうとする後藤のユニークな国際理解はどこから来たのだろうか。

そこに指摘されるのは、ビスマルクに傾倒したという後藤のドイツ留学経験（一八九〇—九二年）だけではない。留学に至るまでに、彼の経歴に蓄積したヨーロッパ文明に対する歪んだ感情も看過できないだろう。蛮社の獄で捕らえられた幕末の蘭学者、高野長英の親戚であったこと。正則（原書による課程）ではなく、変則（訳書による課程）で行われた、母校須賀川医学校の教育に対する劣等感。しかも、念願のドイツ留学のなかで、彼のヨーロッパ文明への感情はさらに歪みを増したとされる（その背後に後藤の会話力不足を指摘する人もいる）。

西洋文明へのアンビバレントな感情――その先進性や有効性への共感と反発――に関して、とりわけ注目されるのは、当時日本外交の基調となっていたイギリスに対する〝ねじれ〟であろう。それは、彼の代表的な二冊の著作の差に象徴的に示されているといえよう。

後藤は、最初の著作『国家衛生原理』（一八八九年）のなかで、先にも触れた「生物学の原則」を用いながら、国家とは、生物進化の過程で生まれた有機体であり、個々人の生存競争に介入し、調停する中立的な存在であると語っている。そのうえで、国家には、学問を編み出す力、情報を集める力などを有し、主権の核となる行政を確立して、国民経済を立ち上げる原動力となることが期待されており、そうした国家の総和が世界秩序を確立するというのが彼の理解であった。同書のなかで、彼は、自分と同じく官僚で、イギリスの衛生行政を推進したウィリアム・ファーの業績を高く評価し、彼のような総合的知識を駆使した行政システムを日本に導入したいと考えていた。出生・死亡に関わる戸籍運用法を数値化し、それを疫病分類学に活かしたことで知られるファーは、統計を用いて陸軍や病院の改革を訴えたナイティンゲールの協力者であり、コレラに関する調査で辣腕をふるった公衆衛生の専門家である。

こうしたイギリス礼賛は、『日本膨張論』（一九一六、一九二四年再版）ではまったく影を潜める。そこでは、国際秩序の維持に貢献すると思われたものが単なる領土拡大にすぎなかったとして、イギリス的な「外延的世界主義」の虚構が手厳しく批判されると同時に、世界主義と民族主義のせめぎあう第一次世界大戦後の世界において日本民族の進む道を、そうした世界主義に与せず、民族間の闘争の狭間に求めるよう、主張されるのである。「国家」に代わり、「国民」や「民族」という言葉を駆使して、日本民族の世界への拡大とその意味を声高に謳いあげた同書は、全体としてナショナリズムの色彩が色濃い著作となっており、そこに後藤は、イギリスとの関係に固執する当時の日本政府への不満をにじませたのかもしれない。

二つの著作の違いには、その間、文字通りの「世紀転換期」に起こった世界情勢の変化が関係していることはまちがいないだろう。日清・日露戦争、後者を支えた日英同盟、辛亥革命と清朝の終焉、第一次世界大戦、その最中に起きたロシア革命、ヴェルサイユ体制の成立と国際連盟の成立、そのなかで明らかとなった国家間の優劣と勝敗——こうした状況が、後藤に、国家というものは、彼が『国家衛生原理』で考えていたように、けっして中立の調停者ではありえないことを教示したと思われる。いうなれば、それがイギリスによる世界協調、平和維持の限界であり、外延へと拡大する覇権主義という形での世界主義に対する幻滅感であった。その意味で、『日本膨張論』に吐露された後藤のイギリスへの失望は、第一次世界大戦後、すでに冷めつつあった日英同盟の象徴でもあろう。欧米旅行の経験は、そこにアメリカという新たな〝影〟を加えたことになる。

実際、第一次世界大戦後、後藤が帰国した日本社会には、『日本膨張論』にリアルな実感を与える事態が存在した。大戦による一時的な好景気が一転、不況に変わり、日本国内には二百万人ともいわれる失業者があふれたのである。二三(大正十二)年の関東大震災は国内の不安をさらに煽った。しかも翌二四年には、日本人の移民を事実上全面禁止する移民排斥法がアメリカで成立し、その影響はカナダの対日政策にも及んだのである。アメリカ、カナダという過剰人口のはけ口を失った日本は、経済不況や人口・食糧問題の解決を、満蒙開拓を中心とする大陸政策に集中させる方向へと傾いていく。それは、移民排斥法成立によって高まる反米感情とあいまって、ワシントン体制に対する反発をひきおこした。こうした状況下で、後藤はソ連・中国との連携を主張したのである。

## 三　イデオロギーを超えたソ連の重視

彼の念頭にあったのは、軍事的な植民地政策ではなく、あくまで日本経済のゆきづまりの打開であったと思われる。彼が注目したのは、ソ連、とりわけシベリアの豊かな天然資源の日ソ共同開発であり、その労働力となるべき日本人の満州移民政策であった。それは、「絹の輸入を停止するだけで日本を破綻させられる」というアメリカの認識に対抗して、貿易の多角化をめざすものでもあっただろう。社会主義弾圧を目的に行われたシベリア出兵の惨敗から後藤が学んだこと、それは、社会主義への偏見を払拭してソ連と連携する重要性であった。それは、社会主義への警戒感からソ連との接近に消極的な態度を崩さなかった多くの政府関係とは実に対照的だった。

一九二三（大正十二）年二月、ソ連極東代表のヨッフェを日本に招請して日ソ国交回復に向けた私的交渉に入った後藤は、二五年一月、難航の末にソ連との国交を回復させた。ソ連と産業面での提携の可能性を模索した彼は、政府に極東拓殖株式会社の設立を提案する。二三項目からなる長文の「極東拓殖株式会社設立ノ引」では、日中ソ三国間に親善関係を築く重要性がまずは強調された。さらには、ソ連の極東地域、沿海州は、満州ともども、日本人移民の理想の地であるとの認識を示して、産業育成のための移民推進機関として「極東拓殖株式会社」の設立を提言し、アジアにおける共存共栄の道を経済協力に認めたのである。

しかしながら、ワシントン体制を堅持する日本政府は、後藤の提案に消極的にならざるをえなかった。加えて、後藤が強調した満州への日本人移民については、あくまでロシア人の入植を望むソ連側との間で、実務レベルでの問題が残った。それでも、日本の活路はソ連との経済提携にこそあると確信する彼は、二七（昭和二）年十二月、二度目の脳溢血の発作からの回復が危ぶまれるなか、ソ連を再訪し、スターリンと会談した。しかしながら、翌年二月、帰国した彼と「極東拓殖株式会社」計画は、第一回普通選挙実施の熱狂のなか、忘却の彼方へと追いやられることになる。親英米路線でも、日本独自路線でもなく、中ソを軸とする後藤独特の国際秩序構想を受け継ぐ者は誰もいなかった。

晩年の後藤は、一九二二年、少年団（ボーイスカウト）日本連盟初代総裁に就任して以来、イギリス発のこの青少年活動に無邪気に熱中したという。彼とボーイスカウトとの出会いは、奇しくも日英同盟が破棄された翌年にあたるこの年の四月、イギリス皇太子の来日を歓迎して行われた日本ジャンボリーで臨時総裁を務めたことがきっかけだった。そこに、イギリスに対する後藤の屈折した思いを認めるのは、深読みしすぎだろうか。

# 後藤新平と草創期日本の〝東洋史学〟

中見立夫
Nakami Tatsuo

## 一　日本における「東洋史学」の誕生

原覚天著『現代アジア研究成立史論』は、地域研究という角度からみた、戦前期日本における「アジア研究」の軌跡を克明に跡づけた大著であるが、その冒頭で「戦前、どの大学にもアジア研究という講座はなく、唯一のアジア研究はその東洋史講座であった」と指摘している。「東洋史」という構想は、一八九四（明治二十七）年に那珂通世が学校教育の科目として提唱したものだが、「世界史」を三地域分割し、「国史」、「西洋史」と並べて「東洋史」を設定した。やがて一九〇四（同三十七）年に東京帝国大学文科大学において「東洋史学」が専門課程として創設されたが、初代専任教員のひとりが白鳥庫吉である。近代日本の科学は、そのすべてがヨーロッパから移入された、といっても過言ではない。ただ当時のヨーロッパでは「歴史学」が対象とするのはヨーロッパ地域の歴史のみで、「東洋学（Oriental Studies）」は存在していたが、「歴史学」の一部としての「東洋史学」という学問分野はなかった。その意味では「東洋史学」は、日本人の独創によるもので、ヨーロッパから導入した「歴史学」、「東洋学」と日本在来の「漢学」を合体させたものであるが、前近代の時期を対象として、原典史料に対する緻密な実証分析を学風とすることとなる。

近代日本は国家体制を整えると同時に対外膨張を開始したが、軍部においては兵用地誌作成、外務通商方面では経済事情調査が推進された。やがて一八九五（明治二十七）年、日清戦争の勝利により日本は台湾を領有するが、「植民地における立法と産業行政とは、専門学者による現地の旧慣の科学的調査の成果にもとづいて立案されなければならない」（坂野正高氏による）という民政長官、後藤新平の構想にもとづき、臨時台湾調査会が組織され、その成果は『台湾私法』（一九〇九―一九一一年）、『清国行政法』（一九〇五―一九一三年）として刊行されている。このような植民地経営といった現実的要請にもとづく「調査」は、後藤が満鉄総裁へと転ずるとともに、満鉄においてより組織的におこなわれることになり、一九〇七（明治四十）年四月、本社所在地、大連に調査部が、翌年十一月、東京に東亜経済調査局が設置された。そして両組織成立のまさに中間時点、一九〇八年一月に、狸穴《まみあな》の満鉄東京支社内で白鳥庫吉を主任として、「満韓史の調査」のため、満鮮歴史地理調査部（あるいは同調査室との表記もある）が発足している。

## 二　白鳥庫吉と後藤新平

白鳥は、東大史学科の卒業生であり、したがって大学ではドイツ人教師から英語でヨーロッパの歴史を学んだ。その白鳥が「東洋史学者」となったのは、一八九〇（明治二十三）年に学習院教授へ就任したとき、「支那史」担当の同僚、市村瓚次郎が「東洋諸国の歴史」を教えるのを嫌い、白鳥が担当せざるをえなかったことに起因する。そこで白鳥は「大急ぎで日本に一番近い朝鮮の歴史から調べ始めて」、東洋史研究者としての歩みをはじめる。やがて白鳥は、一九〇一（明治三十四）年から二年半のあいだヨーロッパへ留学するが、注目すべきは現地の「東洋学」の影響をつよく受けたことであった。白鳥は「欧洲留学中の所感」を、「我々が東洋のことを研究するには、先づ欧洲の東洋学者の研究の成果を学び知り、それによつて導かれねばならぬ状態になつてゐた。（中略）東洋のことを西洋人に学ばねばならぬといふのは、甚だ遺憾なことであると、自分は感じた」としるしている。帰国後ほどなく日露戦争が勃発し日本は勝利を収めるが、白鳥のヨーロッパでいだいた「所感」は、「東洋の研究は東洋人が率先して事に当らねばならぬといふ信念」へと高まっていった。しかしながら白鳥の認識では、日本人が成果をあげうる領域はすでに限られており、「日本人の新に手を下すべき所は殆どない。たゞ茲に一つ残された部分がある。それは即ち現に戦争の行はれてゐるところ、また戦争の動機を作つたところ、さうして又将に日本の勢力の下に帰せんとしてゐるところの満韓地方である」と、当該地域を研究する必要性を強調している。留学以前の時期においては、白鳥の業績は古代朝鮮に関する研究と中央アジア古代史にかかわる研究に二分されていたが、「満洲」をも研究範囲へ組み入れることによって、東は日本にはじまり、東北ユーラシア、中央ユーラシア全域の古代におよぶ、「白鳥史学」の体系が完成される。

明治時代の多くの学界創始者と同様、白鳥がまず企図したのは、学会の組織、あるいは基礎資料収集をもふくむ研究体制の整備であった。一九〇五（明治三十八）年には、「亜細亜学会」の設立を「亜細亜の研究に関心を有する学者」に対して提案したのだが、「当時の日本の学界は尚ほ西洋崇拝の旧套を脱せず、横文字の研究に非ざれば研究に非ずと考えた時代であつたから」、白鳥の構想は「冷笑を以つて迎へられ」挫折した。白鳥が構想していた「亜細亜学」なるものが日本をもふくむものか、どのような研究領域を考えていたかは明確ではないが、専門家のあいだでさえ理解をえることができなかった。白鳥は「この目的を貫徹せんことを期し、殆ど三年の間、政治家実業家を説いてその援助を求めたが、多くはこれを以つて学者の閑仕事と看做し、博士の言に耳を傾けるものがなかつた」状態であった。結局、文部次官であった澤柳政太郎の紹介状をもって、逗子で病後静養中の後藤新平を白鳥は訪ね、「即刻快諾」をえて満鉄の満鮮歴史地理調査部が誕生する。白鳥は「学会を組織して、それによつて研究をしてゆくことの困難なることを察したから、それよりも先づ、少数の篤学者を集めて一つの研究所を設けよう」とする方向へと転換したのであった。後藤の理解をえられた背景としては、「東洋に於ける日本の特殊なる使命を知らしめ、さうして東洋人の東洋に於ける活動の根本を明かにする為には、歴史的慣習の調査と云ふものが、植民政策に非常に重要である〔中略〕此拓殖に関係する政策は、歴史的調査に由て深遠なる根本を成す」という後藤個人の基本認識があり、それゆえに「満韓の歴史地理を根本的に研究する必要あることを説いた」白鳥の信念を、容易に理解したからであろう。

## 三　満鉄と「満鮮歴史地理調査」

原覚天氏は、満鉄本社調査部の中心事業であった「満洲旧慣調査」とこの「満鮮歴史地理調査」とを、「満州《ママ》を対象とする歴史研究であるという点において共通するものをもち、その目的意図もひとしいものがある」とするが、このような理解は正しいのであろうか。調査部による「満洲旧慣調査」は、上掲後藤のことばにあるように「歴史的慣習」の調査であり、台湾においても「旧慣調査」は実施され、殖民政策ともむすびつき満鉄にとっては必須の事業であった。したがって「歴史研究」ととらえることはできない。一方「満鮮歴史地理調査」は、その実績と当時の評価からみても、満鉄の経営という点では寄与することがほとんど期待できない「歴史研究」であり、加えて、ふたつの「調査」は参加者のバックグランドもまったく異なっていた。

満鮮歴史地理調査部は、白鳥を主任として、箭内亙、松井等、稲葉岩吉さらに和田清が「満洲」方面を担当し、池内宏、津田左右吉、瀬野馬熊が「朝鮮」方面の研究へ参加した。どのような雰囲気のもとで、「満鮮歴史地理調査」がおこなわれていたかについては、参加者である稲葉岩吉によれば「この調査部は、会社の社則とも申しますか、そうしたものに據《よ》つたものではなく、従つてわたくしどもは、社員と言ふものでも無く、謂はゞ後藤伯の嘱託、むしろ伯の書斎人と言ふ様な形式であつた」としるし、その組織上の意義について、「従来、東洋史は少数学者の書斎、プライベートの書斎を出るものではなかつた。官立大学には、幾分研究室らしいものはありましたが、別に組織化したものではなく、個人的に調査研究を続けて居つたといふ訳でありまして、本調査部開始により、始めて多数の学者が各専門の部署につき、而も綜合的に研究し調査を進めると言ふ事になつた」と後年、回想している。さらに後藤は「〔白鳥〕博士以外の研究員に対しても、決して使用人扱ひをせず、狸穴町の研究室に於いては、しばしば研究員と食卓を共にした」という。つまり本社調査部や東亜経済調査局とははなはだ異質な事業であり、後藤の個人的理解によって支えられていた、そして後藤のような後援者がいなくなれば、切り捨てられかねない組織としての脆弱性を内在させていた。

実際、後藤直系であった第二代総裁、中村是公が退陣して、野村龍太郎が満鉄総裁へ就任すると、一九一五（大正四）年一月、伊藤大八副総裁の「営利会社である満鉄に斯かる研究所は不用なり」との判断のもと廃止されることになる。このようにして調査部は、わずか六年間存在したにすぎないが、成果としては『満洲歴史地理』二巻（一九一三年）および同書ドイツ語版、『朝鮮歴史地理』二巻（一九一三年）、『文禄慶長の役』（一九一四年）が出版された。研究事業自体は、満鉄がわずかな補助金を出すことで、東京帝大へ引き継がれ一九三七（昭和十二）年まで実施され、『満鮮地理歴史研究報告』一五冊が刊行されている。一方、調査部で収集された「白山黒水文庫」と名づけられた史料・文献、八六五件、約五〇〇〇冊も満鉄から東大へ寄贈されたが、関東大震災のときに被災した。調査部のスタッフのうち、箭内、池内、和田の三人は東大教授、津田が早稲田大学教授、松井は国学院大学教授となり、稲葉、瀬野のふたりは朝鮮総督府朝鮮史編修会編修官へと転身したが、人材の養成という点では、成功を収めたと評価できよう。家永三郎氏は、津田に関して「アカデミックな考証技術をマスターするにいたったのは、（中略）やはり満鉄調査室でのしごとによるところ大きかった」と指摘している。だが津田は違和感をもって、鬱屈した気持ちで従事していたようだ。この満鮮歴史地理調査部廃止について、後藤は「新満鉄重役の近視眼的行動は不審に堪へざる所」と批判し、「一箇年に僅か数千円で継続が出来るのに、俄かに之を廃したるは実に惜しいこと」と嘆いている。一方、このような状況にかかわらず、白鳥による研究体制整備へむけた努力は続けられた。一九一七（大正六）年、三菱財閥当主である岩崎久弥により、中華民国大総統府政治顧問、G・E・モリソンの個人文庫が購入され、これを基礎として東洋文庫が設立されると、白鳥はそのなかに研究部を組織した。

今日では、アジア諸地域に関する社会科学、人文科学、あるいは自然科学もふくむ、様々なアプローチによる研究は、総合して「アジア研究」といわれるが、二十世紀前半の日本では、「東洋史」学者による「研究」と、たとえば満鉄による「調査」とは、目的と方法がことなる異質なものと理解され、統合して把握されることはなかった。しかし「東洋史学」そして満鉄調査機構それぞれの草創時点においては、おなじ傘のもとで開始されていることは注目される。それは後藤新平が掲げる「文装的武備」という、帝国日本の大戦略構想のもとでは、並存可能であったし許容されたが、後藤の影響力が満鉄から排除されると、白鳥はみずからの抱負を実現するため、あらたな場を模索せざるをえなかったといえよう。

**参考文献**

家永三郎『津田左右吉の思想史的研究』岩波書店、一九七二年。

稲葉君山述『後藤新平伯と満洲歴史調査部』南満洲鉄道株式会社、一九三九年。

坂野正高「日本人の中国観――織田萬博士の『清国行政法』をめぐって」『近代中国外交史研究』岩波書店、一九七〇年。

白鳥庫吉「後藤伯の学問上の功績」「満鮮史研究の三十年」『白鳥庫吉全集』第一〇巻、岩波書店、一九七一年。

Stefan Tanaka, *Japan's Orient : rendering pasts into history* (Berkeley : University

満鉄総裁就任時の後藤新平

of California Press, 1993).
鶴見祐輔『後藤新平』勁草書房、一九六五年。
中見立夫「日本の東洋史学黎明期における史料への探求」『神田信夫先生古稀記念論集——清朝と東アジア』山川出版社、一九九二年。
原覚天『現代アジア研究成立史論——満鉄調査部・東亜研究所・IPRの研究』勁草書房、一九八四年。

# 後藤新平と満鉄調査部

小林英夫
*Kobayashi Hideo*

後藤新平は、満鉄（南満洲鉄道株式会社）の初代総裁として、また同社の調査部創設者としてその名を知られている。今様に言えば「調査なくして発言権無し」とでも言おうか、科学的調査を前提にしてこそ正確な方針と判断が可能となるという後藤の発想の発露に他ならない。後藤は、満鉄総裁になる前には、台湾で民政長官を務め、領台直後の混乱した植民地統治に終止符を打ち、台湾総督府による安定治世への道を開いている。その時も統治の基本は台湾の旧慣調査にありという基本方針のもと、膨大な予算とスタッフを擁して調査活動を実施している。もっともこの旧慣調査がどこまで現実の台湾行政に役立ったかといえば、不明な点も残されている。実際の判決文で台湾の旧慣に重きが置かれている記録が残されている（科研補助研究成果報告書・研究代表者・浅古弘『岡松参太郎の学問と政策提言に関する研究』）反面、折から実施されていた台湾での土地所有権を確定する「土地調査事業」に、どこまで旧慣調査が使われたのかは今のところ不明だからだ。しかし基礎作業というものは、そもそもそういうものであって、即効性がないから役立たなかったと即断すべきではなく、計測不能な効用も含んで長い目で見る必要があろう。

満鉄の創立は一九〇六（明治三十九）年十二月で、調査部の発足は翌年の三月。発足時調査部は、総務、運輸、鉱業、地方の各部と並ぶ一部局としてスタートした。当時調査部に該当するセクションを持っていたのは三井物産だけで、後藤も欧米並みの大企業であれば調査部を持つのが当然と考えていた節がある。後藤は、

**岡松参太郎**
（1871-1921）

また日露戦後の不安定な中国東北の政治情勢を正確に把握し方針を立てていくには、台湾時代以上に調査部の活動は不可欠とも考えていた。おそらくその二つが重なって調査部構想が後藤の頭に浮かんだのであろう。

後藤のような政治家であればよくあることだが、彼の背後に黒子的なブレーンが、自称（これが結構多い）も含めて多数いても不思議は無い。当時京都帝国大学教授だった岡松参太郎は、間違いなくその一人であった。岡松は、ヨーロッパを巡り各調査機関を訪ね、東方に想いを馳せて、東亜経済調査局をはじめ調査部の主要機構作りにアイデアを提供し、しばしば後藤の構想の草案を代筆した。例えば「大調査機関構想」は後藤新平のアイデアとして有名だが、実は岡松が発想し立案し、そして後藤の名で発表したものであることが岡松参太郎文書の整理に当たった前掲浅古弘（早大教授）作業チームの手で明らかにされた（同前）。

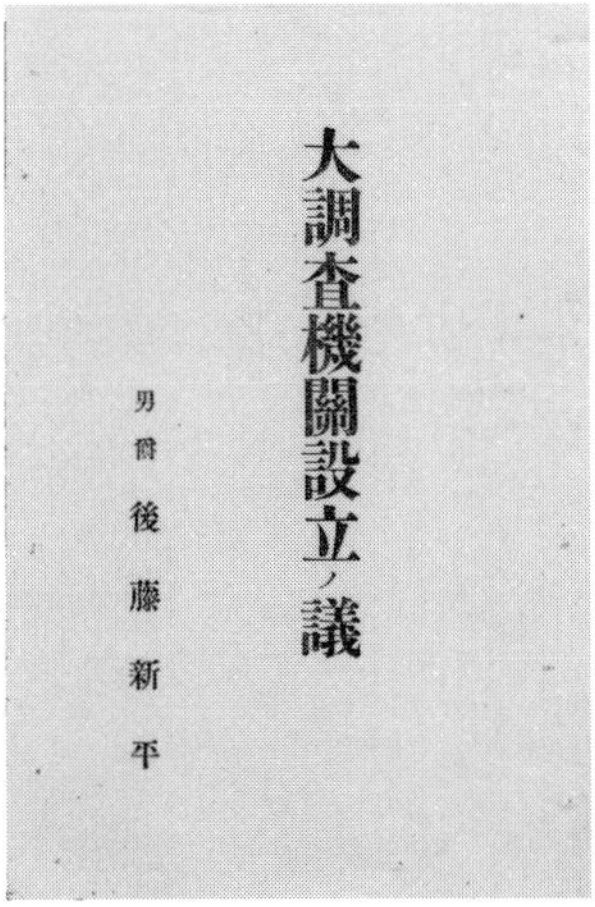
大調査機關設立ノ議
男爵　後藤新平

**『大調査機関設立ノ議』**

しかし後藤が総裁のポジションにいたのは一年三ヶ月に過ぎない。彼の構想を踏襲した、台湾時代からの盟友で第二代総裁だった中村是公の在任期間を入れても、その期間はわずかに三年にしか過ぎない。後藤、中村が満鉄を去った後の調査部は、サポーターを失ったかのように力を減じて部から課へと降格され、リストラの対象となっていく。調査活動も記録に残らない情報活動を別にすれば、安奉線改修問題での土地買収に旧慣調査活動が活用された例（同前）や歴史調査などでいくつか注目すべきものはあるにはあるが、華々しさには程遠い。

後藤の調査部構想が活かされてくるのは、第一次大戦中の一九一七（大正六）年に起きたロシア革命の勃発と社会主義国ソ連の誕生以降のことである。国境を接する隣国ロシアが体制を異にする社会主義国となれば、満鉄はそれをリサーチする調査活動の第一線に立つことになる。ロシア革命の影響は、単に中国東北だけにとどまらず、中国全土、朝鮮のナショナリズムに影響を与え、労農運動、独立運動の大きなうねりを東アジアにもたらす。満鉄調査部の活動は、北はロシアから南は中国華北・華中まで拡大し、ハルビン、北京に事務所ができて活動を開始する。予算規模が再び拡大し、破格の待遇に魅せられた帝国大学出の秀才が、第一次大戦後の新しい息吹を浴びて調査部に集まり始めるのもこの時期からである。後に『満鉄に生きて』（勁草書房）を著す伊藤武雄が入社したのもこの時期であった。

その後満鉄調査部の活動は、重要性を増すことはあっても、減ることはなかった。一九三一（昭和六）年九月の満洲事変の勃発と「満洲国」の成立は、調査部に関東軍政策立案部隊の役割を課し、調査部主体の経済調査会の誕生をもたらした。その後三七（昭和十二）年七月の日中戦争の勃発は、調査部の活動舞台を全中国に拡大することとなり、このなかから「支那抗戦力調査」や「日満支ブロック・インフレーション調査」など後世に残る名調査が生まれることとなる。しかし戦争の見通しに暗い展望を示したこうした科学的調査に激怒した関東憲兵隊は、四二（昭和十七）年九月満鉄調査部に多数マルクス主義者ありとの廉で調査部員を逮捕し（満鉄調査部事件）、これをもって調査部の活動は事実上の終焉を迎える。

墓に眠る後藤は、こうしたロシア革命から敗戦までの満鉄調査部の活動をどんな想いで見つめていたのか。

# ハルビン学院と後藤新平

芳地隆之
Houchi Takayuki

「世間では後藤をアカだという者がいる。しかし、赤人根程度のアカは気にすることはない。君たちはソビエトを研究しなくてはならない。国のために対ソ政策に役立つ人間になりなさい。若者らしく、外へ出て大陸の雪を蹴散らすくらいの気概で行きなさい」

後藤新平は一九二五（大正十四）年四月、日露協会学校の生徒に向かってこう言った。日露協会会頭、後藤の主導で日露協会学校がハルビンに設立されたのは一九二〇（大正九）年である。日露戦争後、満洲、そして極東の地で、日ソが共同で資源開発に取り組む必要性を重視した後藤にとって、日露協会学校は将来の対ソ政策に資する人材育成の場であった。

とはいえ、ソ連は三年前の革命を経た社会主義国である。ロシア革命直後にシベリアに出兵した日本軍はいまだ駐留を続けている。日本政府の社会主義に対するアレルギーは強く、後藤の言動はともすると危険視されがちであった。

だが、後藤に言わせれば、「なぜ五〇万人足らずのボリシェヴィキが一億四〇〇〇万人のスラヴ人を統一できたのか」を研究すべきなのである。冒頭の言葉は後藤のそうした信念から発せられたのだろう。外交関係を対立から協調へ。複雑な国際政治において重要な役割を果たすのは、イデオロギーよりもビジネスであると後藤は確信していた。

生徒たちも後藤会頭の懐の深さ、あるいは大風呂敷的な資質を受け継いだようだ。また、むやみに振りかざされる権威には強く反発した。

青森県費（設立当時は各県一名の奨学生が募集されていた）で

入学した第一期生、岸谷隆一郎は卒業後、南満洲鉄道に入社した。同社の調査部に配属された岸谷は、「失礼ながら武器をいじくるサラリーマン転勤族、それが軍人というもの。彼らは転勤しないと出世できない。だから、所詮場当たりのことしかしない」と喝破している。お役人に対ソ政策の抜本策は期待できないというのだ。満洲事変が勃発した一九三一（昭和六）年、岸谷はソ連の動向について、五ヶ年計画の成果を評価しつつも、「スターリン政権の急激な馬車馬的な工業政策は行き詰まりをみせている」と的確な分析を行っている。

しかしながら満洲国が建国された一九三二（昭和七）年以降、満洲を実質支配する関東軍は、はっきりソ連を仮想敵国とみなした。彼らは自分たちに都合のいい情報、「ソ連は恐れるに足りず」的な調査報告を重宝する傾向を強め、日本の対ソ戦略をミスリードしていく。

日露協会学校は、満洲建国の年に「哈爾濱《ハルビン》学院」と名称を変え、外務省・日露協会から文部省が管轄する四年制の専門学校となった。かつての校風が変わっていったのは、その頃からだろうか。「狭い日本にゃ住み飽きた」と大陸に渡った初期のアウトサイダーたちに比べ、真面目な秀才が増えたのである。一方、関東軍は学院の卒業生をハルビン特務機関（関東軍情報部）あるいは軍付ロシア語通訳など、来るべき対ソ戦のための人材輩出学校とみなすようになった。

一九三九（昭和十四）年、ハルビン学院生たちは校庭から、北西の空に飛び立つ関東軍の戦闘機編隊を見上げた。編隊はソ連・外モンゴル軍と対峙するノモンハンへ向かったのだが、関東軍は最新鋭の兵器で重武装したソ連軍に惨敗する。満洲国崩壊の序曲であった。

かつて後藤は自著『対露交渉と日露協会』（一九二三年七月）で、次のような警鐘を鳴らしている。

「共産主義問題については、ソビエトがこれを放棄しなくても、我はわが主義、信条によってソビエトと交際して何ら憚るところはない。もし赤化を恐るべきであるというならば、その弱点はわれ自身に存することを覚るべきである」

日本人にとって、ソ連（ロシア）は、ときに恐るべき強国、ときに統率なき弱体国家に映った。ノモンハン事件も、そうしたブレによってころころ変わる対ソ政策の延長線上にあったといえる。

その後、ハルビン学院は「満洲国立大学・哈爾濱学院」と再び名を変えた。制服も黒の学帽・詰襟からカーキ色のそれになり、学生たちは卒業を待たずして、関東軍特殊演習への参加が義務づけられた。

ハルビン学院が閉校するのは一九四五（昭和二十）年八月十六日である。満洲国皇帝、溥儀が退位を宣言した日、学院の国旗は裏庭で焼却された。最後の学院長、渋谷三郎は五日後の二十一日、妻と次男を連れ立って自決する。

焼け残った旗の一部は学院生によって日本へ持ち帰られ、現在は東京・高尾霊園のハルビン学院記念碑のなかに置かれている。同碑は卒業生が中心となって、一九九九年春に建立された。毎年四月に行われるハルビン学院記念祭では、その年に亡くなった卒業生の分骨、遺品の収納が行われている。

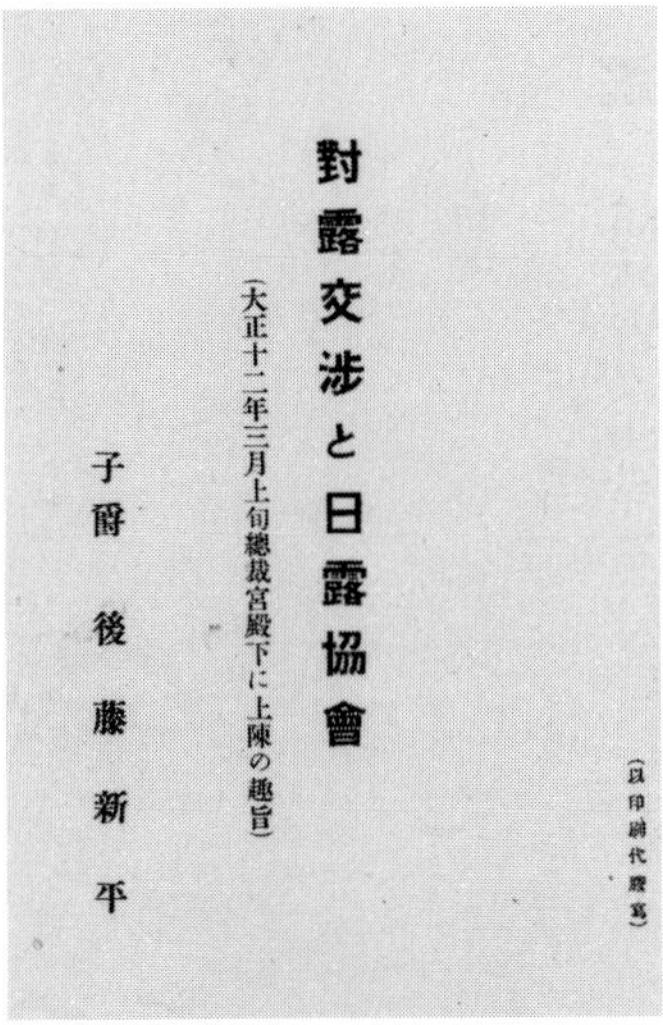
對露交渉と日露協會
（大正十二年三月上旬總裁宮殿下に上陳の趣旨）
子爵 後藤新平
（以印刷代謄寫）

『対露交渉と日露協会』

# 都市政策の父・後藤新平の都市論

青山佾
*Aoyama Yasushi*

## 一 ゲデスの都市進化論と通じる後藤新平の生物学の法則

後藤新平は前半生を医師として、また内務省衛生局の官僚として働いてきた。初めて都市論を本格的に展開し、それを実践したのは一八九八（明治三十一）年、台湾民政長官になった四十歳のときだ。

後藤新平を台湾に連れて行ったのは、台湾総督に就任した児玉源太郎だ。児玉は、日清戦争で凱旋した兵士たちを直接郷里に帰らせないでいったん瀬戸内海の小さな島に収容して検疫を受けさせる仕事を後藤にやらせていたから、その見識と馬力をよく知っていた。樺山資紀、桂太郎、乃木希典がやってうまくいかなかった台湾経営を自分がやることになって、児玉は「後藤を使おう」と考えた。この人事に対する世論の評判は必ずしも芳しくなかった。「医師に台湾の経営ができるものか」と書いた新聞もあった。しかし児玉は自分が有能だから、同じく有能の後藤がいいと思ったのだ。自分より有能な人を側に置きたがらない人も多いが、児玉は当時の日本の存立に、そして台湾の経営にそれだけの危機感をもっていた。

児玉は台湾に行ってまず、「就任演説を書いてくれ」と後藤に注文した。後藤はにべもなく、「就任演説などやらぬほうがいいですよ」とそれを断った。児玉が「なぜか」と聞くと後藤は、「児玉さんはこの短期間に四人目の総督ですよ。何を言っても、またかと思われるだけです。何も言わないほうがかえって総督府内に改革意欲が伝わる」と答えた。「方針がないのか、と言われるぞ」「無方針が方針だ。それで悪いかと言えばいいのです」。児玉はなるほどと思って、その進言に従って就任演説で何も言わなかった。

そのあと児玉と後藤は次のような問答をした。

「台湾経営をどうするか」

「生物学の法則でやりましょう」

「それはどういう意味か」

「台湾に合った経営です。従来はヒラメの目を鯛のようにしろ、というやり方だった。台湾の慣習を無視して日本本土のやり方をこの亜熱帯の地に押しつけてもうまくいくわけがない。反乱が増えるだけです。反乱が収まらなければ軍費が嵩んで日本国そのものが危うくなります」

「具体的には」

「土木、農業、経済の専門家、それも一流の人材を集めましょう」

「台湾に来る人がいるか」

「台湾で仕事をする熱意のある人間を集めましょう。もちろん破格の処遇をするが、それを目的とする人間ではなく、台湾をつくることに意義を認める人間を集めるのです」

「金はどうする」

「総督府に法律職が多すぎる。彼らを皆、本土に帰してしまえばいい」

「わかった。やってくれ」

後藤は一〇八〇人の役人を本土に帰してしまった。これに対して「台湾においても大日本帝国の法律は施行さるべし」と絶叫して非難する人もいたが、後藤は農業の新渡戸稲造、土木の長尾半平、鉄道の長谷川謹介、衛生の高木友枝、慣習調査の岡松参太郎など錚々たる人材を台湾に集めた。

後藤と彼らは、亜熱帯の気候を利用して砂糖きびを栽培し、精製工場をつくり、輸出することを決めた。マラリアやペストをなくすために都市に上下水道や市場を整備し市場衛生のシステムを構築することも計画した。

そのため、農場、工場地帯、市場、そして人々が住み暮らす都市、原料や製品を運ぶ鉄道、港湾を整備した。一八九九（明治三十二）年には市区計画委員会（市区計画は現在の都市計画）、一九〇〇（同三十三）年には家屋建築規則をつくって、計画的な都市づくりに努めた。

当時の日本では上下水道建設の技術が未発達だったので、イギリス人技師バルトンを招聘して初期はオープン水路、のちに暗渠で市内の主要幹線道路に下水幹線を敷いた。下水はいったん処理してから淡水河に流した。台北の暗渠の下水道は円形、楕円形、馬蹄形の三種からなっている。一九九四年に台湾で出版された謝森展の『台湾回想』にこれら下水幹線の管路の写真が載っている。水道は下水道より少し遅れて、後藤が台湾を去る直前の一九〇六（明治三十九）年に決裁をしている。

建築物も、「世界に恥じないものをつくれ」と言って、資金の投入を惜しまなかった。当時の台湾総督府は、今日、台湾総統府として使われている。総督官邸は「台湾の阿房宮」と表される豪華な建物で、今日も台北賓館として残っている。日本の内地の人間が「贅沢すぎる」と非難すると「それだけの価値がある人材を日本は台湾につぎ込んでいる」と反論して動じなかった。今日、当時の多くの建築物が台北をはじめ台湾各地で貴重な建築物として残されている。台湾城の城壁を壊してつくった片側六車線に公園を配置した道路は、今日でも台北市街中心部の交通を担う環状道路として機能している。

資金は外債でまかなった。本土では「多額の借財をして返済できるのか」という反対論が強かった。当時の山県有朋総理大臣、松方正義大蔵大臣は共にこの公債発行計画に慎重で、児玉と後藤は計画を大幅に縮小され、のちに拡大していくという苦労を強いられた。しかし、これらの基盤施設を整備した結果、砂糖をはじめとする各種産業は投下資本を回収して余りある利益をその後の日本にもたらした。

この「生物学の法則」に基づく国土経営、都市経営の考え方は、パトリック・ゲデス『進化する都市』（西村一朗他訳、鹿島出版会、一九八二年）の発想と通じていて興味深い。ゲデスは生物学者の立場から産業革命以降のロンドンを分析して、都市は進化していくと唱えた。後藤は医師という立場から生物学の法則を唱え、その土地の特性に合った発展を志向した。

都市を論ずるとき、人々は、それぞれ独自の価値観から多様に論じる。また都市において人々の利害と利害は激しくぶつかり合う。そういうなかで、都市は、まるで一種の生物であるかのように、時代に適応して自らを変貌させながら生きていく。ゲデスはそれを都市は進化すると名づけた。この本が出版されたのは一九一五年だから、後藤は当然、ゲデスの本を読んでいないわけだが、後藤は、独自の見解として都市に生物学の法則を発見し、自然の発展法則に逆らわずにそれを助長していく都市論を展開した。

## 二　文装的武備論で大連を近代都市に

後藤は台湾の民政長官を八年務めた。

その間、日本は日露戦争を戦い、一九〇五（明治三十八）年、ポーツマス条約によって南満州鉄道の経営権を得た。日本政府は台湾経営に成功した後藤の手腕を見込んで、満鉄総裁就任を要請した。後藤は、陸軍との主導権争いの駆け引きもあって就任を固辞したが、説得の窓口になっていた児玉の急死という思わぬ事態に遭遇して、受諾した。一九〇六（明治三十九）年、満五十歳のときである。

後藤は「満州は午前八時の人間でやろう」と言って、台湾で一緒に仕事をした当時四十歳の中村是公を副総裁として連れていくことにした。中村には「三十歳台くらいの若手を集めろ。人選は任せる」と言って、人材を集めさせた。役員室は個室ではなく大部屋にして、いつでも議論できるようにした。役員専用食堂もつくらず、自分も社員食堂に顔を出して、社員がいつでも提案できるようにした。自由な社風を知って、内地から多くの人材が集まった。

満州では、後藤の都市論は、「生物学の法則」から「文装的武備」に進化した。満州を守るためには、強力な軍隊を配備することより、鉄道や港湾をはじめとする都市的施設を整備して産業経済、そして教育・衛生・学術すなわち広い意味の文化を発展させることのほうがずっと大切で役に立つというのである。

後藤はこの「文装的武備」論を、

「王道すなわち文明の利器によって支配すべきである。覇道すなわち軍事力によって支配しようとしても失敗する」

と説明している。この王道・覇道論は、後藤の岳父であり恩人でもある安場《やすば》保和《やすかず》が師と仰いだ幕末の思想家横井小楠の教えの応用だ。

後藤はこの考え方に基づいて、満鉄会社に調査部をつくり、積極的に政策提案をさせた。中央試験所をつくり、最先端の科学研究を行い、満州にある豊富な天然資源の開発を促進した。これら満鉄調査部や中央試験所には当時一流の人材が集中し、第二次大戦後、これら機関の出身者が日本のシンクタンクや技術研究の中核となり、戦後日本の復興と発展を担うことになる。

後藤は満鉄の調査部や中央試験所を活用しながら満州の都市作りに取り組んだ。満鉄の軌道を広軌につくり変えて輸送力を増強する一方で、各駅にヤマト・ホテルと名付けたホテルをつくり、駅を都市の中心とした。不凍港でもあ

**大連の大広場**

り日本にも近い大連港を重点的に整備して、物流のネットワークを確立した。大連港は北海の真珠と言われる美しい港に育っていく。

大連の都市計画は、ロシア占領時代にパリをモデルとして中央に広場を配置して広場から何本もの道路を放射状に延ばす計画があったが、後藤はこの計画を見て、「道路幅が四〇メートルでは狭い。五〇メートルにしろ」と命じた。公並木として、アカシア、ポプラ、ヤナギなどを植えた。公衆衛生を重視して上下水道を整備したことはいうまでもない。今日でも大連のまちを歩くと、下水のマンホールの蓋にMTと刻んであるのを見つけることがある。満鉄のMTである。

台湾と満州を通じて形成し、実現された後藤の都市論は、

第一に、都市と都市のネットワークを形成する。そのために道路や鉄道、港湾など都市の構造を重視する。

第二に、これらを通じて産業経済の発展を促し、都市の整備に投じた資金も回収する。

第三に、景観においても機能面でも魅力的な都市を形成して人材を集める。

というものである。

## 三　決して大風呂敷ではなかった東京市八億円プラン

逓信大臣、内務大臣、外務大臣などいくつかの大臣職を経験してから、後藤が東京市長に就任したのは一九二〇（大正九）年十二月のことである。

このとき、後藤は東京市長就任を口説いた原敬首相に対して、国家として「大調査機関構想」に取り組むことを要求し、約束させている。

これは、日本が近代国家として欧米列強に伍していくためには、経済、教育、都市、科学技術などを総合した政策はどうあるべきかを研究調査する必要があると考えたからである。汚職事件によって機能麻痺に陥った東京市役所の大掃除を自分にしろというなら、首相である原敬も自分の条件を飲めというわけだが、こういう場合の条件として自分のことでなく国家のことをもちだすところは、いかにも後藤の面目躍如としている。

原敬に要求するだけでなく自分も東京市長に就任してすぐ、市政の調査、統計、都市計画、市政の大綱を総合的に所管する調査課を設置する。後藤は台湾でも満鉄でも、巨大な組織と広大な地域を統治してきた。その過程で、縦割り組織の弊害を防止し、総合政策を立案するために調査が重要かつ有用であると骨身に染みて知っていた。

助役には内務省で警保局長だった永田秀次郎のほか、同じく内務省で初代都市計画課長を務め都市計画法を起草した池田宏、二代目の都市計画課長だった前田多門を起用した。後藤は内務大臣時代に、日本で初めての都市計画法と市街地建築物法（今日の建築基準法の前身）をつくっている（一九一九〔大正八〕年公布）。これらに携わった池田や前田を助役に起用したことに東京の都市づくりに賭ける後藤のなみならぬ熱意を感じ取ることができる。

そして後藤は就任後数ヶ月で、「東京市政要綱」を発表する。

内容は、道路・ごみ・し尿・福祉・教育・上下水道・住宅・電気ガス・港湾・河川・公園・葬祭場・市場・公会堂など、市政全般にわたって、積極的に都市づくりを行っていくというものである。

計画期間は「十年ないし十五年」、財政規模は八億円となっている。それで「八億円プラン」とも言われている。また、当時の東京市の予算が一億三千万円程度にすぎなかったので、「また後藤の大風呂敷が始まった」とも言われた。今日、この計画を「後藤新平の大風呂敷」の象徴のように言う人もいる。しかし、当時の新聞を読むと、「新味がない」「今までと変わらない」などと受け取られていた。後藤は、「計画の内容は平凡でも、市民にとって必要なものだ」と反論している。

当時の東京は、道路は舗装されていなくて、雨が降ればぬかるみ、晴れれば土埃が舞う、市街地は無秩序に郊外に広がる、小学校も不足して午前と午後の二部授業、ごみやし尿処理もうまくいっていない状態だった。後藤は堅実な計画により、東京を近代都市に生まれ変わらせようとしたのである。

このころ、新平の女婿である鶴見祐輔がニューヨーク市政調査会専務理事であるチャールズ・オーティン・ビーアドに会って、

「市政の腐敗をなくすには正義感だけでなく、科学的な研究調査から政策を提起しなければいけない」

というビーアドの主張を後藤に紹介した。

後藤は自分と同じような考え方をもつ人が米国にもいることを知って、大いに意を強くした。

原敬は後藤と約束した大調査機関構想を実現しないままに暗殺されてしまったが、安田善次郎が日比谷公園に市政会館と日比谷公会堂の建設を寄付することを約束して、ニューヨークの市政調査会をモデルとする東京市政調査会は実現した。

後藤はビーアドを日本に招聘し、ビーアドは半年ほど日本に滞在し、後藤に数々の助言をしたほか、各地を講演して歩いた。

当時東京帝国大学助教授の蝋山政道は、「ビーアド博士の来朝は、従来国家行政のみに関心をもっていた我が国国民の注意を都市行政に転じようとする転機となる、重大な意味をもっている」とこれを評価した。

後藤は精力的に東京市政に取り組んでいたが、一九二三（大正十二）年四月、突然市長を辞任する。

「社会主義国ソ連と交渉しなければならない」というのが辞任の理由だった。明治、大正を通じて日本は常に大国ロシアに怯えながら発展してきた。一九一七（大正六）年、ロシア革命によって社会主義ソ連が誕生し、日本の外交は難しい局面を迎えていた。満鉄総裁や外務大臣を歴任した後藤の出番であることは確かだった。しかしそれだけではなく、後藤を東京市長に担ぎだした原敬が暗殺され、八億円プランの資金を出す約束をしていた安田善次郎が暴漢に暗殺されるなどの事件があって、そろそろ東京市長を退く潮時と考えたこともあっただろう。

わずか二年余の在任だったが、後藤は、東京市政に、調査・計画や職員研修を重視する風土、都市政策について政策提言を行う東京市政調査会など、多くの遺産を残した。

## 四　震災復興計画で今日の東京の骨格をつくる

一九二三（大正十二）年九月一日、後藤は山本権兵衛内閣で外務大臣に就任するつもりだった。そこに関東大震災が発生して、「外務だ、内務だと言っているときではない」と困難な震災復興を担う内務大臣への就任を受諾した。この内閣の親任式は、まだ被害の全貌も明らかにならない中で赤坂離宮の茶屋で蝋燭の灯を頼りに行うという状態だった。

後藤は、親任式のあと、一枚のメモをつくった。それには次のように書かれていた。

・遷都はしない。
・復興費用は三十億円（この金額はのちに四十億円に増えた）。
・欧米でも最新の都市計画を採用し、わが国にふさわしい新都を建設する。
・新都市計画を実施のため、地主に対しては断固たる態度で臨む。

ビーアドはニューヨークから「新街路を決定せよ。街路決定前の建築を禁止せよ」という電報を寄越した。的確な指摘だ。

九月六日の閣議には早速、「帝都復興の議」を提案した。これには後藤の都市論がよく表現されている。

「東京は日本の首都であり国家政治の中心、国民文化の根源である。したがってその復興は単に一都市の形態回復の問題ではなく、日本の発展、国民生活の根本問題だ。被害は大きかったが、理想的な都市を建設するには絶好の機会だ」

そして後藤は「復旧ではなく復興」を強調して、「焦土は全部買い上げる。財源は公債発行による。買い上げた土地は整理したのち公平に売却又は貸し付けする」という「焦土全部買上げ案」を提案した。現代の第二種市街地開発事業（権利変換方式ではなく全面買収方式。土地収用もできる）と同じ方式だ。しかしこれは採用されず、保留となった。

後藤は新設された復興院に、例によって人を集め、「焦土と焼け残った地域の境界に何があるか。上野公園、日比谷公園、日枝神社、東京駅、道路、水路だ。日本には地震は何度もくる。今後、大きな被害を出さないため、公園と道路をつくれ」と職員を鼓舞した。そして東京市長時代の八億円プランを下敷きとする帝都復興計画が作成された。

しかし後藤の復興計画は縮小された。予算も提案に対して十分の一の四億円台にまで削られた。「後藤、敗れたり」とまで言われ、後藤の支持者は、「妥協は政治生命に影響する。徹底抗戦すべきだ」「内務大臣を辞職して抗議の意思を示すべきだ」と後藤に迫った。しかし後藤は、「自分の面目など問題ではない。大切なのは現実だ」と冷静に受け止めて、辞任しなかった。「不十分であろうと、東京の復興をやるのは自分しかいない」という自負があったのだ。

この年の末、摂政の宮（のちの昭和天皇）が銃で襲われる虎の門事件が発生し、警備の責任者である後藤は内務大臣を辞任するが、結果として、昭和通り、日比谷通り、晴海通りなど主要な幹線道路がこのとき整備された。隅田公園、錦糸公園、浜町公園、横浜の山下公園をはじめ各種公園も整備された。日本橋魚市場は築地に移転した。隅田川にいくつもの鉄製の名橋が架けられた。私たちは今日もこれらの橋を使っている。小学校と公園をセットにした防災まちづくりが行われ、不燃建築の同潤会アパートが各地に建てられた。

東京の人口は一挙に郊外に向かい、このあと一九三二（昭和七）年大東京三十五区が成立する。震災を契機に大東京が成立したのである。

## 五　都市政策の父

そもそも都市政策とは何か。

自然発生的にできた都市を、すぐれた時代認識によって、そこに住み働く人々のために強い意志をもって、単に図面を引くのではなく実際につくりかえるのが都市政策だとすれば、明治以降、日本で初めて本格的に都市政策を実行したのが後藤である。

特に、後藤が内務大臣を辞任したのち一九二七（昭和二）年に正式に決定されたものであるが、東京に環状一号線から環状八号線まで、都心を中心に、八本の環状道路を配置する構想は、都市の構造論としても優れたものである。ローマの都市が直線道路によって、パリが広場から放射状に延びる道路によって、ニューヨークが碁盤の目状の道路によって都市構造ができているとすれば、環状道路を基本とする都市構造を東京が実現すれば、世界のほかの都市にはない機能的なまちができた。残念ながら、計画決定から八十年たつのに、私たちはそのうちまだ、環七を一本完成しただけである。

昭和天皇は戦後、後藤の震災復興計画について、「もし、それが実行されていたら、おそらく東京の戦災は非常に軽かったんじゃないかと思って、今さら後藤新平のあの時の計画が実行されないことを非常に残念に思います」と語っている（高橋紘『陛下、お尋ね申し上げます』文春文庫）。

後藤の都市政策は、個々の建築物に工夫するだけでなく都市と都市のネットワーク、まちとまちのネットワークを重視した点で画期的だった。人や物が流通することによって初めて利益が生み出され、都市が発展していく法則を、後藤は医師であった経験から、「生物学の法則」として本能的に知っていた。この「生物学の法則」は、画一的な発想を否定して、その土地、そしてその土地に暮らす人々にあった政策を指向する点において合理的かつ現実的である。

戦後日本の都市政策のうち、新産業都市やリゾート構想など画一的なメニュー主義は、いずれも成功したとは言いがたい。地域特性に合った都市政策を地域が自主的に選択できる都市政策こそ必要であることを、後藤の業績が物語っている。

我が国はヨーロッパやアメリカとは、国土の様相が大きく異なっている。欧米が大陸からなるのに対して、我が国は大小無数の島々から成り立っている。しかも山が海に迫り、可住面積が少ない。国土の七割を山林が占めていて、平地は三割しかない。ヨーロッパでは平野が七割を占めており、田園の中に小さな都市が散在する構成が可能だが、日本ではそれはできない。我が国では欧米の都市を真似るのは不可能であり、強い意志をもって独自の都市をつくっていかなければならない。欧米の都市論をそのまま我が国に当てはめることはできない。しかも、都市政策は、白紙に絵を描くのではなく、現に人が住み、働くまちを、生活や産業を維持しながら改造していく宿命をもっている。

後藤は、そういう都市の現実を踏まえて都市政策を立案し、実行した。都市の機能を人々の生活という視点から総合的にとらえて都市をつくり変えた。日本における都市政策の父といっていいだろう。

# 日本鉄道史のなかの後藤新平

原田勝正
*Harada Katsumasa*

## 一　後藤新平と井上勝の邂逅

一九〇九（明治四十二）年と思われるある日のこと、東京市芝区汐留町一丁目（現・東京都港区東新橋一丁目）、当時の新橋駅（のち汐留駅、いま汐留のシオサイトと言って高層ビルが並ぶ）構内の山側にあった鉄道院庁舎に、ひとりの老人が訪ねて来た。総裁後藤新平への面会を取り次がれ、おそらく守衛から総裁官房の秘書課を経て後藤総裁のもとに伝えられた面会者の人名は「井上オサル」であったという。「お猿が来るはずはなかろう」と、後藤総裁は面会を拒否したが、しばらく考えるうちに気がついて「丁重にお通し申せ」と言いつけた。やがて「お猿と間違えられたよ」と笑みをたたえた井上勝が総裁室に現れたという。わたくしがずいぶんむかし、『日本国有鉄道百年史』編纂の作業中、先輩、故老のヒアリングで聞き知ったストーリーはこんな内容のものであったが、上田広『鉄道事始め――井上勝伝』（井上勝伝復刻委員会、一九九三年）では、井上勝が帰ったあと気がついて守衛をたしなめ、井上邸にかけつけて非礼を詫びたという筋立てで語られている。また青木槐三『国鉄を育てた人々』（交通協力会、一九五〇年）では、井上勝が帰ったあと取り次ぎが受け取った名刺を見てそれと知り、翌日陳謝するという筋立てで「陳謝」の場所は明記されていない。これも井上邸なのであろう。

どちらも、おそらくその日か翌日か、後藤総裁が井上邸に出向いて陳謝したとされているが、青木説ではこのとき東部鉄道管理局長の任にあった長谷川謹介を推薦するためとしている（じつはすでに一八八九年、台湾総督府臨時鉄道敷設部が設置されたとき、後藤民政長官が部長を兼任〔同年中に鉄道部長〕、技師長に日本鉄道会社を離職していた長谷川が就任したので、二人は旧知の仲であったはずである）。

上田説では長い時間をかけて日本の鉄道の運営について語り合ったとしており、わたくしはこのほうに惹かれる。この年の四月に井上は帝国鉄道協会会長に選ばれ、協会の刷新を構想していたが、このころ鉄道時報社が創刊十周年の機会に鉄道人から意見感想を求めたとき、井上は鉄道創業時に狭軌を採用したことが朝鮮満州に線路網を拡張した現状から見て悔やまれること、また鉄道国有を実現したのちの国有鉄道の現状について「アンナ遣方では終に鉄道が打ち壊れて終ふ時が来る」と危惧を表わした（『鉄道時報』第五〇五号、一九〇九年五月二十三日）。井上はこのような想念を抱いていて、二人の会見がこのアンケートなどより前か後かは確定できないが、井上は国有鉄道のトップに居る後藤にこんな事どもを語りたくなったのではないかと思うのである。それに井上は日露戦中から「満韓の線路を巡視すること再三なりき」（村井正利撰『子爵井上勝君小伝』井上子爵銅像建設同志会、一九一五年）という。その印象を満鉄総裁であった後藤に話したくなったかも知れない。

ともあれ、さまざまな動機を抱えて井上は後藤を訪ねたということになりそうである。

井上にとって、後藤はそれまでつき合って来た「鉄道人」とはかなり異なる世界の人であったと思われる。国有前の鉄道組織は、その業務が逓信大臣の管轄下に置かれていたが、一八九七（明治三十）年管理業務は鉄道局として逓信省に置き、現業を鉄道作業局として逓信省の外局に置き換えて独自性を強めた。そこで、国有鉄道としての独自性は、この時期にかなり強められたと考えられる。とくに鉄道作業局長官は一九〇三（明治三十六）年に古市公威が内務省から就任した（在任九ヶ月）以外、松本荘一郎と平井晴二郎と二人とも鉄道生えぬきの技術官僚が井上の跡を継いで来たのである。

このような「鉄道城」というべき「独立国」に内務官僚から出発した後藤新平が乗り込んできて、鉄道作業局当時に比べてはるかに広い権限を持った鉄道院の総裁となったのである。これは、「鉄道城」にとってはまことに大きな変革ではなかったかと思われるのである。井上にして見れば十四歳年下の後藤の意見をたたくという動機もはたらいていたかも知れない（井上――天保十四年八月一日＝一八四三年八月二十五日生まれ。後藤――安政四年六月四日＝一八五七年七月二十四日生まれ）。

この会見を、後藤がどのように受け止めたかはわからない。しかし、後藤は井上の談話に日本の鉄道の流れの基本的な特質を読み取ることができたかも知れない。二人に共通するのは、技術官僚出身という点であった。この共通点が、後藤が井上から受けとめるべきものをその場で認識することを可能にしたかも知れない。その会見からどれほどの時日が経過したか、一九一〇（明治四十三）年三月二十八日、井上は鉄道院顧問を委嘱された。この年五月十四日から十月二十九日までロンドンで開かれた日英博覧会を機会に欧米の鉄道を視察するという「仕事」がつけられたが、顧問委嘱は鉄道にたいする多年の尽力への報謝という意味が含まれていたのであろう。

このとき井上は以前から希望していた欧州旅行を、まわりの反対を押し切って実行に移す。四月二十一日には井上勝、井上と同行する平井晴二郎、島安次郎、大道良太、木下立安の五人の送別会が盛大に開かれ、五月八日十七時三十分新橋発の列車で一行は出発した。

八月二日井上はロンドンで死去。ロンドンやヨーロッパで井上が何を見たかは、後藤のもとに報告されることなく終った。しかし、ともかくも、この一年ばかりの井上との交流を通じて、後藤は、創業以来の日本の鉄道がつくり上げてきた伝統を学びとったのではないか。そのことは、台湾総督府鉄道部や南満州鉄道株式会社での経験を日本の鉄道経営に活かすときにも常にひとつの基準としてはたらいたのではないか。つまりこの会見で、井上から後藤へ日本の鉄道の伝統が伝授されたのではないかと考えられるのである。「歴史に仮定はない」ことを承知のうえで、あえて以上のような推測をしてみた。

## 二　台湾・満州での鉄道経営

後藤新平と鉄道とのかかわりは、前に触れたように台湾総督府民政長官在任中縦貫鉄道の建設を指揮・管理したことにはじまる。しかしその前にひとつ注目すべき契機があった。それは安場保和との関係である。保和は一八六九（明治二）年胆沢県大参事として水沢に赴任、十二歳の新平はその書生に採用され、以後安場の強い影響を受け、一八八三（同十六）年内務省衛生局勤務のとき安場の二女和子と結婚した。安場は、福島、愛知、福岡などの県令、県知事を歴任、その間日本鉄道、九州鉄道などの発起、運営に積極的に参加した。その後一八九六（同二十九）年植民地統治開始直後の台湾に創立された台湾鉄道会社社長に就任したが、同社は日清戦後の反動不況もあって起業不能に陥り、安場が一八九九（同三十二）年五月二十三日に死去したのち、同年十月二十六日解散した。後藤は一八九八（同三十一）年台湾の民政局長（のち民政長官）に就任、安場との間にこの鉄道についてどのような交渉があったかは不明だが、後藤はこの鉄道の官設計画を進め、十一月八日、前に触れた臨時台湾鉄道敷設部を鉄道部に改組、みずから部長に就任して本格的な事業に乗り出した。このように後藤は台湾で安場から事業を引き継ぐかたちで鉄道とのかかわりをはじめたのである。台湾の鉄道は巡撫劉銘伝の手で一八八七（同二十）年着工、一八九三（同二十六）年に基隆・台北・新竹間約九九・三キロメートル（『台湾鉄道史』上巻の記述による六二マイル九チェーンを換算）を開業していた。後藤は日本鉄道会社を退職していた長谷川謹介を技師長に迎え、既成区間の改良もふくめて本格的な工事に入った。

**安場保和と後藤新平**（右端が安場、左端が後藤）

この台湾における鉄道とのかかわりから後藤が鉄道にどのような認識を抱いたかは不明である。技術官僚出身とは言ってもまったく専門分野の異なる医学では、鉄道のシステムはつくるにしろ使うにしろ、いわば勝手のちがう分野だったであろう。しかし、彼は建設促進と経費節約のため極めて大胆な手をうった。たとえば日露戦争が起ると、後藤は寺内正毅陸軍大臣と相談、アジアに回航してくるロシアのバルティック艦隊が台湾付近を通れば同鉄道の軍事的利用が求められるという理由で軍事費の一部を建設費に流用し、一部線区の速成を実現したという（鶴見祐輔『後藤新平』二）。このような機転による成果か、縦貫鉄道は一九〇八（明治四十一）年四月、工期を短縮して全通した。

こうした台湾における鉄道とのかかわりとは比較にならないほど密接なかかわりを、後藤は日露戦争後の中国東北（満州）で体験した。言うまでもなく南満州鉄道とのかかわりである。後藤の満鉄総裁就任の経緯についてはあらためて述べる必要もないと思われるほど広く紹介されている。それらから導き出される結論は、イギリス東印度会社によるインド支配の方式を中国東北で採用しようというもので、この場合に鉄道経営を軸とするという点にその特色があったということになる。

『後藤新平』によると、この構想は後藤が立案して児玉源太郎にはかったという経緯があるようで、後藤はこのころまでに植民地経営のあるべきかたちとしてこの「会社」方式を考えついていたのであろう。この方式は、当時の日本政府首脳の間ではまったく思いつかないほどの破天荒な着想と見られたようである。児玉源太郎も「満州鉄道庁」といった官営方式を考えていたようで、後藤の案を見て、あらためて参謀本部の下僚にイギリス東印度会社の調査を命じたとされている（前掲『後藤新平』二）。

当初の官営方式が会社方式に変り、児玉の死去が契機となって、後藤は一九〇六（明治三十九）年十一月十三日に南満洲鉄道株式会社総裁に就任した。こうして後藤は、鉄道企業のトップの地位についた。台湾総督府の鉄道部長に次いで、二度めの鉄道経営の機会が訪れたのである。こんどの場合には、鉄道を建設するという仕事ではなく、すでにロシアがシベリア鉄道の短絡線として建設した東清鉄道のハルビンから旅順・大連へと南下する「支線」の、長春から南の約七〇〇キロメートルが、この会社のさしあたりの経営線区とされていたから、いわばレディー・メードの路線の経営が主眼である。

しかし、既設とはいえロシアの流儀でつくられたこの鉄道を、そのままには使えない。後藤は、抱懐する植民地経営の意見を、それまで「のれんに腕押し」とされていた西園寺公望内閣につきつけ、租借地として確保した遼東半島南端の「関東州」を起点にした満鉄の線路を足掛りに、中国東北南部の経営圏拡大を図る方策を立てた。そして、この方策を支えるべき満鉄の整備を、一九〇六年八月一日会社設立委員長寺内正毅に交付された設立命令書に沿って実施したのである。その内容は、工事としては軌間を四フィート八インチ半（一四三五ミリメートル）の国際標準軌間に改築するとか、大連・蘇家屯間を複線とするといったもので、後藤が総裁としてこのような工事をどう実施するか、その手腕を問われることとなった。

後藤は、軌間の改築は一年以内にやれと命じて、部内関係者をあわてさせたというが、在来軌間による運転を中止することなく、在来線に広軌のレールを付設する方式をとりながら工事を進め、分岐器も事前の計算によっていくつかのパターンをつくり出して施工し、車両は大量に供給可能な米国から購入して間に合わせ、一九〇八（明治四十一）年五月三十日撫順、営口支線をふくめて全線の国際標準軌間による運転を開始した。

この工事の成功は、のちに鉄道院で軌間改築計画にあたるための予備作業のような意味を持ったと思われるのだが、この工事を完成させて一ヶ月半、七月十四日に後藤は総裁を退任した。七月四日、日露戦争後の進路を決し兼ねた西園寺公望内閣（第一次）は総辞職、桂太郎が組閣（第二次）して、その逓信大臣に後藤が迎えられたのである。後藤はいよいよ日本の鉄道を「料理」する大任を課せられることとなった。

## 三　鉄道院総裁就任と、広軌改築論

後藤が第二次桂内閣の逓信大臣に就任したのは、桂首相が入閣交渉をしたさいに国有後の国鉄整理を後藤に委嘱したという後藤の手記（前掲『後藤新平』三）から見て、現業を持つ逓信大臣に民政長官などの経歴を適職とする見方があったとも思われるが、むしろ鉄道の問題を後藤に託そうという桂の意図がはたらいたという推測も成り立つのである。

じっさいに逓信大臣に就任した彼は、逓信事業にも熱心に取り組んだが、鉄道については国有直後の不統一を早急に改善して統一体としての実質を整え、同時に企業の要素を持つ鉄道の事業運営体制を早急に確立することが求められていた。そして桂内閣は組閣のさいに鉄道院の創設を決定していて、この鉄道院が上記の課題に取り組むための組織として後藤の活躍の舞台となったのである。

かつて、一八八五（明治十八）年に内閣制が実施されたとき、それまで工部省に所属していた鉄道局は内閣直属とされ、各省の構成機関としての局よりも大きい規模の事業を担当する別格の機関として位置づけられ、それまでの鉄道局長は鉄道局長官と呼び名も変更された。そしてこんどは、鉄道の業務を逓信省所管から外し、独立の官庁として鉄道院を位置づけ、その長官は総裁という呼び名をつけて、大臣並みの親任官とするというのである。かつての改変のさいには官設鉄道の業務拡大（東海道線の全通というような）に対応する措置であったが、こんどはそのときよりはるかに大きい鉄道国有という事態に対応するための措置である。

一九〇八（明治四十一）年十二月五日鉄道院官制は公布され（勅令第二九六号）、所管事務は、鉄道・軌道に関する事項および南満州鉄道株式会社に関する事項とされた。鉄道の業務は各省に所属する局・庁の所管事務よりも大きいため、鉄道院は省外の独立官庁とし、内閣の交代によって鉄道院総裁が更迭されることのない独自性を賦与されたのである（鉄道省編『日本鉄道史』下編、一九二一年）。

後藤は逓信大臣と鉄道院総裁とを兼務したが、用品購入経費などの節約実施をはじめ、積極的施策として国際連絡運輸の実施、部内教育機関の整備、職員の共済事業など極めて多岐に拡大していった。それらの事業の中で、彼はあたらしい鉄道のイメージをどのように描いたか、業務調査会議の設置による鉄道施設の整備計画の推進と、熱海線の建設、東京市内高架線の建設と電車運転などの改良工事のように、時代が求める輸送力の増強は、彼の関心を強く引きつけていたと考えられる。それは当時緊急性を強めつつあった社会政策について前記のような共済事業をいちはやく推進するという敏速な姿勢とともに、後藤の「目くばり」の広さを示している。

そして彼は、より大きな改良の構想を具体化していった。いわゆる広軌改築計画がそれである。広軌改築は、一八八〇年代半ばに参謀本部が唱えたことがあったが、その後は線路網の拡張が優先され、参謀本部も改築論を撤回した。しかし、日露戦争後、後藤は満鉄総裁に就任すると前述のように満鉄線路の軌間を国際標準軌間に改築する工事を実施した。この事業の成功がそのまま国有鉄道の広軌改築への意志をかためさせたか、彼は入閣にさいしてまとめた「入閣後ノ覚書」一、の中で満鉄経営の積極的展開（経営の独立、外資の導入）と並べて、「此機運ニ乗シテ、下ノ関ヨリ青森マデノ幹線ヲ広軌ニ改ムル胸算」を述べ、「此軌道ノ改良ヲ断行セザルトキハ軍事上経済上共ニ鉄道ヲ国有トセル真価ナシト謂フヘシ」と述べた（前掲『後藤新平』三）。彼は陸軍部内の輸送部門における第一人者（日露戦争当時の大本営運輸通信長官、少将、一九〇八年から参謀本部第三部長〈輸送担当〉）であった大沢界雄《かいゆう》の強硬な狭軌論を意識したか「広軌ハ外ニ於テノミ使用シ、国内ニ在テハ狭軌ニ安ンスルトキハ、韓国以往満州（或ハ大連北満州）ニ兵ヲ進ムルニ大ナル不利アリ」と、その軍事的役割を強調し、「平時ノ経済ト、有事ノ日ノ大輸送トヲ対照シテ、各般ノ講究ヲ尽サ、ルヘカラス」（同書）と結んでいる。

このような意気込みで後藤が提起した改築案が閣議で決定されたのは一九一〇（明治四十三）年十一月二十日、その間に約二年が経過していた。このように時日が経過した理由は、日露戦争後の財政逼迫と、改築経費がかなり巨額なものとなるという点にあった。財政逼迫については言うまでもなく日露戦争の戦費処理があとを引いており、大蔵省は新規事業について非募債主義をとって財政規模拡大の防止に躍起という状態であった。改築費については一九〇九年七月鉄道院の鉄道調査所（所長山口準之助、担当技師田中正平ら）がまとめた広軌複線敷設費の見積りは約二億二八〇〇万円、この場合は東京中央停車場（建設中）・下関間、別線複線で増設、二五パーセントの急勾配区間は一〇パーセントに改良、停車場は平沼（のち横浜）、大船、国府津、沼津、静岡、豊橋、名古屋、半原、馬場（現・膳所）、京都、大阪、神戸、姫路、岡山、広島、柳井津（現・柳井）、徳山、三田尻（現・防府）、小郡（現・新山口）などとし、広軌用の中間停車場は設置せず、また在来の狭軌線は存置するとしていた。このような方式によって広軌複線を新設することとしたために建設費は二億円を超える結果となったのである。

それでも後藤はこの案を閣議決定に持ちこみ、世論にたいして積極的にうったえた。彼はまず東海道・山陽線といった幹線の改築を実施し、支線に当る各線についても、幹線に接続するたとえば横須賀線、武豊線、宇野線、呉線、宇品線、大嶺線なども改築の対象に含めるとした。帝国議会（第二七議会）では野党の政友会、国民党が反対し、結局一年延期という結論が出された。そして一九一一（明治四十四）年広軌鉄道改築準備委員会が設置され、首相が会長として、陸海軍の代表、大蔵、逓信各省の代表、貴衆両院（与・野党）代表など四十人を超える規模の委員会が設けられて、東京・下関間を明治四十五年度（一九一二年）以降十二か年の継続事業で改築することとし、予算は二億二五五五万一〇〇〇円とするという案についての検討が開始された。そして同年七月三十一日この委員会に設置されていた特別委員会は、改築費にいくらかの修正を加えて計画を議決、八月七日第三回委員総会でこれを可決、委員会の会長桂太郎名で内閣総理大臣桂太郎宛報告が提出され、成案は確定した。このときすでに桂首相は内閣総辞職を決意していて、この成案を後継内閣に既成事実として渡しておきたかったのであろう。内閣は八月二十五日総辞職、後をついだ西園寺内閣はこの計画を実行に移さずにおわったのである。

その後一九一六（大正五）年十月寺内正毅内閣が成立すると、後藤は内務大臣に迎えられ、鉄道院総裁と兼務することとなった。広軌改築はここで再び日程にのぼらされた。後藤は一九一二（同元）年十二月から翌年二月まで第三次桂内閣の逓相、鉄道院総裁、拓殖局総裁に就任したが、憲政擁護運動によってこの内閣が二ヶ月の短命に終ったため、こんどの三回目の鉄道院総裁に懸案の解決を期するところがあったと思われる。そして一九一五（同四）年大隈重信内閣の鉄道院（総裁仙石貢）で工作局長として広軌改築問題に取り組んで来た島安次郎が、線路の現状に対応しながら改築を進めるという計画を提示し、この方式によればかつての二億円を超える改築費が六〇〇〇万円におさまるという目途が立てられた。横浜線の原町田（現・町田）・橋本間で現車の実験も行なわれた。

しかし、後藤は一九一八（同七）年四月外相に転じ（後任満鉄総裁中村是公）、内閣は九月二十一日総辞職、後継の原敬内閣は広軌改築を否認したので、後藤の構想はまた実らなかった。同年七月技監に就任していた島安次郎も鉄道院を去った。

後藤の手で広軌改築事業は実らなかった。しかし、井上勝との邂逅に鉄道の伝統を認識してか、鉄道に深くかかわった後藤には、半世紀後に「後継者」が登場した。後藤に魅かれて鉄道院に就職したという十河《そごう》信二が紆余曲折の経歴ののち、一九五五（昭和三十）年日本国有鉄道総裁に就任、輸送力の行き詰まった東海道本線の改良方策として国際標準軌間の東海道新幹線を実現した。しかもこの事業を技術をはじめあらゆる面で支えたのは島安次郎の子息島秀雄であった。鉄道史の消えることのない流れがそこには見られるのである。

# 後藤新平と十河信二

角本良平
Kakumoto Ryohei

十河信二《そごうのぶじ》（一八八四―一九八一）という名前は今も多くの人の記憶に残る。新幹線の開業一年前まで八年間、当時の国有鉄道の総裁としてその実現に全力を注いだ。しかも国鉄を二十数年間も留守にしたあとに七十一歳で総裁に就任したのである。

国鉄（一九八七年四月に今日のＪＲが発足する前の体制）は数々の人材を生み出している。内閣総理大臣に就任し、ノーベル平和賞を受けた佐藤栄作はそのひとりである。十河は佐藤より十五年前、開設直後の鉄道院に入った。その総裁が後藤新平であり、逓信大臣でもあった。

十河の選択はもちろん後藤に魅力を感じていたからであった。やがてそれが「新幹線」という太いパイプで結ばれるとは、両者いずれも気づくはずはなかった。そこが歴史の面白さといえよう。

国家・国民への貢献ということから十河は国鉄を選んだ。その国鉄は一八七二（明治五）年以来の官鉄（東海道、北陸など）と十七社の私鉄（山陽、東北など）とを合併して一九〇六、七（明治三十九、四十）年に発足したばかりであり、経営体としての統合に全力をあげねばならなかった。十河が担当し手腕を発揮したのは特に経理の部門であった。

後藤の方は前歴の海外鉄道（満洲）の経験から、国鉄を狭軌から広軌に変更する大構想を掲げた。時代を先取りする彼としては当然の判断であった。しかし、ようやく東京―下関間を開通させて十年も経たないのに、さらにそこへ併行して広軌の新線を造るのは、いかに成長期の日本でも出来るはずがなかった。それでも「時代の枠」を超えていくというのが後藤の本領だったと

**十河信二**
（1884-1981）

いえよう。

　一九二三（大正十二）年大震災があって帝都復興院総裁となった後藤の下で十河は経理部長として働いた。その後、国鉄の経理局長となって国鉄を退官、それだけでは新幹線とはまだつながらない。しかし運命はふしぎなものである。国鉄が戦時体制下の大陸連絡をも重視して「新幹線計画」を進めた段階では十河は鉄道よりもはるかに広い分野で活躍していた。もはやその計画と十河とは無縁であったし、また彼はそのような計画の専門家でもなかった。

　ところがさらに十数年後、一九五五（昭和三十）年五月二十日に彼は国鉄総裁に就任したのである。かつて四十数年前に後藤が占めていた職責であり、十河はここでその「広軌」線の計画を思い出した。もはや大陸連絡は話題ではなく、東海道の輸送力増強が当時の急務であった。

　事務当局の案は、能力不足の区間から逐次線路増設していく構想であり、経営の安全と実力からは当然といえた。しかし十河は遠い先の日本を考え、いかに大金が必要でも、いっきに東京—大阪間に広軌（標準軌）の別線が必要と判断した。

　それを内外に説得するのに十河はかつての後藤と同様に苦心した。内部の専門家は反対、外部の政治家も不賛成という中で、ついに四年後には着工に漕ぎつけた。後藤には達成できなかったことが半世紀後の十河に可能となったのである。一九四〇年前後の新幹線関係者たちはもちろん計画を全面支援した。

　ところで、ここで伝わるこぼれ話では専門家が算定した所要資金額を彼は二分の一に削減して着工したとされる。周知のように高度成長期であり、賃金・物価・地価のすべてが急騰し、しかも計画の追加があって、結局工事費は削減した予定額のほぼ二倍に膨張した。そのため、ホームの屋根を最小限に抑える措置もあった。

しかし出来上がった結果を見て私はやはり十河の目は確かであったと考える。もし諸条件の変化がなければ、当初見積りの半分か、若干の追加ですんだであろうと推測できる。この査定には国鉄時代の経理の専門家としての経験が生きていた。

十河は総裁の任期四年を二期八年勤めて退職した形になったけれども、もしこの資金不足問題がなければ三期目において東海道新幹線開業を迎えたに違いない。しかし彼は晴れの開業式には呼ばれなかった。当時の関係者たちがいかに狭量であったかを物語る。

今日多くの人が、十河がいなければ新幹線はなかったと考える。『朝日人物事典』（一九九〇年）には次の文章がある。

「旧国鉄関係者の中には〈新幹線の父〉と呼ぶ人もいる。」

歴史に「もし」は許されないという。しかし、もし一九〇九年国鉄総裁が後藤新平でなければ、十河は国鉄以外に就職していたかもしれない。また当初の広軌論や一九四〇年ごろの新幹線計画はあったかどうか。おそらくなかった可能性が大きい。

今一つ「もし」をいえば、東海道新幹線の成功が国鉄への過大期待を生じ、結局経営を破滅させ、ＪＲへの移行となった。十河の総裁就任がなければ、事情は違っていた。移行の六年前、彼は九十七歳で世を去っていた。

# 後藤新平の広軌鉄道構想と島安次郎

島　隆
*Shima Takashi*

私の祖父島安次郎《しまやすじろう》（一八七〇—一九四六）のことを「車両の神様といわれた明治・大正期の伝説のスーパーエンジニア、広軌新幹線を提唱したが国内では相容れられず、満州に渡って超特急アジア号を走らせた」と思っている人が多いが、これは正確ではない。彼の悲願は単に広軌新幹線ではなく、日本の国鉄を全面的に狭軌から広軌に改築することであった。

島安次郎が良き理解者後藤新平のもとで広軌改築のために奔走したのは、その約五十年もの後に、息子の島秀雄（私の父）が後藤を恩師と尊敬する十河信二のもとで東海道新幹線の建設のために努力したのと同じパターンである。ただ違うのは東海道新幹線は見事に完成されたのに較べ、明治・大正の時代は政権が交代すると政府の方針も変わり、安次郎の悲願はついに達成されなかった点である。

広軌改築派のドンともいうべき後藤新平は、鉄道車両技術者としての島安次郎を高く評価していた。一九〇八（明治四十一）年に鉄道院ができて後藤が初代総裁に就任したとき、島を運輸部工作課長に任命して車両行政の最高幹部として車両の進歩発達のために尽くさせた。一九一〇（明治四十三）年には島をドイツに駐在させ、早くも鉄道電化の問題を研究させている。また後藤が三度目に総裁になった第一次大戦中の一九一六（大正五）年には、すでに工作局長となっていた島を特命をもってアメリカに派遣して、当時不足していた多くの鉄鋼材料の購入を命じている。

島は一九一五（大正四）年、千石貢総裁のとき、広軌改築取調委員会が設けられるとその委員の一人に任ぜられ、数日間で軌間変更に関する「島案」と呼ばれる意見を論文にまとめて提出した。その骨子は、次の三点である。

(1)軌間を広げ、車両の車輪車軸を改造して広軌の上を運転できるようにするのは比較的少額の費用で可能である。

(2)建築限界を広げたり、軌道を強化したり、広軌車両を新製するなどの改良工事は費用も多額であり、このような工事を数十年の長きにわたって継続的に実行できるか疑問である。

(3)多額の費用を伴う改良工事計画をたてるには将来の輸送量の想定が必要であるが、想定された輸送量が的中するかは疑問であり、しかも二十年後、二十五年後というように特定の年度について或る条件のもとに経済効果を計算しても果たしてそのとおりになるかは条件の設定如何で全く変るため余り意味が無い。

**島安次郎**
(1870 - 1946)

以上から島は、まず(1)の工事を実施して現在の車両を広軌上に運転し、輸送需要の状況に応じて(2)の工事を漸次推進させるべきだと主張した。

一九一六(大正五)年十月、総裁に就任した後藤は、「島案」の価値を認め広軌実現の方策について相談した。島は後藤の命を受けて改築実施案をなんと二十種類も用意したが、その特徴は狭軌をただちに広軌に改築する案にたいして、広軌、狭軌を併用しながら徐々に改築を進める案で、技術面、工事費面において著しい特色をもっていた。

島は「広軌改築はそんなに金をかけなくてもできる」ということをキャッチフレーズとし、例えばレールは狭軌の二本のレールの片側を広狭両軌に併用し、他の側の外側に広軌の幅で第三のレールを併置し、狭軌列車は狭軌のレールの上を走行し、広軌列車は第三のレールを利用して広軌のレールを走るいわゆる三線式の設計を提案した。

しかも島は、広軌化を進める過渡期における狭軌区間、広軌区間の接続点において旅客の乗り換えや貨物の積み替えを行わなくてもよいように、機関車だけは狭軌広軌別とするが客貨車車体はそのままとして一定の地点で台車だけ巧妙に交換する装置を考案した。

このやりかたなら広軌への改築は技術上非常に簡略化され、後藤が初代総裁の時に閣議に附議した東京・下関間の広軌改築の改良工事費二億三千万円、工期十三年にたいし、同じ区間をわずか六千万円、工期十年未満で改築可能と見積られた。

後藤はこの案をただちに実験確認することを命じ、横浜線原町田（現・町田駅の南三四〇メートルにあった旧駅）―橋本間一一・二キロメートルにおいて一九一七（大正六）年五月二十三日から八月五日にかけて大規模な実地試験が行われた。

この試験では原町田―淵野辺間五・八キロメートルは狭軌レールの外側に各一本ずつの広軌用のレールを敷設する四線式とし、淵野辺―橋本間五・四キロメートルは「島案」の三線式として比較調査した。

後藤は六月十一日には自ら現地に出向き、島の説明案内で、まず原町田―淵野辺間を広軌三等客車に試乗、淵野辺で四線より三線に移ったが、何の支障も無く無事通過した時は思わず拍手して新案の技術に感嘆したといわれる。この日後藤は自ら転轍機を転換したり機関車に試乗したり大変なご機嫌で、当時の新聞は「総裁駅夫となって転轍機を手にし機関手となって機関車に乗る」と報じた。こうして広狭両軌の接続方法、台車の交換方法、四線式と三線式の利害、四線式・三線式併用の適否等に関する詳細な試験が実施された。

鉄道院はこの実験に基づき「国有鉄道軌間変更案」を発表し広軌改築実現の可能性は次第に具体化されたかにみえた。

しかし翌一九一八（大正七）年、原敬内閣の成立によりいわゆる建主改従政策に方針が転換され、一九一九（大正八）年、床次竹二郎鉄道院総裁が帝国議会で広軌改築否定の発言をおこない、広軌改築論に終止符がうたれた。


参考文献

朝倉希一『島安次郎先生の事業』機関車、一九四九年。

朝倉希一『島安次郎先生の業績』鉄道車両工業協会報、一九六五年。

沢和哉『鉄道に生きた人々』築地書館、一九七七年。

橋本克彦『日本鉄道物語』講談社、一九九〇年。

# 後藤新平の逓信事業――その電話政策

藤井信幸
Fujii Nobuyuki

## 一 逓信大臣としての初入閣

逓信大臣ないし郵政大臣は、巷間、伴食大臣などと揶揄されることが多い。しかし、注目を集めるような実力者の逓相・郵相への就任が、明治この方皆無であったというわけではない。一九〇八(明治四十一)年に、第二次桂太郎内閣へ逓信大臣として入閣した後藤新平がその代表的ケースであろう。いうまでもなく入閣は国政の枢機への参与であり、それゆえ人並みはずれた野心家、自信家の後藤の眼には、新たな政治活動の展開を保証する檜舞台への登壇と映じたに違いない。実際、入閣に際しては、桂と後藤との間に政策全般にわたる黙契があったという。いまだ経営基盤の定まらない満鉄総裁であったことが入閣への障害となったが、満鉄の主管を逓信省に移せば、逓信大臣に納まることによって満鉄をも指揮下に置くことができる。そうした事情から逓信大臣が割り当てられたにすぎないともいえる。ましてや初入閣であった。少年の頃から政界入りを望んでいた後藤の意気軒昂のほどは想像に難くない。当然ながら、後藤は国政全般はもとより、逓信事業に対しても新風を送り込もうという意欲を有していたように思われる。

第二次桂内閣の発足当初、よく知られているように日本は極度の財政難に直面し、逓信行政をはじめ膨張を続けていた政府事業の抜本的な見直しが急務となっていた。しかし、台湾や満鉄で次々と新機軸を導入し周囲を瞠目させる実績を積み重ねたうえに、初入閣を果たした後藤のことである。いかに財政難とはいえ単なる逓信事業の縮小など考えるはずはなかった。すなわち、逓信事業史のうえに、何らかの注目すべき痕跡を刻み込んでいたに違いないのである。本稿では、電話政策を中心に後藤の逓信大臣としての事跡を振り返り、その痕跡を浮かび上がらせたい。

なお、後藤は一九一二（明治四十五／大正元）年十二月に発足した第三次桂内閣にも逓相として入閣したが、周知のように同内閣は二ヶ月足らずで総辞職を余儀なくされたため、後藤も仕事らしい仕事をせずに終わった。そこで、この二度目の逓相における事跡については本稿では割愛する。

## 二　財政整理と逓信行政

維新後「富国強兵」をスローガンに掲げ、内外に向け近代化の推進を誓った明治政府ではあったが、財政基盤が容易に固まらず、また「民力休養」を掲げる民党の政府攻撃もあって、「富国強兵」のための大規模かつ体系的な政策への着手は、日清戦争後まで待たねばならなかった。すなわち、維新当初に場当たり的な西欧化政策を進めた明治政府は、やがて日本の実情に適合的な政策路線に方向転換し、日清、日露両戦争後「戦後経営」の名の下に、軍備の拡張や植民地経営と並んで、伝統的産業の振興政策、および鉄道建設、港湾修築、電信・電話網拡充といった交通・通信インフラストラクチュアの整備を進めたのである。

とはいえ、戦後経営の規模は、当時の日本の財政では支えきれないほど過大であった。そのため政府は外資に依存したが、外資への依存は元利の支払いを増加させるうえに、内需の増加を通じて輸入を促し、経常収支を悪化させる作用を持つ。さらに一九〇七（明治四十）年には景気が後退し、不況による公債募集難が加わった。それゆえ政府は、軍拡、鉄道、電話など戦後経営の一環として計画された既定事業すら繰り延べて、財政の引き締めを図らねばならなかった。そうしたなかで一九〇八（同四十一）年七月、後藤新平は満鉄総裁を辞職し、第二次桂内閣に逓信大臣として入閣したのである。

逓信省は、鉄道、海運、電信、電話、郵便、電力事業などインフラ事業の多くを管掌する中央官庁であった。台湾統治や満鉄経営においてインフラの整備に熱心であった後藤のことであるから、当然ながら、逓信事業に対する大いなる意欲と野心を抱きながら入閣したものと思われる。後藤の後ろ盾となった首班の桂も、財政難にもかかわらず戦後経営の継続を企図していた。

もっとも、入閣直後に後藤が認めた覚書「病余閑談」を見ると、財政について後藤は、「整理ノ急務ナル……〔中略〕何人ト雖モ異論ナキ所」と述べ、その原因を「各省ニ於ケル権衡宜シキヲ得」ぬことに求めているが、そのための具体的な改善策となると、逓信事業に関しては、わずかに海運の保護に言及しているにすぎない。入閣前後の後藤は、財政整理の必要性は認識していたものの、そうした状況において逓信事業をいかに展開し日本のインフラを充実させるか、という点に関する明確なビジョンを抱いていなかったことを推測させる。

実際、前内閣から引き続き逓信次官を務めた仲小路廉は、「新大臣は逓信畑に素人である」といったような態度であった。そのうえ後藤自身も、一九〇八年に鉄道事業が逓信省から新設の鉄道院に移管されると、自らその鉄道院の初代総裁に就任し「オイ、仲小路たのむよ、おれはこれから鉄道に専念する」と述べていた。こうした経緯を見る限り、たしかに鉄道業が去った後の逓信事業に後藤は強い関心を示さず、もっぱら仲小路以下の逓信官僚に委ねてしまったかのように思える。後藤の逓信大臣在任中には、鉄道院の創設のほかにも海運助成、水力発電の調査、簡易生命保険の立案、逓信管理局の復活など、緊縮財政のさなかにもかかわらず、逓信事業にそれなりに見るべき成果が現れているものの、それも単に逓信官僚のお膳立ての上に後藤が乗ったにすぎないという見方もできないことはない。

その半面、やがて仲小路と「倶に相許す政友」となった後藤新平は、満鉄時代と同様、逓信行政に新風を吹き込みたくて何かと抱負経綸を開陳し、逓信官僚に次から次へと調査を命じたとも伝えられている。このような逓信相としての後藤の両像のうち、いずれが実像に近いのであろうか。後藤の逓信行政に対する関与の仕方を、電話政策を事例に検証しよう。

## 三　通信特別会計構想

日露戦争後の電話交換事業における最も重要な問題は、増大し続ける需要に供給が追い付かず「積滞」が生じていたことである。積滞とは、加入を申請しながら逓信省の予算不足により年度内にそれが果たせず、翌年度以降へ加入を繰り越さざるをえなかった者を指す。一八九〇（明治二十三）年の電話交換事業の創業後しばらくは需給のバランスが崩れていなかったが、日清戦争後、電話の効用が広く知れ渡るとともに商工業の発達が著しくなり、電話需要が増

表1　明治末期における至急開通と寄付開通

| 年度 | 六大都市 | | | | | 六大都市以外 | | | | |
|---|---|---|---|---|---|---|---|---|---|---|
| | 至急開通 | | 新規交換加入者数 b | a／b (%) | 積滞数 | 寄付開通 | | 新規交換加入者数 b | a／b (%) | 積滞数 |
| | 加入者予定数 a | 申込数 | | | | 加入者予定数 a | 申込数 | | | |
| 1904 | | | 412 | | 18, 332 | | | 103 | | 3, 707 |
| 1905 | | | 280 | | 22, 739 | | | 1, 240 | | 4, 555 |
| 1906 | | | 1, 108 | | 24, 616 | | | 5, 464 | | 9, 878 |
| 1907 | | | 4, 503 | | 28, 191 | | | 10, 793 | | 13, 850 |
| 1908 | | | 3, 785 | | 30, 880 | | | 16, 138 | | 14, 114 |
| 1909 | 6, 283 | 6, 705 | 8, 598 | 73. 1 | 30, 669 | 5, 015 | 7, 401 | 15, 543 | 32. 3 | 12, 262 |
| 1910 | 5, 591 | 10, 342 | 9, 833 | 56. 9 | n. a. | 4, 743 | 6, 963 | 16, 043 | 29. 6 | n. a. |
| 1911 | 6, 876 | 21, 826 | 12, 880 | 53. 4 | n. a. | 4, 439 | 7, 814 | 15, 785 | 28. 1 | n. a. |
| 1912 | 9, 796 | 31, 122 | 10, 227 | 95. 8 | 113, 250 | 4, 281 | 7, 491 | 14, 487 | 29. 6 | 13, 905 |

注）1912年の積滞数は，1911年9月現在の予想。
出典）『逓信事業史』第4巻，186頁，191頁。『電信電話事業史』別巻，459頁。『東京市総合年表』『横浜市統計書』『名古屋市統計書』『京都市統計書』『大阪市統計書』『神戸市統計書』『通信統計要覧』各年。『東洋経済新報』第534号（1910年），319頁。田中次郎「電話拡張の急務」（『逓信協会雑誌』第55号，1913年2月），10頁。

大した。そのため政府は、日清戦後経営の一環として電話事業の大拡張を企図した。ところが、電話需要の伸びは政府の予測をはるかに上回り、その結果、積滞を生じさせてしまったのである。特に積滞の著しかったのが東京や大阪などの大都市では、加入が何年先になるかさえ予測しえないといった状態であったため、民間による電話売買が始まり、電話に価格が付けられるようになった。そこで日露戦争後、再び電話の大拡張が企図された。しかし、それとて需要の伸びに比べれば十分な規模にはほど遠く、大都市の積滞は増加の一途を辿った（表1参照）。そうしたなかで政府は前述のように財政難に陥り、拡張そのものが停止を余儀なくされるような状態となってしまったのである。

そのため逓信官僚は、第二次桂内閣に先立つ西園寺内閣（一九〇六～〇八年）のもとで通信事業の特別会計を構想した。その理由としてあげられたのは、現行の予算制度では機宜に応じた経営を展開することができず「往々ニシテ収入増加ノ機会ヲ逸スル」（『後藤新平関係文書』九―三―一）という点にあった。それゆえ、独立採算制に近い特別会計に転換することにより、機動的な経営が可能になり利益も増加する、と主張するのである。しかし真の狙いは、郵便、電信、電話の三事業を合体させて独立採算制にすれば、電話ばかりか郵便や電信でも拡張資金が確保できる点にあった。三事業全体では黒字だったからである。逓信官僚の不満は、通信事業の黒字が通常の租税収入と同じく一般会計に吸収され、その多くが毎年度、通信事業以外に使用され続けていたことにあった。黒字を全て逓信省の思いのままに使用できれば、かなりの拡張資金が確保できるという思惑であった。

この構想は通信局長の小松謙次郎が中心となって立案し、次官の仲小路を説得して大蔵省との折衝にまで漕ぎ着けた。しかしながら、この特別会計構想には大蔵省が反対し、あえなく頓挫してしまった。大蔵省は種々の反対理由を掲げているが、要するに、通信事業の特別会計が成立すれば通信収入を失い、それでなくとも苦しい財政事情をさらに悪化させてしまう恐れがあったからに違いない。その頓挫の直後に、後藤新平は逓相に就任したのであった。

## 四 電話建設会社案

後藤逓相時代の電話政策において何よりも注目したいのは、電話建設会社案が企図されたことである（『後藤新平関係文書』九―二〇）。これは民営の建設請負会社を設立して電話工事を担わせようとする構想で、後藤の指示に基づいており、満鉄の組織を模倣したものであったという。

この構想の主眼は、民間からの資金調達により拡張資金を確保しようとする点にあった。すなわち、電話事業そのものは従来どおり政府所管とするが、加入設備・市外線の建設、庁舎の営繕などの工事は、新設の民間の請負会社に担わせ、電話収入をもってその請負会社への出資者に資金を還付させていくことが企図されたのである。

興味深い点は、この構想が、昭和期に逓信官僚が提案した半官半民の電信・電話建設会社案や、戦後の日本電信電話公社の仕組みを先取りしている点である。すなわち、一九二九（昭和四）年に成立した民政党内閣が金本位制復帰政策の一環として、緊縮財政の実施による電話拡張費の大幅削減と公債財源の打ち切りを決定したのに反発した逓信省は、「日本電信電話株式会社」という名称の半官半民の新会社設立プランを省議で決定した。その株式発行を通じて民間からの資金調達を図ろうとしたのである。もっとも、不況により十分な収入が見込めないとして、やがて逓信省はこの構想を撤回した。戦後の電電公社の場合には、財政投融資のほかに、加入者債券を発行して交換加入者からも資金を提供させた。これは加入者が設備料とは別に購入を強制される債券であり、債券である以上、一応利子も支払われたが、拡張を民間資金に大きく依存する点では後藤のアイデアと共通していた。そして、この電電公社のもとで大都市を中心とする積滞が一掃されたのである。これに対して、西園寺内閣の時に立案された逓信官僚の特別会計構想は、前述のように主として通信収入の自由な活用を狙いとするものであった。

もっとも、結局この構想は次官を経て通信局にまで下がると、同局の反対により退けられてしまった。通信局は、前内閣の時に頓挫した特別会計構想になお執着していたからであろう。先見の明を持ちながら、周囲の同意を得るために十分に努力せず、せっかくのアイデアを実現させることができなかった点で、この電話建設会社案が日の目を見なかった経緯は、いかにも後藤らしいエピソードの一つといえそうである。

## 五　至急開通制度

しかし、後藤の建設会社案が退けられた後、逓信省が大都市における民間からの資金調達策を打ち出したことに注意したい。通信事業では、創業当初から民間資金の導入が試みられていた。郵便、電信、電話のいずれにおいても通信施設を要望する地域に対しては、土地、建物の物納や寄付金を供出させる代償に優先的な整備を図ったのである。さらに一九〇七（明治四十）年六月に、大都市以外の電話交換加入申込者を対象に「寄付開通制度」が設けられた。これは従来の申込順による無償加入とは別に、加入に必要な物件を政府に寄付する申込者を優先開通する制度であった。

このように通信事業では、明治初期から地方への普及を促すため「受益者負担の原則」が施設の整備にまで適用されていたが、積滞が著しく増大していた大都市には寄付開通制度が適用されなかった。そのため大都市では、申込者には従来どおりすべて無償で加入施設を整備するものの、積滞が非常に多く加入が何年先になるかさえ予測しえないといった状態となってしまっていた。

後藤逓信大臣のもとにおける電話政策のうち最も注目されるのが、大都市の交換加入の申込者に対して、建設費を提供させる代わりに優先的な電話開通を保証する制度が設けられたことである。すなわち、寄付開通制度の適用外であった六大都市（東京、横浜、名古屋、京都、大阪、神戸）を対象に「至急開通制度」が一九〇九（明治四十二）年度に新たに設けられ、これらの大都市においても建設費を負担すれば優先的に交換に加入できるようになったのである。後藤の民間資金調達策が、形を変えて実現したものといってよい。

至急開通制度が大都市の交換加入希望者にとって重要な制度改革であったことは、前掲表1を見れば歴然としている。一九〇九年度以降、六大都市の新規交換加入者数の五〇~九〇%は申込者が建設費を負担する至急開通によるものとなったのである。六大都市以外で実施されていた寄付開通の場合には、新規加入者の三〇%前後であったから、六大都市ではいかに至急開通への依存が強かったかがわかる。もっとも、六大都市の申込数は至急開通の割当数を次第に大きく上回っていくようになり、それに伴って六大都市の積滞数も、至急開通制度により解消されるどころか、さらに増大し続けることとなってしまった。

しかしながら、後藤の建設会社案を契機に設けられた至急開通制度が、これ以後の大都市における電話政策の軌道を指し示す指針となったことは間違いない。民間資金の導入により拡張資金を確保しようとする構想は、従来の通信政策の延長線上にあるだけに、大蔵省の反対により頓挫した特別会計案よりも、むしろ実現可能性の高い計画だったからである。それゆえ、逓信官僚としても、半官半民の電話建設会社構想には反対しつつも、その後藤の構想を踏まえて新たな民間資金導入策を打ち出していったと推測されるのである。言い換えれば、後藤の建設会社案はその道筋を付ける役割を果たしたといえるだろう。

後藤がしばしば「大風呂敷」と呼ばれたのは、彼の着想が周囲の人々の眼に大胆かつ奇抜なアイデアと映じたからであることはいうまでもない。しかし、その「大風呂敷」は、ただちに実現せずとも後年になって先見の明ある構想として評価され、あるいは即座に実施されなかった政策として惜しまれることもしばしばであった。というのも、その構想が、一見突飛なようでいて、実はかなり現実的な側面を有していたからではないだろうか。だからこそ、人々の理解が得られた後年になって評価が高まったり、あるいは形を変えて実施に移されることも少なくなかったのではあるまいか。第二次桂内閣における後藤の電話政策は、そのことを示しているように思えてならないのである。

**主要参考文献**


内海朝次郎『通信特別会計の生れるまで』交通経済社出版部、一九三三年。
北岡伸一『後藤新平』中公新書、一九八八年。
鶴見祐輔編『後藤新平』第三巻、後藤新平伯伝記編纂会、一九三七年。
逓信省編『逓信事業史』第四巻、逓信協会、一九四〇年。
藤井信幸『テレコムの経済史——近代日本の電信・電話』勁草書房、一九九八年。
同「三等郵便局長と地域社会」、『メディア史研究』第一七号、近刊。

# メディア時代の政治家・後藤新平

佐藤卓己
*Sato Takumi*

## はじめに――情報とメディアの時代

後藤新平が生まれた一八五七（安政四）年は、ペリー黒船来航から四年後である。その九年後の一八六六（慶応二）年には大西洋横断電線が開通している。ヒト・モノ・情報が地球をめぐるグローバル化の時代の幕開けである。その後、後藤新平が官界、やがて政界で地歩を築いてゆく姿は、開国日本の近代化プロセスと重なる。日本の近代化が、今日の情報化社会、メディア社会への発展であったとするなら、後藤の「輝かしい」事績が、本質的に「情報」や「メディア」と不可分であることは敢えて言挙げるまでもない。

一八八九（明治二十二）年、後藤が台湾総督府民政局長に抜擢されたのは、日清戦争時に臨時陸軍検疫部事務官として果たした功績による。「情報」という明治の新造語も、この戦争の中で使われるようになった言葉である。三上俊治「「情報」という言葉の起源に関する研究」（『東洋大学社会学部紀要』三四―二）によれば、新聞での初出は一八九四（同二十七）年十二月五日付『東京日日新聞』の記事「東学党の撃退」にある次の文章である（強調引用者）。

> 仁川より派遣の中隊の情報と右の報告に依り察すれば賊は漸次全羅道に退却するものの如し。

「情報」は、陸軍参謀本部で酒井忠恕少佐が翻訳した『仏国歩兵陣中要務実地演習軌典』（一八七六年）で renseignement

の訳語として創出された。その後、「敵情についての報告」を意味する軍事用語として軍内で使われるようになったが、一般に知られるようになるのは森林太郎（鷗外）によるクラウゼヴィッツの翻訳『大戦学理』（一九〇三年）刊行あたりからである。鷗外訳では、「情報とは、敵と敵国とに関する智識の全体を謂ふ」とされており、後藤新平の時代、情報とは軍事情報 intelligence を意味した。日本の植民地経営史に名高い満鉄調査部は、後藤の満鉄総裁就任の翌年、一九〇七（明治四十）年に創設された「文装的武備」の情報機関である。さらに、第一次大戦下、内相に就任した後藤は「内務省新聞局」を構想し、さらに外相として国家的情報組織の構築を目指した。後述するように、内務省新聞局は挫折したが、一九二〇（大正九）年に外務省情報部が設立されている。

ちなみに、後藤は南満州鉄道総裁の後、一九〇八（明治四十二）年から桂太郎内閣の下で、逓信相兼鉄道院総裁をつとめている。逓信省が「コミュニケーション」を管轄する官庁であることは自明だが、むしろ十九世紀的文脈では鉄道こそ「コミュニケーション」であった。マルクスが『資本論』で鉄道を Kommunikation（交通）と表記したように、電信や電話、放送は「心的交通」として鉄道から派生した技術である。初代満鉄総裁の後藤新平が、後に初代東京放送局総裁になったことは、コミュニケーション概念の発展からして必然というべきである。

また、後藤新平の「大風呂敷」と今日まで記憶される関東大震災後の東京都市計画も、メディア論として分析できる。メディア（情報媒体）を私的領域と公的領域の媒介物と考えるなら、都市はまさしくメディアである。都市論とは、テクストとしての都市空間を読むことであり、後藤新平の天才とは、そうした都市空間の読解力《リテラシー》・組織力として観察できる。

メディア都市論が同心円状に拡大してゆく先に、情報の空間的拡大としてのラジオ放送が出現する。東京放送局初代総裁となった元満鉄総裁が、国境を超えた〝東洋大放送局〟構想を唱えることも、ある意味で必然的であった。

つまり、後藤新平の「大風呂敷」、その中身である大満鉄、大調査機関、大東京計画、東洋大放送局は、一見ばらばらに見えても、一貫した情報・メディア政策であったことがわかる。その意味で、後藤新平は、拡大するメディア時代の政治家であった。だが、以下では、後藤流の大風呂敷はやめて、狭義なメディア、すなわち新聞とラジオをめぐる後藤の構想について、概観しておきたい。

## 一　新聞操縦の内務大臣

鶴見祐輔『後藤新平』第二巻の第一章「台湾民政長官」に、「新聞政策」という一節がある。後藤と新聞との関係は、台湾総督府民政局長として既存二紙を御用新聞『台湾日日新報』（一八九八年）へ統合したことにはじまる。

政治の要諦は輿論の後援を得ることであり、その為には言論機関を味方とすることが最も大切だといふことは、夙くから考えてゐた。そこで伯は、台湾日日新報なるものを起して、統治の方針を一般民衆に周知せしめる手段を執った。〔中略〕伯の新聞利用は、ひとり台湾の新聞のみに止まらなかった。伯は窃かに人を内地に派して、常に内地の新聞を操縦せしめ、一方、中央政局の機密を内報せしむると共に他方、台湾統治に関する世論の喚起に努めた。その如何なる機略によれるものかは、今にいたって分明ではない。

（『後藤新平』第二巻、八二頁）

なお「分明ではない」としても、後藤新平の新聞操縦は、ひと言で言えばビスマルク新聞政策の応用であった。後藤は一八九〇（明治二十三）年のドイツ留学で、新興ドイツ帝国の言論政策をつぶさに目撃したはずである。それは、機密費を使った新聞社の懐柔と発行停止による新聞弾圧、アメとムチの使い分けである。

さらに、一九〇六（明治三十九）年後藤新平は満鉄総裁に就任すると、翌年には満鉄機関紙として『満州日日新聞』を創刊している。こうして台湾と満州で、後藤は新聞統制と新聞経営の両面を体験したことになる。その経験は、一九〇八（同四十一）年には桂太郎内閣の逓信相兼鉄道院総裁で入閣した後、新聞の与党化工作にいかんなく発揮された。また、桂内閣退陣後の在野時代にも、後藤は「公正なる輿論《よろん》を指導せん」と、大新聞の連合体を組織しようとしていた。

伯は大新聞の連盟によって、健全なる輿論の作興に貢献せんとし、しばく秘書の菊池忠三郎を下阪せしめて、大阪朝日新聞と大阪毎日新聞とを説かしめた。菊池の直接交渉したのは、大阪毎日新聞社長本山彦一で、本山から菊池に送った書翰七通がある。

（同第三巻、五二三頁）

「新聞商品論」で知られた本山は、「時機未だ熟せざるの感あり」と後藤提案を謝絶している。しかし、「小《こ》新聞」から台頭した大阪系二紙が、いち早く全国紙となった背景には、新聞輸送を所轄した鉄道院総裁から与えられた便宜があったことは間違いない。もちろん、それは政府の新聞操縦にとって好都合であるからに過ぎない。多数の小規模新聞より、少数の全国新聞の方を管理する方がはるかに容易であったからである。

一九一六（大正五）年十月九日、寺内正毅内閣の内務大臣に就任した後藤は、こうした新聞操縦術で大正デモクラシーの潮流と向き合うことになった。

当時内相として伯の苦心したことの一つは、言論取締の問題であつた。蓋し寺内内閣の成立した大正五年から翌六年に掛けては、日本に於ける社会思想の転換期であつた。一方には戦時の好況より来る社会運動の抬頭あり、他方には欧米各国に於ける民衆解放運動の影響あり、自然我国に於ける思想界は急激に変化し、従つてこれが取締りの責任者たる内相として、伯は容易ならざる困難を経験しなければならなかつた。殊に社会一般の民衆的大潮と、首相寺内並びに元老山県の保守思想の中間に介在して、伯の立場は、相当に苦しいものであつた。

（同第三巻、六八七頁）

だが、内相就任後間もなく、後藤は藩閥超然内閣を批判する新聞に対して躊躇うことなく、伝家の宝刀を抜いている。いわゆる「宮中闖入事件」である。その経緯は、有山輝雄『近代日本ジャーナリズムの構造——大阪朝日新聞白虹事件前後』（東京出版）に詳しい。前大隈内閣を支持していた『報知新聞』は、大隈首相辞任に際して元老山県有朋が天皇の招請を待たずに「宮中闖入」したことを激しく批判する社説（十一月九日・十日）を掲げた。これに対して後藤内相は、『報知新聞』を治安妨害の廉で発売禁止処分に付した。さらに反論する『報知新聞』に安寧秩序紊乱《ぶんらん》により再度の発売停止処分を行い、十日社説を新聞法違反により告訴した。この言論弾圧に対して、「報知新聞の事件は独り操《そう》觚《こ》者のみの問題に非ずして、国民言論上の問題なり」と、勇気ある連帯を表明したのは『東京朝日新聞』であった。それが、白虹《はっこう》事件で朝日新聞社が狙い撃ちにされる伏線となったといえよう。

後藤内相は、翌年一九一七年九月の警察部長会議の席上、思想取締の要点をのべ、ロシア革命の影響流入に警鐘を鳴らしている。これに対応すべく、後藤は検閲要員の増員を要求し、検閲担当の図書課を中心に警保局を大幅に強化した。後藤内相は、個別的な取締り強化だけではなく、組織的計画的な思想対策を構想していた。

その一方で、後藤内相は第一次大戦下の挙国一致論を掲げて臨時外交調査委員会の設置を実現し、シベリア出兵を強く主張した。日英陸戦隊がウラジオストクに上陸を開始して十八日後の一九一八（大正七）年四月二十三日、後藤は内相から外相に横滑りする。政府によるシベリア出兵の正式宣言は八月二日であり、翌三日に米騒動が勃発している。後藤は内務省を離れても引続き新聞統制に睨みをきかせていたが、外相着任の三週間後、新聞史に名高い「外務省霞倶楽部事件」が起っている。これも、有山前掲書によると、つぎのような展開を辿る。

一九一八年五月十四日、地方長官会議の参加者を外相官邸に招いた晩餐会で、ロシア革命に関して事実と異なる評論記事が多いと言論界を批判し、「各位ハ一層細心厳重ノ注意ヲ以テ管下ノ言論機関ヲ指導セラレンコトヲ切望ス」と訓示した。この「指導」という言葉に、まず反発したのが外務省の記者クラブ「霞倶楽部」であった。霞倶楽部の抗議決議に対し、後藤外相は記者クラブに対する部屋貸与と面会の停止を通告した。記者に対するこうした強硬姿勢の裏で、後藤外相は各新聞社社長へ理解を求める書簡を送り、新聞企業内部の分断を画策した。この事件は、新聞経営者の組織「春秋会」が仲介に入って、後藤の釈明でうやむやのまま現状復帰で終焉した。新聞の企業化を促進させつつ、ジャーナリズムを誘導する後藤の手法が勝利したとみなすことができよう。

こうした後藤の新聞操縦システムが確立した画期が、白虹事件である。一九一八年八月二十五日開催の「関西新聞社通信社大会」に関する『大阪朝日新聞』の翌二十六日付夕刊記事中に使われた兵乱を意味する故事成句「白虹日を貫けり」をとらえて、当局は新聞紙法の「朝憲紊乱」により同号を発売禁止とし、さらに発行停止に追い込むため検事局に告発した。結局、朝日新聞社は社長を村山龍平から上野理一に代え、鳥居素川以下編集幹部が退社して、政府に恭順の意を示した。また、一二月一日の社告では、行き過ぎた言論を全面的に自己批判し、「不偏不党」の編集綱領を発表した。これにより、第一審判決で編集発行名義人と執筆記者のみが有罪となり、『大阪朝日新聞』は発行禁止を免れた。この事件は、後藤新平の創った情報統制システムへの新聞ジャーナリズムの屈服を示す象徴的事件であった。

## 二 情報統制の構想

この情報統制システムは、一九一八(大正七)年七月の「内務省新聞局」構想で制度化されるはずであった。後藤が外相に転じた後に内務省から提起されたが、後藤内相時代に構想されたプランであると、有山は推定している。戦時中の言論放送を一元的に統制する「戦時検閲局官制案」は、七月十七日内務省内務省図書課長から関係省庁に提示された。さらに三日後には「臨時新聞局」と名称を変えた再提案が行われている。第一次世界大戦は「宣伝戦」として戦われたが、一九一八年一月にイギリスで拡大改組された「情報省」Ministry of information や一九一七年設置されたアメリカの「広報委員会」Committee on public information を後藤が意識していたことは間違いない。こうした欧米の情報宣伝機関と同じく、この「臨時新聞局」も検閲のみならず、新聞などへの情報提供という機能が付加されていた。この内務省提案が実現しなかった理由として、有山は陸海軍の反対を推定している。いずれにせよ、米騒動の混乱の中で寺内内閣が総辞職し、この設置は実現しなかった。

だが、その後も後藤新平は、こうした情報統制システムの構想を追い求めた。寺内内閣総辞職の後、一九一九(大正八)年、後藤はアメリカ、イギリス、ドイツ、フランスなど欧米視察の旅に出発した。史上初の総力戦となった第一次大戦の爪痕をつぶさに見学した後藤は、国家総動員に対応可能な政策立案のため「大調査機関設立の議」建白書を政府に提出している。もちろん、こうした必要性は軍部でも検討されていた。国家総動員に関する調査統一機関として軍需局が内閣に設置されたのは、前年の一九一八年である。陸軍はすでに第一次大戦開戦直後に臨時軍事調査委員を置いて、欧州各国の戦時体制の調査研究を続けていた。一九二〇(大正九)年、臨時軍事調査委員は永田鉄山中佐を中心に「国家総動員に関する意見」をまとめている。その前年陸軍省大臣官房に新設された情報係は、この一九二〇年に陸軍省新聞班と改称された。

やがて、後藤が構想した「大調査機関」と「臨時新聞局」は、その没後、軍部主導によって内閣情報委員会、内閣情報部、情報局へと形を変えて実現していった。

## 三　読売新聞の買収

後藤新平は、ただ消極的な言論統制で臨んだだけでなく、御用メディアを使って反政府的な新聞に激しく攻撃を仕掛けていた。その代表例が杉中種吉主宰の『新時代』（一九一七年創刊）の「大阪朝日新聞」攻撃キャンペーンである。内務省の発行部数調査では、当時四万部の『中央公論』、三万部の『太陽』に対して、この『新時代』は三万二千部となっていた（有山・前掲書）。内務省や政府の組織的な支援が明らかである。この「後藤新平の秘密の機関誌」による攻撃キャンペーンは、白虹事件で朝日新聞社が屈服するまで、ボディーブローを打ち続けた。

こうしたメディア操作の帰結として、関東大震災後に内相に復帰した後藤が手がけた事業が、正力松太郎を通じた読売新聞社の買収、そして当時の「ニューメディア」であるラジオ放送の国家独占である。正力松太郎は後藤内相の下の警視庁警務部長だったが、摂政宮裕仁が狙撃された虎ノ門事件の警備責任を取って懲戒免官となっていた。その正力を使って、読売新聞社を買収させた黒幕が後藤である。当時、松山忠二郎（元東京朝日新聞編集局長）が経営権を握っていた読売新聞社には、白虹事件で朝日新聞社を追われた記者たちが続々と集っていた。こうして言論擁護、プロレタリア文学の旗手たらんとしていた『読売新聞』を、政府与党紙に転向させたクーデターが、正力による読売新聞買収である。この経緯については、木村愛二『読売新聞・歴史検証』（汐文社）や佐野眞一『巨怪伝』（文藝春秋）が詳細に論じているので省略する。

ただ、後藤の出身地水沢市にある後藤新平記念館の入り口に、正力松太郎と後藤新平の胸像が並び立っていることのみ書きとどめておきたい。読売新聞社買収資金の正力出資分として一〇万円を後藤新平が提供したことを、正力は「千古の美談」として繰り返し回想している。正力は社長室に後藤新平の肖像を掲げ続けたという。後藤の没後一〇年を経て、正力は建設資金一五万円に維持管理費五万円を加えて、後藤伯記念公民館を水沢町（当時）に寄付した。この倍返しの美談を二人の胸像は記念している。その間に置かれた石碑には、ボーイスカウト日本連盟初代総長を務めた後藤の「自治三訣」が刻まれている。

「人のおせわにならぬよう　人のおせわをするよう　そしてむくいをもとめぬよう」

いかにも、ニュース製造法に長じた正力松太郎らしい振舞いである。

## 四　ラジオ時代の公共性

後藤新平とラジオ放送開始について別にコラムがあるので、ここで多くを論じる必要はない。一九二五（大正十四）年三月二十二日（現在の放送記念日）に流れた東京放送局総裁の挨拶では、ラジオの使命を「文化の機会均等」、「家庭生活の革新」、「教育の社会化」、「経済機能の敏活」と表現している。これを後藤の先見性と評する向きもあるが、こうしたラジオ論は欧米で当時語られていた議論の翻訳であり、ここに独創性はない。

むしろ、注目したいのは、後藤がラジオ的公共性の中で新しい大衆新聞の変質を予見していたことである。正力の『読売新聞』がいち早く「ラヂオ欄」を取り入れて、大衆化に邁進したことは、それをよく示している。さらに、後藤の先見の明があるとすれば、空間を均質化するラジオを、国策的に利用する具体的なイメージを描いていたことである。『後藤新平』は、就任間もなく「東洋大放送局の設置案」を構想していたことを伝えている。

> 伯は東洋の文化を開発する目的を以て、満州及び北支を圏内とする大放送局を設置し、而して其の創設費は勿論、年々の維持費は日本に於ける放送事業の収益中より之を支弁すべしと主張したのである。何となれば、支那には未だ戸籍や寄留の制度が確立せず、他方国民性の関係上、到底日本の如く聴取料を徴収することは不可能である、さりとて受信機にこれを割付くる時は、機械を買ふ者が尠なくなるであらう、故にこれは無料で聴取せしめることとし、その費用は東洋の先進国たる日本国民が負担してやることにせねばならぬ、放送事業を公益法人としたことは、斯くして初めてその意義を見るのである、内地の聴取者が増加して、放送経済に余剰を生じ、聴取料を軽減し得る時が至ったならば、その低減し得らるる差額をこの方面に振向くべしと云ふのが伯の意見であつて、いかにも伯らしい堂々たる立論であった。（『後藤新平』第四巻、八一〇頁）

もちろん、「ラジオの父」後藤総裁の辞任以後、この大計画が言及されることはなかった。しかし、グローバル化に直面した近代日本に生まれた類まれな「メディア政治家」の発想として、「東洋大放送局」はその到達点を示してい

演説原稿をレコードに吹き込む後藤新平

る。後藤新平の没後三年にして、一九三一(昭和六)年に台湾放送協会、翌三二年に朝鮮放送協会、翌三三年には満州電信電話株式会社が設立された。そして、内外地間の電波連絡も整備された。さらに一九三五(同十)年には北米、ハワイの日系人向けの日本語と英語で放送が開始された。日中戦争勃発以後には、戦線の拡大に従い北京、上海、南京に宣撫放送機関が設置され、こうした外地放送局との連絡機関として東亜放送協議会が一九四〇(同十五)年開設されている。日本の国策や戦果を伝える海外放送は、一九三八(同十三)年には欧州、南北アメリカ、中国、南洋など六方向八ヶ国語になり、一九四〇年には一二方向一六ヶ国語に拡大された。日米開戦後は南方占領地に宣伝放送局が置かれ、海外放送も一九四四(同十九)年には一五方向二四ヶ国まで拡大された。もちろん、「大東亜共栄圏」の理念と同様、十分な効果をあげたとは言い難いが、確かに「東洋大放送局」は実現したのである。

# 放送の誕生

小田貞夫
Oda Sadao

東京都港区の愛宕山《あたごやま》にＮＨＫ放送博物館がある。ここは一九二五（大正十四）年七月から三九（昭和十四）年五月まで東京放送局があった、日本の放送発祥の地である。博物館の一角に、彫刻家朝倉文夫の作になる後藤新平の胸像が置かれ、撰文にこうある。「社団法人東京放送局ハ創始僅ニ一年有半ニシテ聴取者弐拾萬ニ達シ遂ニ全国鉱石化ノ礎ヲナセリ、之レ固ヨリ総裁タル君ノ声望ト指導ニ負フ所其ノ多ニ因ル」。

日本でラジオの放送が始まったのは一九二五年、その前年の十一月、社団法人東京放送局の設立総会で後藤は初代総裁に選ばれる。第二、三次桂内閣で逓信大臣を務めた後藤は、実用期に入り全国に展開しつつあった無線電信事業に強い関心を持っていた。世界最初のラジオ放送がアメリカで始まって二年余、国内ではまだラジオのことを口にする人もほとんどいなかった頃、後藤は側近にこう語ったという。「講演でも音楽でも、無線で全国の人が一度に、居ながらにして聞くことができる。その設備も電話より簡便・安価にできる」。

後藤の無線電信に対する造詣の深さと先見性、起業に当っての指導力、それに無類の新しいもの好きが加わって、東京放送局総裁はまさにはまり役であった。

東京放送局は二五年三月一日に試験放送を開始、同月二十二日からは仮放送に切り替わる。取りあえず芝浦の東京高等工芸学校の図書室を放送所とし、放送機や送信アンテナの支柱も借り物でのスタートだった。正式の施設ではなく当座の間に合わせの仮施設による放送のため仮放送と呼ばれたが、「これこそ本当の借り放送だね」ユーモア好きの後藤はこう洒落のめした。

仮放送開始の日、「JOAK、こちらは東京放送局でありますのコールサインに続いて、海軍軍楽隊のクラリネットとホルンの演奏があり、開局式が始まった。この日までに契約を結んだ聴取者は三五〇〇、未届けも含めてラジオ受信機を持っていた人は全国で八〇〇〇人と推定された。開局式で後藤は「無線放送に対する予が抱負」と題して約十五分間の放送を行った。

「無線電話は現代の科学文明の一大光輝。これを活用することは、今後の国家や社会の価値を高め、民衆の生活のかなめとなる」。後藤はこう前置きした上で、放送の機能として次の四点を挙げた。

(一) 文化の機会均等――ラジオは都市と地方、老幼男女、各階級の間の区別をなくし、あらゆるものに電波の恩恵を均等に提供する

(二)家庭生活の革新――これまで慰安娯楽は家庭の外に求めていたが、ラジオを囲んで一家団欒を楽しむことができるようになる

(三)教育の社会化――多数の民衆に耳から学術知識を注入することで、従来の教育を大きく進歩させることができる

(四) 経済機能の敏活――海外経済事情や株式、生糸、米穀など商品市況が速報されることで、経済取引が活発になる

後藤は放送事業の使命は文化の機会均等を図ることにあるとし、放送が報道、教養・教育、娯楽の分野で果たす機能と役割を明解に説いてみせた。

後藤はまた、大きな影響力を持つ放送事業の利権を独占したり、乱用したりしてはならないと戒め、「我々は当局の取締りを煩わすことのないように自治的に立派な成績と民衆的道徳の模範を示さねばならない」と強調した。日本の放送は絶えず公権力による規制・介入にさらされてきた。放送の自由を守り通すためには事業者の自律と節度が不可欠だが、後藤は四分の三世紀前にそれを見通している。その先見と卓見には舌を巻く。

「ラジオというものは普通の商売と同じで良く廉《やす》くだよ。それで面白くて役に立つようにして、早く聴く人を増やさねばならぬ」。東京放送局の理事たちを前に後藤はこう述べた。これまた今日に通用する経営の基本だ。

東京の男性小学校教員の初任給が月額二五円だった当時、真空管を使ったラジオ受信機は一〇〇円から二〇〇円もした。それでもラジオは急速に普及した。東京に次いで二五年六月に大阪、七月には名古屋放送局が開局、三局がそれぞれ趣向を凝らした番組を放送したことが、普及に拍車をかけた。一年で受信契約者は二五万も増えた。政府は二六年、三放送局を解散して新たに社団法人日本放送協会をつくり放送の全国への普及に本腰を入れる。

その時点で後藤は総裁を辞任した。わずか二年足らずの関わりであったが、創業期のラジオを軌道に乗せる上で後藤が果たした役割は大きい。世間は後藤が放送協会の総裁に就くものと見ていたが、彼は固辞し続けた。理由を聞かれた後藤は一言、「官選の総裁などは御免だよ」と洩らしたという。面目躍如と言うべきだろう。

**ラジオ放送のマイクにむかう後藤新平**

# 後藤新平の夏期大学事業

中島 純
*Nakajima Jun*

夏期大学は、後藤新平が手がけた教育事業のうち、もっとも成果をあげたもののひとつである。大正初期、デモクラシー的風潮を背景に、信州の文化的風土を地盤に、信濃木崎と軽井沢に開設された夏期大学は「大学」という名を冠した日本で最初の社会教育事業として歴史にその名を刻むことになる。

## 一 「学俗接近」論の主唱

夏期大学の思想的契機をもたらしたのは、後藤新平が主唱する「学俗接近」論であった。後藤は、日露戦争後の一九〇六（明治三十九）年に蔵原惟郭《くらはらこれひろ》が創始した進歩的な社会改良の立場による啓蒙団体「社会教育会」の役員に名をつらね、その事業に掲げられた英国の大学拡張、大学セツルメントを模した事業構想を評価したうえで、こう述べている。

> 蓋し現代の学者多くは、其学問を独占し、独り天下共通の真理を楽んで、毫も社会と共に之を楽み、社会と共に其の利益を分配する意なきものに似たり。是れ実に社会の一大欠陥にして、国家の不利是より甚だしきはなし。故に学者をして成るべく社会に接近せしめ、学者と世俗の隔壁を排除し、明治聖代の大欠陥を充塞し、以て国家の進運を阻害せざらしめんとするは、実に余が多年の間主張して止まざる所なりき。
> （後藤新平「学俗の調和」、立石駒吉編『後藤新平論集』一九一一年）

後藤の説く「学俗接近」は、二十世紀に入り進展をとげた近代科学、学問と国民生活の融和、結合を期そうとするもので、西洋文明に方向づけられた国民大衆の知的、文化的な底上げを意図していた。その主張は、国益を本位とした人的資源論、人材活用論の立場に基づくものであった。すなわち、欧米諸国に対して劣位にある日本の国威伸張をなすための方策として、国民生活の、ことに産業生活の科学化、合理化、効率化を推し進め、民力の拡充をはかるべきとの主張である。この発想から、後藤は、社会教育という、国家エリート養成とはシステムと方法を異にする周縁的で後発的な領野に、みずからの思望を達する場を見いだした。

「学俗接近」は、治者の論理からすれば、日本の帝国主義的膨張の基盤をなす民力育成の方策を説くものであったが、これを後藤のいう「世俗」すなわち、国民大衆の側からすれば、対象となる階層が限定されるものであっても、従来の生活経験からは得がたい科学知と学問知を享受しうる利をもたらす可能性を包含していた。そして、夏期大学において「学俗接近」は、大衆の利と結びついた実践となってたち現れていくのである。

## 二　通俗大学会の組織

後藤が、「学俗接近」の理念を実現するべく通俗大学会を設立したのは、一九一四、一五（大正三、四）年のことと察せられる。総裁には後藤が、会長には新渡戸稲造が就任した。同会の会員規約はその目的を次のように定めている。

本会ノ目的ハ広キ意義ニ於ケル国民教育ノ一助タランコトヲ期シ、古今東西ニ渉ル諸科ノ智識ヲ最モ容易ニ社会ノ各階級ニ普及セシメ併セテ世界的時事問題ニ関スル論評ヲ紹介セントスルニアリ

（「通俗大学会規約」『通俗大学文庫』各巻収載）

この通俗大学会は、『通俗大学文庫』の購読者からなる会員制組織で、図書の刊行とその執筆者による地方講演会を活動内容としていた。『通俗大学文庫』の執筆陣には、後藤のほか、大隈重信、阪谷芳郎、松岡均平といった後藤と近しい関係にあった人物が名をつらねた。『通俗大学文庫』の購読者は、そのまま会員資格を付与され、同会主催の講演会に出席する特典が与えられた。また、多数の会員を有す

る地方で有志によるはたらきかけがあった場合、その地で講演会を開催することとした。近代郵便の原則である国内均一料金制度を利用したこのシステムは、逓信大臣であった後藤ならではユニークな試みであり、これにより、地方における学問知の受容層の分布を掌握することができた。

## 三　信濃木崎夏期大学

一九一六（大正五）年夏、通俗大学会の巡回講演で長野県下を訪れた後藤は、当時、北安曇郡下の小学校長であった平林広人という人物と出会っている。平林は、このとき夏期大学の腹案を抱き、県内外の有力者に賛同と協力を呼びかけようと奔走していた。平林の勧奨する夏期大学構想にわが意を得た後藤は、物心両面にわたる協力と支援を応諾する。

同年十二月、後藤は、夏期大学の運営基盤を得るべく藤原銀次郎（王子製紙社長）ら信州出身の財界人に呼びかけ、一万二千円あまりの寄付金を集めた。これを基金とし翌年一月、財団法人信濃通俗大学会が設立される。信濃通俗大学会は、東京に本部を置き、理事には信州出身の沢柳政太郎（松本市出身、元文部次官、成城学園創設者）・加藤正治（東筑摩郡生坂村出身、枢密顧問官、後中央大学総長）・伊藤長七（諏訪市出身、東京高等師範学校教諭）が就任した。発足時の評議員には、後藤をはじめ政・官・産・学各界の名士が名を連ね、通俗大学会会長の新渡戸稲造や、前田多門らもこれに加わった。当時、貴族院書記であった柳田国男の名もそこにあった。

さらに、地元民間資本である信濃鉄道株式会社と北安曇郡の協賛を得て、財政基盤が堅固となり、信濃木崎夏期大学は開講となる。「信濃公堂」と呼ばれる専用校舎は日本アルプスを後背に木崎湖を一望できる丘に建てられた。第一回の講義は、一九一七（大正六）年八月に開講し、受講者は北海道から沖縄、さらには植民地朝鮮、満州にまでわたり、日本全国から六二〇余名が集まった。夏期大学の構想がそもそも、北安曇教育会の主催する教員講習会改革案を下地としていたこともあり、受講者の八割を教員が占めた。以来、信濃木崎夏期大学は、戦時中も途切れることなく今日まで継続されている。

講義と講師については、東京の信濃通俗大学会の評議委員会で大筋が決められ、あとは現地木崎にある夏期大学部と連絡を取りあい調整がなされ決定された。招かれた講師は、帝国大学系の教授と官僚が多く、総じて官学アカデミズムの傾向が強かったが、地方開催の利を示すべく地元信

信濃木崎夏期大学　第1回講義科目および講師（1917年）

| 講義科目 | 講師 | 肩書 |
|---|---|---|
| 電子工学 | 青柳 栄司 | 京都帝大　工博 |
| 湖沼物理学 | 田中阿歌麿 | 東京水産講習所 |
| 日本アルプス生物の分布 | 矢沢米三郎 | 松本女子師範学校校長 |
| 山岳研究の現況 | 梅沢　親光 | 日本山岳会幹事 |
| 農業気象学 | 稲垣乙丙 | 東京帝大　農博 |
| 支那革命史 | 吉野作造 | 東京帝大　農博 |
| 高山植物の生態 | 河野齢蔵 | 長野高女校長 |
| 心理学実験演習 | 上野陽一 | 心理学研究会 |
| 同 | 増田惟茂 | 文学士 |
| 同 | 福永勝盛 | 同 |
| 電気について | 中沢重雄 | 工学士 |
| 最近の支那 | 小平権一 | 農商務省 |
| 夏期大学と文明生活 | 後藤新平 | 内務大臣 |
| 大冶と撫順 | 赤池濃 | 内務監督官 |
| 自治体の経営 | 前田多門 | 内務大臣 |
| 淡水植物説明幻灯 | 川村多実二 | 理博 |
| 子供の心理作用と其の教育法 | 上野陽一 | 文学士 |
| 創造的教育の研究 | 伊藤長七 | 文学士 |
| 児童能率の調査 | 杉崎瑢 | 長野師範 |
| 瑞西の所感 | 赤池濃 | 内務監督官 |
| 所感 | 沢柳政太郎 | 文博 |
| 所感 | 加藤正治 | 法博 |
| 所感 | 槙山栄治 | 文部省監察官 |
| 高山植物幻灯 | 河野齢蔵 | 長野高女校長 |
| 淡水植物説明幻灯 | 川村多実二 | 理博 |
| 子供の心理作用と其の教育法 | 上野陽一 | 文学士 |
| 所感 | 川村多実二 | 理博 |
| 所感 | 槙山栄治 | 文部省監察官 |

出典）『開講八十年　沿革概要』信濃木崎夏期大学事務所，1997年。

州の教育関係者も配された。大正期に限れば、のちに民本主義政治学者として脚光を浴びる吉野作造（大正六年）や、『貧乏物語』の河上肇（大正八年）、白樺派の有島武郎（大正十一年）らが来講しており、この時代のリベラルな思潮を映しだしていた。

信濃木崎夏期大学では、自然科学・社会科学・人文科学のバランスを考慮して、講座を編成したことが、大学の間口を広げ、多くの受講者を集める要因となった。そして、権力に対して一定の距離を保ち、講壇アカデミズムを固持する姿勢は、夏期大学の基調となる。こうした立場は戦中期にもつらぬかれ、時の政府および軍部の時局認識におもねる内容の講座は開かれることがなかった。その意味で、夏期大学の教養主義は歴史社会の圧力に耐えうるものであったと評価できる。

## 四　軽井沢夏期大学

信濃木崎夏期大学開講の翌年、軽井沢でも、通俗大学会の主催により夏期大学が開講する。軽井沢夏期大学は、一九一八（大正七）年の第一回開講以来、一九三四（昭和九）年の第一六回まで続いた。信濃木崎と同様、受講生は全国から集まり、一九二九（昭和四）年には、最多の四七〇名を数えた。戦時中は、中断を余儀なくされたが、一九四九（昭和二十四）年、地元出身の有志によって再発足を見、戦後の軽井沢町の文化振興の中心的役割を担った。戸隠・野尻の夏期大学が、一九二一（大正十）年の開講からわずか三年で途絶え、通俗大学会が長野県外で試みた他の夏期大学も見るべき実績を挙げなかったことから、軽井沢夏期大学は信濃木崎とともにもっとも成功したケースといえる。

軽井沢夏期大学の講義は、例年、文化講座と英語講座の二つの柱で構成された。そのうち文化講座は、信濃木崎にくらべればバランスを欠くものの、これも学際的な内容を呈した。英語講座は、軽井沢夏期大学独自のもので、軽井沢に避暑滞在する外国人らが招かれた。講師の陣容を見ると、当時の論壇、文壇、芸術界で第一線の活躍をなした人物が名をつらね、軽井沢夏期大学は信濃木崎にも劣らぬ華やぎを示した。さらに、そこには新渡戸稲造の人脈で、彼が在職していた東京帝国大学の姉崎正治（宗教学者）、桑木厳翼（哲学者）といった新渡戸と親交があり、自由主義者として知られる教授の名があった。また、森戸辰男、鶴見祐輔、河合栄治郎ら新渡戸の一高校長時代の弟子たちが脇を固めた。軽井沢夏期大学の内容が、後藤の「学俗接近」論の実学志向から離れて教養主義に傾倒したのは、新渡戸とその一門の影響によるものであった。さらに、新渡戸の別荘が軽井沢にあったことが、夏期大学の活動を支える好条件となった。そのため、新渡戸が死去した一九三三（昭和八）年以降、軽井沢夏期大学は急速に退潮し、翌三四（昭和九）年に軍部からの圧力もあって終止することになる。

軽井沢夏期大学の受講生も教員と学生が多くを占めた。それ以外には、官公吏、銀行会社員、自営業者といった新中間層に属する人びとにより構成された。中等教育以上の学歴を有し、高等教育レベルの教養学習を可能とするレディネス（学習準備状態）と経済的ゆとりを有するインテリもしくは亜インテリに限られた。このような大衆のなかの知的な階層による教養学習の享受は、大正期における文化生活の成熟によりもたらされたものであった。

## 五　社会教育における方法的革新

後藤は、社会教育というものを物質的関係において抽象化してみるならば、それは人と情報の伝播と流通であると

**信濃公堂の前景**
（長野県大町市木崎湖畔。現在でも夏期大学の会場となっている）

認識していたように察せられる。その意味で、彼はすぐれた教育起業家であった。その真骨頂が発揮された夏期大学では、大学拡張と鉄道、電信、郵便といった通信テクノロジーが結びつけられ、戦前の社会教育に方法的な革新をもたらした。その端的な表れが、鉄道というメディアの利用である。鉄道院総裁であった後藤は、その権限を用いて、受講生のうち鉄道利用者に割引証を発行し、遠方からの受講生に配慮した。また、「全国重要鉄道停車場」に貼られた夏期大学案内のポスターも集客効果をもたらした。

後藤は、テクノクラートの先駆け的位置にある官僚政治家であったが、藩閥を背景とせず、学閥に依拠することなく権力の中枢に君臨していくのに、学問がみずからの人生を切り拓く手段となった。同時に東北出身者である後藤は、「地方」と呼ばれる文化的僻遠の地にあるものが、西洋の先端をいく学問と技術を学び、それをもって身を立て世に出ていくことの困難さをわが身をとおして知っていた。このことは、おなじ岩手県出身の新渡戸にもあてはまる。後藤自身、福島にある須賀川医学校で「変則医学」（原書ではなく訳書を用いた課程）を修めただけで、帝国大学を出て官僚の道を歩んだ学歴エリートとはちがった出世の仕方をした。わが国の社会教育に「現代的性格」を刻印した夏期大学は、「学俗接近」を主唱した後藤自身の出自と来歴における「前近代性」に胚胎したのである。

# 後藤新平とボーイスカウト

中島 純
Nakazima Jun

後藤新平は、日本のボーイスカウト運動の父である。英国で誕生したボーイスカウトが日本に紹介されたのは、日露戦後のことであった。ボーイスカウトは二十世紀初頭に陸軍軍人であったベーデン＝パウエルが、ボーア戦争時の少年偵察隊の経験をもとに青少年のための有益な訓練法として体系化したもので、英国本土のみならず世界各国に広まった。

日本に最初に伝えられたのは、ベーデン＝パウエルが著し、のちにスカウト運動の聖典となる『スカウティング・フォア・ボーイズ』の刊行が英国ではじまった一九〇八（明治四十一）年のことである。ベルギー公使秋月佐都夫から、ボーイスカウトに関する報告を受けた文相牧野伸顕は、日本の青少年教育の参考とすべく沢柳政太郎次官に情報蒐集を命じた。沢柳は同年ロンドンで開催される万国道徳会議出席のため訪英していた北条時敬（広島高等師範学校校長）に調査を依頼し、ベーデン＝パウエルの著作とスカウト用具一式を日本に持ち帰らせている。

その三年後の一九一一（明治四十四）年、英国王ジョージ五世の戴冠式に明治天皇の名代で出席した乃木希典陸軍大将は、ロンドンにてボーア戦争の総司令官として名をあげたキッチナー元帥との会見後にボーイスカウト集会を視察した。このときにベーデン＝パウエルと会った乃木は、感銘と印象を胸に刻み、帰国後各地で講演を行うとともに、院長を務めていた学習院でボーイスカウトを真似た教育キャンプを行っている。

以来、日本国内にボーイスカウトを模した団体が、学校教師、宗教家、在郷軍人、医師などの民間篤志者の手により、全国各地で結成されていく。これらの団体は、学齢児童を対象に、都市部を中心に組織されるケースが多かった。そのピークをもたらしたのは、裕仁皇太子（昭和天皇）の英国訪問であった。一九二一（大正十）年三月より半年間、欧州四ヶ国を歴訪した皇太子は、ロンドンで現地のボーイスカウトより熱烈な歓迎を受け、ベーデン＝パウエルとも引見している。さらに、同年五月、エジンバラでボーイスカウトの集会を観閲した皇太子は、令旨を読み上げ感謝の意を表明した。

この報が日本に伝わると、国内でも少年団体の統一組織をつくろうとする機運が高まっていく。ベーデン＝パウエルが、ボーイスカウトに日本の武士道精神を取り入れたという噂がこれに拍車をかけた。翌一九二二（大正十一）年四月、第一回全国少年団大会が静岡で開催され、各地で少年団体の活動に携わる民間篤志者を中心に、地方行政官、文部省関係者が静岡に集まり、全国統一組織である少年団日本連盟を結成することを決議した。そして、時期を同じくして第一回日本ジャンボリーが東京を会場に実施された。これは全国組織結成を祝賀しての少年団体の祭典であった。英国よりエドワード・アルバート皇太子が招かれ、全国より一道一府一八県、六八の団体と、四五五九名の団員が参加した。こうして結成された少年団日本連盟の初代総裁には、当時東京市長職にあり、東京連合少年団の総裁でもあった後藤新平が推挙された。

総裁に就任した後藤は、一九二三（大正十二）年、東京市長辞職時に慰労金として受け取った一〇万円を全額少年団日本連盟に寄付している。また政府より助成金を得るべく、一九二五（大正十四）年五月、貴衆両院に働きかけ、「少年団日本連盟事業助成ニ関スル建議案」を帝国議会に上程している。結果、この建議は修正の上可決され、少年団日本連盟は、以後一〇年間、毎年一〇万円の奨励助成金の交付を受けることになる。少年団日本連盟の財政基盤の確保に、後藤の政治力が遺憾なく発揮された。

社会ダーウィン主義の影響もあり、後藤は、社会的進化をとげ、時代の先端をいく文物を愛好した。彼は、とくにボーイスカウトの制服を気に入っていた。制服には、幹部服と健児（スカウト）服とがあったが、健児服を好んで着た。当時、麻布狸穴《まみあな》町にあった邸宅の庭でボーイスカウトの野営訓練がおこなわれることもあった。山高帽をかぶり、カーキ色の制服にスカーフをまとった後藤が少年団の式典に現われると、団員児童は「僕等の好きな総長は、白いおひげに鼻眼鏡、団服つけて杖もって、いつも元気でニーコニコ」と「後藤総長弥栄の唄」を合唱した。少年団日本連盟で、団服を制定するときに、あまりにハイカラすぎるなどと方々から反対や苦情が出たが、後藤は「彼等はユニフォーム進化論を知らないものだ」と一笑に付し、取り合わなかったという逸話がある。

後藤は、晩年に少年団運動に躍起になって尽力した。少年団日本連盟総裁職は、単に名ばかりの名誉職ではなかった。それは、一つには後藤のハイカラ好みによることもあるが、かといって、単なる道楽的趣味でもなかった。

後藤はすでに還暦を過ぎていたが、少年団の普及に自らつとめるために、精力的に地方に出向き、講演をおこなった。行った先々で「自治三訣」の標語を説いた。そこには、「人のお世話にならぬよう。人のお世話をするように。そして報いを求めぬよう」とあり、みずからを律し、他者に報いる公共の精神が説かれていた(後藤新平『自治三訣　処世の心得』安国協会出版部、一九二五年)。

一九二三年に関東地方を大震災が襲うと、少年団員は救援・復旧活動において幅広い活躍をなした。後藤は、これをボーイスカウトを社会にピーアールする好機ととらえ、同年九月「少年団日本連盟組織宣言」を発表した。そこで、彼は少年団教育の意義についてこう述べている。

「蓋し少年団は学校教育其の他少年教育施設の拡充であって少年の生活を純化し、善良有為なる公民たるの資質を得しめ進んで共存共栄の精神を涵養するに在る。従ってその訓練は少年期に特有なる教育受能性を利用し観察推理の練習や手工技能等の練磨を主眼として之を少年の好める遊戯や競技に仕組み力めて自然に親ましめる為に野外や水上の生活を奨励し内に在っては能く家事を助け出でては善く社会公共に奉仕し人を助くるの実力を練り他人を尊重すると共に自立の精神を養はしむるにある。」

後藤は少年団を、公共心をそなえた有徳な市民を養成する教育装置として積極的に位置づけた。そして、野外での集団生活経験を通して、共同互助の精神と規律ある行動を培う方法であるボーイスカウトを高く評価した。後藤が草創期の日本のボーイスカウト運動に見出した教育的価値は、今なお説得力を喪っていない。

# 後藤新平と拓殖大学

海老澤克明
Ebisawa Katsuaki

後藤新平が拓殖大学第三代学長として、一九一九（大正八）年二月二十四日から一九二九（昭和四）年四月逝去するまで就任していたことは、心ある学校関係者にはよく知られている。

拓殖大学は、一九〇〇（明治三十三）年台湾協会を母体とし、台湾協会学校として、日清戦勝により我が国が領有することになった台湾開発のため、貢献しうる人材の育成を目標とし設立された。桂太郎公爵（当時子爵）が初代校長に就任した。台湾総督府児玉源太郎総督の下に民政長官であった後藤は、同年十二月台湾協会に招かれた。その折に、台湾経営上目下の最急務たる人材の養成のため総督府は官立学校の設立の計画を立てたが、台湾協会学校設立によりその必要がなくなった、その代りに総督府は協会を補助し学校を発展させることにした、旨の演説を行っている。

後藤新平は、開校まもない一九〇一（明治三十四）年一月に来校し学生に講話をした。「もしこの学校（台湾協会学校）なかりせば（中略）台湾のみならず帝国の拓殖事業、すなわち殖民事業というものが、成り立ち或いは成功すべき目的はない」とまで言い、学生に対する大いなる期待感を披瀝している。その後も学長に就任するまで何回か来校し学生を前にして講演を行っている。ちなみに、台湾協会規約によれば台湾協会の行う事業として、「（一）台湾ノ真相ヲ開発スル事、（中略）（五）彼我言語練習ノ便ヲ図ル事（後略）」としており、拓殖大学の研究・教育における特徴である「地域研究」と「語学教育」の源流をそこに見出せる。

その後、日露戦勝により殖民的経営を要する地域が大陸へと拡大したことにより、台湾協会の趣旨と特色とを満韓地方に発揮する必要性が生じた。ために、一九〇七（明治四十）年二月台湾協会は名称を東洋協会と改称し、台湾協会専門学校（一九〇三〔明治三十六〕年の専門学校令公布により校名を改称）もまた東洋協会専門学校と変更した。

一九一九（大正八）年に新大学令が発布され、官立以外に私立の大学が認められるようになった。二月、後藤は第三代学長として就任すると体制の強化に取り組んだ。新制大学として昇格するには各般の準備が必要であるが、その中で最も困難なことは、大学基金の調達である。文部省の規定によれば、新制大学は単科の大学であっても、五十万円の基金を文部省に供託することを要するとした。後藤新平は、台湾にある五大製糖会社を勧奨して、五十万円の基金を無条件により寄附せしめた。このような金額が短時日の間に集められたことは、ひとえに後藤の声望による（因みに大正九年の大学年間経費は、七万五八〇〇円程度）。ついに一九二二（大正十一）年六月全教職員、学生、卒業生の念願であった大学昇格を成し遂げたのである。東洋協会から別個の財団法人となり、独立した。

教学面では、後藤は、学校長を補佐する教育上の責任者として、日本で最初の農学博士である新渡戸稲造を学監として推薦した。新渡戸はその二年前に拓殖大学に着任している。担当講義は植民政策である。新渡戸は、「原住民の利益を重んじること」が植民政策の基本と考えていた。

また、特異な思想家として戦前の在学生に大きな影響を与えた大川周明を招き、植民政策と東洋事情の講義を担当させた。支那事情は後藤朝太郎、植民史に佐々武雄、英米法は高柳賢三、憲法に井上孚磨、東洋思想に安岡正篤、東洋事情に満川亀太郎が就任している。

このような後藤の貢献に関し、拓殖大学第十三代総長豊田悌助は、拓殖大学中興の学長であったと位置づけている。

拓殖大学校歌に「人種の色と地の境　我が立つ前に差別なし」との一節がある。これは、人種や地域の異なることを認めつつ、差別感を持っては「ならない」、「いない」との拓殖大学関係者のあるべき心根を高らかに謳いあげた節である。正に、後藤の台湾経営理念である「内地延長でなく、その地域の習慣を尊重しようとする」との考え方の文脈にある。

台湾協会から台湾協会学校へ毎年行われていた巨額の寄付金、学生への講話など、側面で支援を行っていた後藤が、拓殖事業に於ける偉大なる功績を携え、創立者桂太郎公、小松原英太郎第二代学長に続き第三代学長になることは、結果的に見ると自然の順序であったと言える。これまで寄り添って流れていた二つの河が、後藤の学長就任により合流し大河となった。その意味において、後藤新平は、正に拓殖大学学統の祖とも言える。

異文化圏での活動は、自己の文化でなくその地域の文化、風俗、習慣等を尊重すべきとの後藤の現地主義の理念は、今日、拓殖大学の教育・研究活動の特色のひとつとなり、地域研究、そのコミュニケーション方法としての、外国語講座を多数設けることに通じている。また、多彩な留学プログラムにより多数の学生を海外に留学させてもいる。座学・会話でなく、異文化の中でのコミュニケーションである言語教育として、現地主義を実践させている。

一方多くの留学生を受け入れることにより、異文化としての日本文化の理解を深めている。後藤新平の理念が時空間を超え学統として、そして拓殖大学の存在意義として、今日そして次の世代に受け継がれているのである。

**参考文献**

(1) 拓殖大学創立百年史編纂室編『後藤新平——背骨のある国際人』(拓殖大学創立一〇〇年記念出版)、学校法人拓殖大学、二〇〇一年。
(2) 入江湊編『拓殖大学六十年史』拓殖大学六十年史編纂委員会、一九六〇年。
(3) 草野文男編『拓殖大学八十年史』拓殖大学創立八十周年記念事業事務局、一九八〇年。
(4) 拓殖大学創立百年史編纂室編『世界に天駆けて夢と群像——拓殖大学百年・小史』学校法人拓殖大学、二〇〇〇年。
(5) 池田憲彦「後藤新平の異民族観・試論——主に東洋協会機関誌に収録されている諸稿から」、『拓殖大学百年史研究』三号所収。
(6) 鶴見祐輔編『後藤新平』第一～四巻、後藤新平伯伝記編纂会、一九三七—三八年。
(7) 草原克豪『近代日本の世界体験——新渡戸稲造の志と拓殖の精神』小学館スクウェア、二〇〇四年。

〈幕間2〉

# カイロのお金

## 後藤新平のアジア経綸

鶴見和子
Tsurumi Kazuko

わたしが九つのときのことであった。祖父後藤新平は、息子と娘とそのつれあいと孫たちを洋館二階の応接間に集めた。「これからおじいさんはロシアにゆく。生きて帰るかどうかはわからない。お前たちみんなにこれを渡す」といって、「カイロのお金　新平」と書いた袋をひとりひとりに手渡した。「カイロ」とは何だろう。海を渡ってゆくから「海路」なのか。無事に帰るようにという願いをこめた「帰ろう」なのか。わたしにはその時わからなかったし、今もってわからない。しかしその場の緊張した雰囲気をわたしは生涯忘れることができない。祖父はすでに二度の脳溢血で倒れていた。三度目は危ない。ことに厳寒のロシアにゆくことは、殆ど無謀であると主治医は止めたが、祖父は一九二七年十二月主治医を伴って、ロシアに旅立った。

話は一九〇七年九月の「厳島夜話」に遡る。後藤は宮島の岩惣旅館で、三晩にわたって、伊藤博文と語りあかした。この部屋は今も岩惣に大切に残されている。アジアの平和を保つには、日本と中国とロシアがしっかり結ばなければならないというのが、後藤の堅い信念であった。当時中国は軍閥割拠の状態で、このままでは中国は欧米列強に分割されてしまう。後藤はドイツ人の書いた新旧大陸対峙論をよんでいて、旧大陸であるヨーロッパと新大陸であるアメリカが対立した場合、アメリカは中国をひっぱりこむであろう。そうなれば日本に混乱は及ぶ。それを防ぐには、日本は、ロシアと手を結んで、ロシアを通して中国の内乱を鎮め、同時にヨーロッパとも手を結ぶことによって、アメリカの中国への介入を防ぐことができると考えた。そこでかれは同じような考えを抱くロシアの要人と会って、日露関係を話しあうように伊藤を説得した。そして伊藤とロシア要人とのハルビンでの会談を設定した。伊藤がハルビンで殺されたのは、自分の責任だと感じ、その責めは自分が負わなければならないと後藤は考えた。

ところが、一九一八年後藤は外務大臣のとき、革命後のロシアに対して、シベリア出兵を行った。これはあきらかに、かれのアジア経綸と矛盾する。

しかし官を辞した後、一九二三年には、当時労農政府極東全権大使であったヨッフェを病気療養の名目で、後藤は個人の資格で日本に招待し、ヨッフェの滞在中、日ソ国交回復の下準備としての交渉をしつづけた。この交渉はまとまらなかったが、このため右翼が後藤家の玄関に押し入り、応対に出た一蔵伯父（新平の長男）を下駄でなぐりつけるのを、わたしは眼の前で見た。

一九二七年の訪ソも、個人の資格であった。この時後藤はスターリンと会見した。スターリンは後藤に、次のように説いたという。「中国に共産主義が擡頭しているのは、外国の干渉を排する独立運動なのだ。日本が明治以来治外法権撤廃に努力したのとおなじことだ。日本がこのことを理解せず、中国に対する政策を誤ればアジアは修羅場になる」と。

「厳島夜話」より遡ること一年、一九〇六年、南満洲鉄道が創設され、後藤は初代総裁に就任した。断りつづけていた後藤が、結局引き受けた理由について、鶴見祐輔著『後藤新平』によれば、南満洲鉄道は中国からロシアに通じる道であり、さらにヨーロッパに接近する道であると後藤が考えたためであると述べている。そのことは大きくは後藤のアジア経綸とむすびつく。もう一つ重要な動機があったことを、最近、弟俊輔からきいた。それは阪谷芳直「祖父阪谷芳郎と中国」（『青淵』一九八五年四四〇号）による。満鉄が関東軍の手先になって中国侵略にのり出すことを阻止できるのは、児玉源太郎だと後藤はかねがね考えていた。ところが、その児玉が、一九〇六年陸軍参謀総長になった後に病歿した。そこで事態は危うくなったと感知したために後藤は就任の決意をしたという。その意図は果されなかったが、すくなくともこのような志を後藤が抱いていたことを示す資料である。

人生の半ばにおいて大きな矛盾と大失策（シベリア出兵）を犯しながら、始めと終りがおなじ信念で貫かれているのが、後藤新平の生涯の奇怪である。また、帝政ロシアであろうと、共産主義ソヴィエト・ロシアであろうと、手を結ぶ相手としてはおなじだという考えも、シベリア出兵を除いては、一貫している。

ロシアへの祖父の思い入れを示すようなみやげものが我が家にはいろいろ残っていた。まず帝政ロシア時代のディナー・セットがあった。白地にコバルト・ブルーと金の模様のついた豪華なものである。これは父の死後、きょうだいで分けた。また大きな銀いろのサモワール（湯沸し）で、これは父が茶会をする時は、いつも使っていたが、今は俊輔が愛用しているそうだ。

日本と中国とロシアがしっかり結ぶことによって、アジアの平和が保たれ、ひいては世界の平和が保たれるという後藤の信念は二十一世紀にむけて、これからの世代にむけて、熱烈な伝言であると思う。

（『私たちが生きた20世紀』文藝春秋編・発行、二〇〇〇年より）

**最後の訪露から戻った後藤一行**（昭和3年、後藤邸にて）

# Ⅲ　後藤新平ゆかりの人々

ビスマルクはいえり「一も金、二も金、三も金」と、
予はいわん「一も人、二も人、三も人」と。

（後藤新平『青年訓』）

# 北里柴三郎（一八五三—一九三一）・長与専斎（一八三八—一九〇二）・石黒忠悳（一八四五—一九四一）——日本の衛生の先駆者たち

**山崎光夫**
*Yamazaki Mitsuo*

後藤新平は一八五七（安政四）年に生まれ、一九二九（昭和四）年に死去した。幕末、明治、大正、昭和と四期にわたり、いわば日本近代化の激動期に生きた医者であり政治家だった。英雄、英雄を知るというが、後藤新平の医学界での交遊をたどると、この言葉が重く響いてくる。

後藤新平と同様に四期にわたり医学界で活躍した人物に北里柴三郎がいる。

北里柴三郎《きたさとしばさぶろう》は日本近代医学の父といわれる細菌学者で、一八五三（嘉永五）年に、熊本県小国《おぐに》に生まれ、一九三一（昭和六）年に死去した。

北里と後藤は同時代人で、互いに盟友と呼びあう間柄だったが、出会いの当初はいがみあっている。桁外れという面では、後藤と北里は似ている。喧嘩相手が畏友関係に変わっても不思議はないのかもしれない。

北里は熊本で師事したオランダの医師、マンスフェルトに励まされて上京、学費と生活費を稼ぎ出しながら東京医学校（のちの、東京大学医学部）に入学した。一八八三（明治十六）年七月に卒業、公衆衛生の活動を希望し、内務省衛生局に入った。当時の衛生局長は長与専斎《ながよせんさい》だった。

長与は一八三八（天保九）年九月、肥前大村藩・蘭方医の子として生まれ、一八五四（安政元）年、大阪に出て緒方洪庵の「適塾」で学んで後、長崎に赴き、医学伝習所に入った。その後、幕府設立の学校病院「精得館《せいとくかん》」（のちに長崎医学校）でさらに医学を修めた。この学校には北里も師事するマンスフェルトが教鞭をとっていた。やがて、上京し、岩倉大使の欧米視察に随行、中央で頭角を現して、一八七三

(明治六)年三月、文部省の医務局長となった。この医務局が七五(同八)年六月に文部省から内務省に移管された際、長与は「衛生局」と改称した。それから十九年間、衛生行政界の第一人者として衛生局長の椅子に座っていた。今日、ごく一般的に使われている「衛生」という言葉は、長与が普及させたものである。

北里が衛生局に入ったほぼ半年前に後藤新平は内務省御用掛を拝命していて、衛生局照査係副長を務めていた。その後藤を衛生局に呼んだのは長与である。後藤が衛生行政にまつわる建議書を何通か提出したのが長与の目にとまったのだった。後藤は愛知医学校兼愛知病院長を辞めて長与の招聘に応じていた。長与は入省してきた北里に、

「後藤新平くんの下についてもらう」

と指示した。

これには北里が強く難色を示し、

「わたしはご承知のごとく最高学府を卒業した者です。後藤などとは教養を異にするものですからその下風に立ったりはできません」と激しく食い下がった。名もない福島県の須賀川《すかがわ》医学校しか出ていない後藤と自分を一緒にされてはたまらないと抵抗したのである。

結局二人は同じ衛生局で働いた。蔭で、後藤は北里を「横文字好きの青二才」と軽蔑し、一方、北里は後藤を「浅学の田舎医者」と揶揄した。まさに犬猿の仲だった。若気の至りとわかっていながら牽制し合った。

その後、北里はドイツ留学の命を受けて、当時、結核菌を発見して世界的な名声を博していたローベルト・コッホの研究室に入って指導を受けた。六年半に及ぶ留学中に、世界にさきがけ破傷風菌の純粋培養に成功、また、破傷風菌の抗毒素も発見し、血清療法の先鞭をつけた。細菌学界で世界的に知られる医学者になっていた。

このドイツ留学中の北里を後藤が訪ねている。後藤はかねてから学術研究のため洋行を希望していたところ、補助金が支給されたので、一八九〇(明治二十三)年四月に自費でドイツに来ていた。そのとき、コッホが結核の一治療法としてツベルクリンを発表し世界中が沸き立ったのである。後藤はコッホの下での研究を夢みて北里を突然訪問したのだった。五年ぶりの再会だった。お互い成長していて、衛生局内での子どもじみた確執はなかった。北里の口ききにより後藤はコッホの研究室で、無事研究が許された。以来、二人は意気投合し、盟友となるのである。

北里はコッホ研究所で成果をあげて一八九二(明治二十五)年五月に帰国した。だが、当時の日本には北里を遇する研

究所は存在せず、北里は浪人生活を余儀なくされた。この窮状に手をさしのべたのが、慶応義塾大学の創立者、福沢諭吉と日本衛生学界の重鎮、長与専斎だった。北里はこの二人の支援を受け、同年十一月に東京・芝公園に小規模ながら伝染病研究所を設立した。ここに日本の細菌学の研究は緒についたのである。一八九四（明治二十七）年には、伝染病調査のため政府から香港に派遣され、ペスト菌を発見した。北里の成果と名声の下、伝染病研究所の規模は拡大し、人材も育った。野口英世も伝染病研究所から育ち、志賀潔《きよし》が赤痢菌を発見した。伝染病研究所は一八九九年には内務省所管の国立研究所となり、事業は充実の一途だった。

ところが、一九一四（大正三）年十月、突然、政府は、伝染病研究所を文部省の監督下に移し、東京帝国大学の付属機関とする旨の方針を打ち出した。世にいう〝伝研移管事件〟である。時の政府は、大隈重信内閣で、その大隈の主治医を北里の宿敵である青山胤《たね》通《みち》が務めていた。北里＝内務省＝伝染病研究所と青山＝文部省＝東京帝国大学の図式が描ける。

**北里柴三郎**
（1853 - 1931）

新聞は、青山の東京帝国大学による、北里の伝染病研究所の乗っ取りと報道した。世間も、東大派による闇討ちとして、北里に同情し、大半が味方した。

伝染病研究所内は寝耳に水の出来事で動揺が広がった。北里は激怒しながらも、対応に追われた。政府の発表がくつがえることはありえないものの、水面下で数々の打開策が講じられた。

**北里研究所の全景**

当時、後藤は貴族院議員に勅選され、満鉄総裁や逓信大臣、鉄道院総裁などを歴任し一大政治家として地位を固めていた。

この〝伝研移管事件〟に対し、後藤は、文部省に移管されても所長としてそのまま残ればいいではないかという意見だった。が、北里は一研究者として、東

**長与専斎**
（1838 - 1902）

京帝大の軍門に下るわけにはいかない。研究者と政治家の見解の相違が歴然としていた。しかし、その後藤も北里の独立には反対しなかった。

事件の仲介役として活発に動いたのは長与又郎《またろう》だった。長与専斎の三男で医科大学・病理学教授だった。専斎はすでに一九〇二（明治三十五）年九月に没し、この世にいない。北里は専斎の縁と又郎の結婚では媒酌人を務めている関係から、又郎の打開策にていねいに対応した。だが、妥結点はみいだせなかった。

新聞は連日にわたり事件を報道した。学問の場の事件がこれほど世間に注目された試しはなかった。北里は気にさわると、あたり憚らず大声を出してドンネル（雷）を落とした。有名なカミナリ親父だったが、反面人情家で涙もろい性格だった。北里は一人、研究所を辞め、あとは全員そのまま文部省に移管されればいいと考えていた。そして、北里は決然として伝研所長の職を辞したのである。すると、北島多一《たいち》、志賀潔、秦佐八郎《はたさはちろう》など、研究者は総退職し北里と行動をともにし、やがて設立された北里研究所に参画した。

この北里研究所は、北里が福沢諭吉の遺志をついで、一九一七（大正六）年に創設した慶応義塾大学医学科の母体となった。医学界の東大派と慶応派の確執の元はこの〝伝研移管事件〟に胚胎されているのである。

北里はその後、日本医師会の初代会長の要職に就き、男爵にも叙せられている。

石黒忠悳《いしぐろただのり》も幕末、明治、大正、昭和と四期にわたり生きている。一八四五（弘化二）年二月、岩代国（福島県）に生まれた。医者を志し、江戸医学所で学び、大学東校（のちに、東大医学部）に奉職。一八七一（明治四）年、兵部省軍医寮に出仕、七六（明治九）年には陸軍軍医監となり、三ヶ月にわたりアメリカを視察して帰国した。以来、陸軍省と内務省衛生局に出仕し、軍医制度や兵食、衛生問題を中心に貢献した。日清戦争時は、野戦衛生官として、天皇に随行して広島大本営に移った。日露戦争時は、国内赤十字救護班視察のため各予備病院を巡視した。のち、枢密顧問官、日本赤十字社長を歴任し、長く陸軍、軍医界の重鎮だった。森鷗外の上司でもあった。

石黒は、一八七七（明治十）年、西南の役が発生すると、西下して大阪臨時病院長を統率している。このとき、後藤新平は石黒をたずね、

「この病院で外科治療を実地研究したいのですが」と研究の許可を願い出ている。後藤は愛知県病院三等医の地位をなげうっての大阪行だった。

石黒は、傭員《よういん》でよければ、と条件を提示した。これに対し、後藤は地位は問題ではありません。外科の勉強がしたいのですといって雇われた。ここで外科の腕を磨き、名古屋鎮台病院に移った。その五年後の一八八二（明治十五）年、板垣退助が岐阜で暴漢に襲われた事件に際し、愛知病院長をしていた後藤は県を越境して、治療に当たった。板垣が「板垣死すとも自由は死せず」の名言を吐いたといわれる事件である。後藤は板垣の脈をとりながら、「御負傷で、御本望でございましょう」といい、治療に当った。後藤の治療は、最新のリステル氏消毒法だった。外科医として腕をふるえたのも、石黒が修業の機会を与えたからだった。

**石黒忠悳**
（1845 - 1941）

後年、石黒が日清戦争時に広島にいたとき、相馬事件で災禍にあった後藤が出獄したのをきいて、電報で後藤を広島に呼んでいる。東京にいては気は休まらないだろうという配慮で、宮島見物などをさせて傷心を癒している。石黒は仕事上で後藤と深いつながりはできなかったが、その人物を買っていた。

石黒は一九四一（昭和十六）年四月に天寿を全うする。享年、九十七だった。

医者としての後藤新平の周囲には、北里柴三郎をはじめ、長与専斎、石黒忠悳と医学界の重鎮が関与している。それも不思議と人生の過渡期に集中している。偉人《ひと》、偉人《ひと》を呼ぶといえるだろう。

# 安田善次郎（一八三八―一九二一）――「八億円計画」の意義を見抜く

浅井良夫
*Asai Yoshio*

安田善次郎（一八三八―一九二一）が後藤新平と親交を深めたのは、安田の最晩年の一九二〇（大正九）年から二一年の二年間であった。安田は、後藤東京市長の「東京市改造八億円計画」に賛意を表し、これを全面的にバックアップする意思を表明した。しかし、安田の非業の死によって、後藤の事業への支援は、一部を除いて、実を結ばないままに終った。

後藤の満鉄総裁時代から、安田と後藤とは面識があったようであるが、親密な間柄ではなかった。一九二〇（大正九）年十二月十二日、竣工したばかりの工業倶楽部において、後藤が主宰する都市研究会の会合が開かれた時に、かねてから後藤の構想に関心を抱いていた安田は、神田鐳蔵《らいぞう》（証券業者）を誘って、この会に参加した。後藤が、「東京市の行き詰まりは即ち帝国の行き詰まりであって、首府たる東京は帝国の縮図なれば東京を救済することは帝国を救済すること」であると演説するのを聞き、安田は非常に感銘を受けた。

その五日後の十二月十七日、後藤は東京市長に就任した。就任後まもなく、後藤は、ニューヨーク市政調査会に範を取った東京市政調査会設立の構想を打ち出し、支援者を求めた。翌一九二一（大正十）年三月、安田は工業倶楽部において後藤と会談し、市政調査会に対して資金援助をする用意があると伝えるとともに、後藤に対し、市政調査会の具体的内容を質した。後藤は、建築費の総額は三五〇〇万円であり、運営費は会館の事務所貸し等でまかなう予定であると説明した。同年五月から六月初めにかけて安田は、浅野総一郎らと中国・フィリピン旅行に出掛け、市政調査会に関する会談は中断したが、安田の帰国後、支援プランは具体的に詰められていった。

　同年五月、後藤は、「東京市政要綱」（いわゆる「東京市改造八億円計画」）を発表した。今後一〇～一五年間に七～八億円を投じて、道路の新設・拡張・舗装、上下水道の整備、港湾の修築、河川の改良などを行う計画である。当時の政府一般会計は一三億六〇〇〇万円（大正九年度）であったから、八億円という金額が、いかに巨額であったかは想像がつく。しかし、安田は後藤に対し、「あなたの所謂八億円計画は、失礼ながら閣下としては小に過ぎはしませんか」と問い、年間八〇〇〇万円程度の資金は、「善次郎一人の家産を傾けるまでもなく、弁じ得べき程度の金なり」と豪語したと伝えられる（鶴見祐輔『後藤新平』第四巻）。

**安田善次郎**
（1838 - 1921）

　後藤と安田との関係は、安田の不慮の死によって突然終止符が打たれた。同年九月二十八日、安田は大磯の別荘において、暴漢朝日平吾の凶刃に倒れたのである。安田の遺志を受け継いだ二代目善次郎により、東京市政調査会への三五〇〇万円の寄付は実行されたが、八億円計画の方は立ち消えとなった。安田という資金提供者を失ったことに加え、この計画に政治面からの支援を約束した原敬も同年十一月に暗殺されたことが大きかった。

　しかし、「八億円計画」の狙いは、結果的には、震災復興計画という形で、ある程度実現された。急速に進展しつつあった都市化を支えるために、一九二〇年代に都市への投資を主体とする積極財政政策が推進された。財政スペンディングは都市に対して集中的に実施され、「植民地都市経営」を東京へ移植する後藤の計画を後押しする結果になった（持田信樹「後藤新平と震災復興事業――『慢性不況』下の都市スペンディング」、『社会科学研究』三五―二、東京大学、一九八三年）。

　安田が八十歳を越えた最晩年になってから、後藤の大事業を支援しようとした事情を究明することは、興味深いテーマである。直接的な史料は、後藤自身が書き残したもの以外には乏しいとは言え、事情を推察する手掛かりを探すことは、それほど困難ではない。

**市政会館定礎式における後藤新平**（昭和3年）

安田は、幕末に富山から裸一貫で江戸に出て、一代にして金融財閥を築いた人物であり、「勤倹」と「克己」を信条とした。寄付嫌いで知られ、吝嗇家という世評であった安田が、後藤の市政調査会に多額の寄付を行ったのはなぜかという点から考えてみたい。

まず、安田が寄付に消極的だったという説は、事実によって否定される。市政調査会への寄付のほか、東京帝国大学の安田講堂の寄付（一九二一年、寄付額一一四万円）や、社会公益事業のための財団法人安田修徳会の設立（一九二一年、基金二七一万円）などの大規模な寄付を行ったからである（檜槇貢「東京市政調査会の設立——後藤新平と安田善次郎をめぐって」、『公益法人』一四—一二、一九八五年十二月）。

「隠徳」（人に知られずに徳を積むこと）を重んじ、匿名を好んだこと、また、貧困層への一般的な寄付を、怠惰を助長するという理由で嫌悪したことなどから、安田が寄付に消極的であったとのイメージが形成されたのであろう（由井常彦『安田善次郎の人物・業績および思想』安田清交倶楽部、二〇〇二年）。

それにしても、巨額の寄付が、すべて最晩年に集中しているのはなぜだろうか？　大戦の好景気で利益を上げたから寄付をしたという説明は、一般的に過ぎる。具体的な証拠は示せないが、私生活上の大きな挫折が、心境の変化を齎したという推測は十分に成り立つように思われる。善次郎は、一九〇九（明治四十二）年に、女婿の善三郎に家督を譲っていったんは引退したが、その後善三郎と不仲になり、両者の亀裂は決定的になった。一九二〇（大正九）年末に善三郎が一門から離脱し、善次郎が実質的に家督を取り戻すという異例の形で、「お家騒動」は決着を見た。最晩年に至ってからの、この大きな蹉跌が、善次郎に与えた精神的ショックは甚大であったと推察される。

また安田は、これと見込んだ人物の事業への投資を好んだ。銀行家としての安田から、堅実一筋の姿が思い浮かべられがちであるが、それだけでは、一代にして金融財閥を築くことは不可能であり、実際に、大胆な投融資も行った。浅野総一郎は、冒険的な色彩の強い実業家であったが、安田とはウマが合い、安田は浅野の事業を全面的に支援した。後藤の講演を聴いて安田は、「後藤に男惚れをした」と言ったとされる。豪胆な後藤が気に入ったのであろう。もっとも、後藤の東京市改造計画は、壮大であったが、空想的ではなかった。立案したのは、岡実という専門的知識を持った人物であり、プランには、経済的合理性が貫かれていた（前掲、持田論文）。

安田が、植民地の都市経営に並々ならぬ関心を抱いていた点は、後藤への接近を説明する有力な根拠となる。

安田は、日露講和条約が締結される前の一九〇五（明治三十八）年六月から八月にかけて、四〇日間の朝鮮・満州・華北の視察旅行を行い、曾禰大蔵大臣に「満州経営に関する意見書」を提出した。「意見書」は、ポーツマス条約によって日本の利権に帰した大連と営口の商業地としての重要性を力説し、欧米有力資本が進出する前に、この二つの都市で、①海陸運輸、②鉱業、③倉庫、④金融機関、⑤日本人居留民の営業用の店舗家屋建設の事業を興す必要があると述べている。まず、比較的小資本で可能な③倉庫、④金融機関、⑤店舗家屋の事業を、政府の保護のもとに会社を組織して行うプランを示した。

一九〇六（明治三十九）年に設立された南満州鉄道株式会社は、安田の「意見書」と一致する部分が多く、安田も設立委員として参画した。その後も安田は、「満州」には強い関心を抱きつづけ、一九一七（大正六）年には、満鉄従業員用の施設の建設を行う満州興業株式会社を設立した。すでに安田は、一八九六（明治二十九）年に東京建物株式会社を設立し、住宅建設事業に乗り出していたが、東京建物は中国への進出に積極的で、一九〇三（明治三十六）年に、天津支店を設置し、居留民住宅の建設事業に進出した。満州興業は、東京建物の関連企業として設立された。

また、東京の都市整備にも、安田は強い関心を寄せていた。

安田は、みずから進んで東京湾築港事業に参画しようと考えた。一八九九（明治三十二）年九月、安田は浅野総一郎と共同で、東京湾築港事業を出願したが、許可を得られなかった。東京に港を作れば、横浜港から東京までの輸入品の運搬に要する莫大な費用を軽減できるというのが、この計画の趣旨であった（『安田保善社とその関係事業史』）。

安田はその後、浅野総一郎と協力して、横浜鶴見地区の埋め立て事業（一九一四年、鶴見埋築株式会社設立、一九二〇年東京湾埋立株式会社と改称）に携わったが、東京湾築港を断念したわけではなかった。矢野文雄『安田善次郎伝』は、「宿志未遂の二大事業」の一つとして、東京・大阪間高速度電気鉄道敷設と並べて、東京湾築港事業を掲げている。後藤と「八億円計画」について話し合った際にも、安田は東京湾築港がこの計画に含まれていないことに不満を抱き、築港事業も加えて総額を増やしてはどうかと示唆したことを見ても、安田が東京湾築港事業に執念を持ちつづけたことは明らかだろう。

資金的には、安田は「八億円計画」に要する費用を、安田貯蓄銀行の拡張により調達することを企図したとされる。安田は、安田系の小規模な貯蓄銀行にすぎなかった金城貯蓄銀行を、一九二〇（大正九）年一月に安田貯蓄銀行と改称し、全国的な展開を図った。しかし安田が、東京市債引受を目的に、安田貯蓄へ改組したという説には無理がある。後藤の構想が発表されたのは、改組よりも一年以上後だからである。しかし、一九二一年四月に貯蓄銀行法が改正されて、資金運用に対する監督が厳格となり、社債等への運用が制限されたために、資金の有力な運用先として東京市債が浮上したことは十分に考えられる（浅井良夫「安田貯蓄銀行と安田財閥」、『経済研究』第七七号、成城大学、一九八二年三月）。

また、地方債引受事業への着目という点でも、安田は先見性を持っていた。一八九七（明治三十）年の大阪市築港公債一七〇三万円の発行に際しては、岩下清周の北浜銀行が引受を企図し、ほぼ決定していたところ、突然に、安田系の第三銀行が名乗りをあげ、入札の結果、第三銀行が競り落とした。この事件は、地方債引受に安田が並々ならない熱意を持っていたことを示している（『富士銀行百年史』）。

以上の諸事情を見ると、安田善次郎が後藤の事業を支援するについては、明確な動機が存在し、後藤への支援と安田の事業活動との間には強い関連があったと言えよう。

# 大隈重信（一八三八—一九二二）——元老世代の「寛大」

五百旗頭薫
Iokibe Kaoru

大隈重信（一八三八—一九二二）と後藤との政治的関係は史学上の一問題だが、それ以上に両者の経歴の同型性の方が印象的である。両者共に官僚としての辣腕を謳われ、その令名を後光として政党指導を試み、挫折して国民教育・公民教育に尽力した。こうした同型性に拘泥することでかえって、両者の生きた時代のずれを展望し得るように思われる。

大隈の政党指導がより豊かな足跡を残し、晩年における政権獲得を用意した点は後藤と異なる。大隈が立憲改進党を組織した一八八〇年代と異なり、後藤が立憲同志会に参加した一九一〇年代は、政党の腐敗が指弾されつつ、政党の地盤も固まっていた時代であった。後藤が政党に〈匙を投げる〉理由には事欠かなかったのであろう。

さらに政党指導に関する比較を深めるためには、遡って官僚として生きた時代を比較するのも有益である。大隈は大蔵省を率いて明治草創期の財政の確立に努め、外交指導者としては条約改正に尽力した。後藤は明治中葉以降の日本・台湾・満鉄において、衛生・医療や鉄道・電信といった社会インフラの構築に辣腕を振るった。

大隈やその部下が必要としたのは言語や数字を扱う能力であった。大隈が政党界に出馬する際には、大隈系官僚が追放されたこともあり、官界の後輩が多数追随した。彼等が官界に戻る際も、日清戦争前であれば、大隈本人を含めて行政官としての能力に不安を感じた形跡は乏しい。官界出身者を政党幹部として投入・貯蔵することは大隈にとって比較的に容易であった。

これに対して行政官後藤が扱ったのはテクノロジーであった。後藤の好みもあり、彼の追随者には技術者肌が多かった。官界に、あるいは官界の特定の方面にいてこそ能力が発揮される。それもあって後藤は政党界においては、厚い幹部・側近層を持ち得なかった。

翻って後年の教育家としての比較も、政党指導者としての資質を照射する。両者の教育論は似ており、東西文明の間で日本が果たす世界史的使命を論じ、国民の自立と奮起を促すといった、壮大で雑駁なヴィジョンに彩られていた。しかし大隈の語り口には内容と同じく明るい躍動感が溢れているのに対し、後藤はやや及ばず、時に重苦しい説教調すら混入した。

この違いは再び両者の前半生に関わってくる。青年大隈が過ごした幕末維新期は激動の時代であった。尊皇攘夷と開国佐幕が衝突し、しかも前者を奉ずる者が開国論に転ずることで討幕派・新政府を構成した。維新後、大隈自ら新政府で殖産興業を推進するが一八八一年に失脚し、政党指導に乗り出すが民権派の主流とはなり得なかった。八八年に政権復帰して条約改正を試みるが国権派・民権派の反対で失敗し、数年後には条約改正に反対して反政府勢力を結集した。

誰もが自らの矛盾した軌跡を正当化しようとするが、そうした努力の中で複眼的な歴史観を発酵させた点に大隈の真価があった。攘夷派や国権派の頑迷さも外からの脅威に対する民族の抵抗力から派生すること、この抵抗力は外来文明を受容して同化する力と不可分であることを説得的に回顧して見せた。曲折に富んだ西洋化の歴史も、大隈の手にかかれば、孟子の「浩然の気」や文天祥の「正気」が残響する所の元気に満ちていたのである。そしてこの抵抗力＝同化力を支える美徳として、力強く明朗な現世志向を日本の伝統に見出し、こうした美徳のイメージから結晶した様々なキーワードを変幻自在に駆使して、恐らく摂関政治を除く日本史上全ての統治形態に所を得せしめた。

政治家大隈も、敵対する者に対して驚くほどの寛大・闊達を示した。大隈没時の追悼文の一つに、「自分などの常に感ずるところであるが、今の日本の政治家中には、自分と主義政見が違ふ人に対しては、道に逢つても知つて知らない顔をするといふ類の人が随分多いが、その点に於て維新当時に生立つた偉人にはその臭味が非常に少い。殊に大隈侯の如きは、少しも拘泥するところなく何人に向つても快活に虚心に接するといふ風であつた」（『太陽』一九二二年二月）とあるのは、こうした消息を伝えるものである。このような大隈だからこそ、国家のバイタリティと、政党——少なくとも意見——の複数性を両立させて語り、演ずる能力において、同時代的に傑出していたのである。

これに対し後藤が跳躍したのは、日清・日露戦後経営という、比較的明確な課題に取り組む中であった。医師出身の後藤は、人体と同様に民族も独自の「有機体」であると考え、「有機体」が目指す理想が時代により変化することも認めていたが、いざ各「有機体」の内部に視座を据えると、理想とその障害からなる平板な二元論が基調となった。特定の政策課題に挑む際のアイディアは豊富であり、言動はダイナミックであった。政党人は後者の実践家としての後藤に惹かれたのであろうが、政党政治への後藤の眼差しには前者の歴史観が投影されていた。部分的な正統性しか持たない政党が政権を奪取する政治を後藤は承認し得ず、まして特定の政党に献身する根気は（野党であればなおさら）なかった。

**大隈重信**
(1838 - 1922)

〈元老世代の寛大〉なるものは、稚気と才幹に溢れた後進たる後藤に対しては少なくとも実在していたようである。後藤は伊藤博文に知られ、山県有朋に用いられ、桂太郎に愛された。ところが後藤は自らの同世代にはかかる大度を見出すことはできなかった。それが後藤の不運であり、不満であった。前掲の大隈追悼文の筆者は、後藤その人であった。

# 渋沢栄一（一八四〇―一九三一）――帝都の未来を後藤に託す

片桐庸夫
Kataguri Nobuo

一八四〇（天保十一）年に現在の埼玉県深谷市の農家に生まれ、官界・政界入りを拒み、わが国実業界の発展のために五〇〇社あまりの企業を設立するとともに、民間外交、教育、福祉などの幅広い分野にも大きな足跡を残した渋沢栄一。その一七年後に岩手県水沢市に生まれ、医師、内務省衛生局勤務、台湾の民政長官、初代満鉄総裁等を経て政治家を志した後藤新平。

両者は、同時代人とはいえ性格も個性も歩んだ道も、そして才覚を発揮した場所も異なる。その二人に共通するのは、明治維新後の新生日本における近代の創造、近代化後の日本が世界において占めるべき位置に対する熱き思い、その熱き思いから生まれる強固な役割意識であったと思われる。そうした二人の接触の契機は、大きくいって二度あった。

第一次世界大戦後の欧米視察を通じて、世界が諸民族の生存をかけた熾烈な競争時代に突入すると直感して新産業参謀本部としての大調査機関の設立に奔走していた後藤に、一九二〇（大正九）年十一月突然降って沸いた東京市長就任要請問題への渋沢の関与が最初である。

東京市は、十一月二十六日に田尻稲次郎市長が瓦斯事件と砂利喰事件という疑獄事件により引責辞職するなど、さながら伏魔殿と化していた。市会、言論界において帝都の自治行政の更正を図る上で手腕力量のある非凡な市長を待望する声が高まるなかで、おのずと後藤の決起を促す気運が醸成された。しかし、大調査機関を畢生の事業と自認する後藤は、二足の草鞋をはくことが出来ないと固辞した。後藤のかたくなともいえる姿勢の背景には、首相の座を狙うものとして、政界から一時退くことになりかねない危険を自ら冒すこと、実際に後藤の足をすくおうとする政敵に利用されることへの懸念があったのである。

渋沢は、市参与という職にあったこともあって、田尻の辞任の日に東京市長選考委員から後藤の市長就任を勧誘するよう依頼を受けると、直ちに行動を起こした。まずはその日のうちに原敬首相、床次竹二郎内相を訪問、両者への尽力を依頼する。以後、十二月十五日に後藤が新市長就任を内諾するまでの二〇日間、後藤本人及び山縣有朋といった周囲の人々への働きかけを積極的に行った。その理由は、五大国の一つとなった日本の顔である首都東京の暗黒裡の市会を操縦する力量を持つとともに、政党政派に無縁な人物が新市長に相応しいと考え、具体的には後藤に市政の大改善の役割を期待したからであった。

**渋沢栄一**
(1840 - 1931)

しかし、渋沢の働きかけに対して後藤が容易に首を縦に振ろうとしないことから、渋沢は最後の手段として原首相に斡旋の労をとるよう依頼した。それに基づいて十二月十五日、後藤は原と会見し、市長就任をようやく承諾したのである。

結果的には、渋沢の後藤説得が不首尾に終わり、原首相の説得が功を奏することになったが、それは、渋沢の個人的資質に基づく力不足というわけではあるまい。むしろ、後藤が東京市長に就任する前提として原首相から資金的に頓挫した大調査機関の始末について口約を得る必要があったこと、東京市長の職が内相の監督、財政上蔵相の許可を要するといった事情、そして自らの政治家としての将来的展望に立つ時、原首相の支持を得る必要があると後藤自身が考えたことなどの理由が大きい。在野の人間である渋沢にとって、それらは自分の力量以前の問題であったのである。

もう一つは、後藤が山本権兵衛内閣の内相就任前日の一九二三(大正十二)年九月に発生した関東大震災により壊滅した帝都東京の復興策をめぐる二人の接触である。大震災善後会の副会長職にあった渋沢は、十月に後藤内相を訪ね、火災保険協会が罹災者への支払いに応じようとしない問題を経済問題にとどまらず、政治、社会問題であると認識し、意見を具申している。逆に、渋沢は、後藤の要請に応じ、労使協調を趣旨とする協調会に震災罹災者に対する応急救援を働きかけている。さらに、灰燼に帰した東京ＹＭＣＡ会館再建のために、ともに相談役に就任し寄付金募集に協力している。

右と比較して難しい問題となったのは、後藤が幹事長を、渋沢、井上準之助、高橋是清、加藤高明、伊東巳代治らが委員をつとめる政府の最高諮詢機関帝都復興審議会における意見対立、それ以上に混乱であった。なかでも、震災を完全なる新式都市を造る絶好の機会として、土地区画整理のために厳しい態度をもって地主からの土地の買収を考える後藤と、東京銀座の大地主でもあった論客伊東の時代錯誤的、私利私情的とも受け取れる主張との厳しい対立、誇大夢想的とうつった後藤の東京復興計画、とりわけ破天荒と思われた予算規模の大きさに対する高橋、井上、加藤らの懸念であった。それに輪をかけて混乱に拍車をかけたのは、自分だけが了解し、他の者は皆目理解していないという独り合点と論理の飛躍という後藤らしさにあったようである。

混乱は、加藤から帝都復興審議会における討議打ち切り要求がなされると、頂点に達した。その時に、当代無二の世話役と評価されていた渋沢が調停役を買って出、皆が納得出来る常識的判断を示して審議会の空気を和らげ、一〇名の委員からなる特別委員会を設けて討議を継続することにしたのであった。

後藤が渋沢に借りを作ったような一件である。しかし、両者にそんなちっぽけな発想がなかったことは言うまでもない。国を思う気持ちは共に同じであった。

**参考文献**

北岡伸一『後藤新平』中央公論社、一九八八年。
渋沢栄一伝記資料刊行会編『渋沢栄一伝記資料』第三一、四二、四八、五一巻、渋沢青淵記念財団竜門社、一九六〇年、一九六二年、一九六三年。
鶴見祐輔『後藤新平』第四巻（復刻版）、勁草書房、一九六七年。
原奎一郎編『原敬日記』第九巻、乾元社、一九五〇年。

―

# 伊藤博文（一八四一―一九〇九）――日露提携の夢

上垣外憲一
Kamigaito Kenichi

## 一　伊藤と後藤の出会い

一八四一（天保十二）年生まれの伊藤博文から見れば、一八五七（安政四）年に生まれた後藤新平は十六歳の年下である。明治初年から政府の中枢にあった伊藤博文から見ればよほどの軽輩である後藤新平に、伊藤が注目したのは、日清戦争後の検疫に後藤が抜群の手腕を発揮して、内務省衛生局長に再任された一八九五（明治二十八）年頃からのことであろう。伊藤はむろんこの時期内閣総理大臣の地位にあった。

後藤は、ドイツ留学時にビスマルクの推進したドイツの社会保障政策に注目しており、日本においても救貧、防貧を目的とする社会政策を実現しようとして、日清戦争によって獲得した清国賠償金を活用する方策を、伊藤首相に提出していた。また日清戦争後獲得した台湾の統治上、大きな問題となっていた阿片について、独自の漸禁政策を提唱し、伊藤に注目されていたという。一八九八（明治三十一）年一月、第三次内閣を組織したばかりの伊藤博文は後藤新平に、日本領となってから統治に困難をきたしている台湾の民政局長に就任するよう説いている。

後藤が台湾民政局長に就任したのは、台湾総督に新任された児玉源太郎が、後藤の民政局長就任を強く求めたことがもっとも大きかったであろう。児玉は日清戦争後の検疫で上司であり後藤の才腕を高く買っていたのであり、以後自身が台湾総督の任にあった期間、後藤に自由に手腕をふるわせている。しかし、一方、伊藤博文首相も後藤の能力、政策立案能力をこの時点で高く評価していたのであった。伊藤と後藤の間にはドイツに滞在したという共通点もあり、二人の理想の政治家は共にビスマルクであった。

## 二　厦門事件と後藤の関わり

ところがこの二人の間に大きな亀裂が生じたと思われる事件が発生する。一九〇〇（明治三十三）年、いわゆる義和団の乱が中国の南方にも波及し、台湾の対岸である中国福建省も不穏な情勢となってきた。台湾総督児玉源太郎はこうした情勢に対し、「北清〔義和団〕事変ヲ利用シ、我帝国ノ恩威ヲ以テ、少ナクトモ福建省ノ平穏ヲ保チ、勢力範囲ノ実ヲ顕シ、他日国際問題ノ基礎トナサンコト」を希望していたという。つまり、この機会を利用して福建を日本の勢力範囲に取り込んで、中国南方へのさらなる進出の手がかりとしようということである。

『後藤新平』（後藤新平伯伝記編纂会編、昭和十二年）によれば、当時の山県内閣にあって、海軍大臣の山本権兵衛が主導的な役割を果たして厦門占領の計画が立てられたというが、一般論で言えば山本権兵衛は大陸への進出には原則的に慎重、というより反対の立場をとった人物であって、厦門占領が山本から出た案というのは、はたしてそうであろうか。山本が、北中国の不穏な情勢の中、イギリスなど列強が中国南部へも軍艦派遣などの措置をとることに対応して、日本もまた邦人保護、権益保全のための予備的行動をとることを考えていたぐらいではなかろうか。

いずれにもせよ、『後藤新平』によれば、厦門占領計画は内閣の承認するところとなって、山県首相、桂陸相の支持を得て、児玉源太郎も台湾の兵力を厦門に送ることを準備する。さらに後藤新平は広瀬海軍大佐とともに厦門に渡っている。

厦門では本願寺別院が中国人暴徒の焼き討ちにあったという事件が起こり、日本の軍艦から陸戦隊が上陸し、まさに日本軍による厦門占領は実現するやに見えた。

ところが、この本願寺焼き討ちは、日本側の自作自演であり、中国人に変装した日本人が本願寺を焼いたのであり、前もって荷物を持ち出したりもしたのだという。さらに、変装もせずに和装姿のものもあり、その模様の一部始終を別院の近くのアメリカ総領事館の領事が目撃していたからたまらない。アメリカ、イギリスからたちまち日本軍出兵に強硬な抗議がもたらされるという事態に立ち至ってしまう。

特に、従来から中国揚子江流域を勢力範囲としていたイギリスに加え、一八九八（明治三十一）年の米西戦争以後、フィリピンを植民地としていたアメリカが、中国において日本の進出と対峙するようになる、その兆しとも言える事件がこの厦門事件であった。

ところで、前掲『後藤新平』によれば、このような児玉、後藤による厦門占領計画に強く異議を唱えたのが、伊藤博文であった。台湾総督府において後藤の腹心であった横沢次郎は次のように当時の事情を語ったと紹介されている。

**伊藤博文**
（1841 - 1909）

〔前略〕閣議では厦門出兵を決行することとなり、直ちに実行に取りかかったが、当時閣外にあった伊藤さんが滄浪閣に閑臥しつつあるうち、右の出兵問題を耳にし、夫れは飛んでもないことである、今日の場合南清の出兵は、忽ち英国と禍端を醸すことを免れない。左すれば東洋の平和を攪乱するの責任を帯ぶることとなって、世界列国の干渉を受くるの苦境に陥らねばならぬ〔後略〕

（前掲『後藤新平』第二巻、四八〇頁）

伊藤博文は日清戦争当時、総理大臣であった。東学党の乱を鎮圧するという名目で朝鮮に派遣された日本軍が、参謀本部次長の川上操六などの策動によって無理矢理開戦に持って行かれた苦い経験がまだ生々しい時である。東学党の軍は日本軍の干渉を避けるために戦端を収めたのを、日本側が強引に開戦に持ち込んだのである。さらに、前線の司令官を務めた山県有朋が遼東半島をおさえたのち、北京侵攻を強硬に唱えて、ついに召還されるにいたったのも、軍の統制上、大きな問題であった。最後に三国干渉を招いて、日本の外向的地位を大きく失墜させたことに対する伊藤博文の自責の念が極めて大きかったことは、日清戦争後のすべての栄爵を固辞したことから知られる。

三国干渉から五年後のこの時、下野して悠々自適の境地にあった伊藤が、閣外にありながら強硬に廈門出兵に反対したのは、このような日清戦争時の苦い経験からと断定して差し支えない。

この時台湾と廈門に派遣されて事件の収拾に当たったのは、水戸出身であったが伊藤の知遇を受けて外交官となったという経歴を持つ室田義文であったことが、この事件に対する伊藤博文の関わり方を雄弁に示している。

『室田義文翁譚』(常陽明治記念会東京支部刊、昭和十三年)によれば、室田が出発するとなって内閣を訪問すると、山県首相以下、現地の児玉が出兵中止の命令に服さないというので、弱り切っている状態であったと書いている。室田は山県から頼まれて台湾に発ったと書いているが、それはこの事件への伊藤の関わりを表に出したくなかったからであろう。室田義文は、伊藤博文がハルビンで暗殺されたときの随行の一員であり、伊藤の信頼がもっとも厚かった人物である。山県は元来中国大陸への軍事的進出については積極派であり、その山県が総理であったからこそ、廈門出兵計画が閣議に了承されたのであるが、山県もアメリカ、イギリスからの強硬な抗議という現実を前にして、出兵はすでに断念していたのである。しかし、伊藤の閣外からの強力な働きかけに加えて、伊藤の意を受けた青木外務大臣が出兵反対にまわり、さらに桂太郎陸相も中止に傾き、ついに閣議も中止の断を下したと、横沢次郎は伝えている。

陸軍首脳は中国問題に関して、常に強硬策をとってきたし、この後もそうであるが、陸軍のなかでも外交のわかる山県、桂はさすがにこの廈門事件では最後の段階で英米との強調を重んじる方針に傾いたのである。

問題は、この時伊藤博文が後藤の行動をどう見たかということである。一般には後藤は児玉の子分と、児玉源太郎の死までみなされていた。台湾総督児玉の方針に従っただけなら、責任の大半は児玉にあり、後藤の事件に関する責任は軽いというべきだ。しかし、後藤新平はかねてから福建省への日本勢力の扶植を企図して、廈門を訪問して地元の実力者と交友を深めている。何よりも、軍事行動である廈門事件に際して、台湾民政長官たる後藤が現地に赴いていることは、常に奇策、時には法を破ってでもという強引な策を用いる後藤新平が、本願寺焼き討ち自作自演の筋書きの作者であり、その方面の指揮も後藤に任されていたかと疑わせるものである。実際にそうでは無かったとしても、伊藤博文はこの策動の中心は児玉もそうであるが、後藤もよほど深く関わったろうと睨むことになったということではないか。

後の厳島での会見の模様を参照するとそう考えられるのである。

児玉も危ない奴だが、その子分の後藤も劣らず危ない奴だ、文官のくせに謀略を好み、陸軍と組んで英米列強との協調を無視して、強引な大陸進出を画策するもの、というのが、伊藤のこの後の後藤新平観であったろう。

## 三　日露戦争をめぐって

この児玉源太郎と伊藤博文は日露戦争開戦をめぐっても、厳しく対立することになる。伊藤博文は、日露戦争については最後までロシアとの提携、協調の道を求めていた。一九〇二（明治三十五）年、日英同盟が成立する直前、伊藤博文は自らロシアに赴き、ロシアとの直接交渉によって戦争を回避しようとしていたが、時の首相桂太郎などは日英同盟の締結を急ぎ、伊藤の訪露の目的を水泡と帰せしめたのである。

この後、児玉源太郎と伊藤博文は日露開戦の判断をめぐっても対立することになる。当時の駐露公使栗栖真一郎の語るところによると次のような事情である。

すなわち、児玉源太郎は日露開戦を急がねばならない理由として、当時ロシアがシベリア鉄道の複線化を進めていることを挙げていた。つまり、ロシアの兵員、物資の輸送力はシベリア鉄道が複線になれば二倍になる。そうなると、単線で二十五個師団であるところが、五十個師団分の輸送、維持が可能になるから、複線化が完成するまでに断固開戦するべきだというのが児玉源太郎の主張だった。ところが実際に開戦となってみると、ロシアは貨車を次々に到着したところで放棄して、送り返すことをせずに、複線と同じ輸送効率をあげ、五十個師団を準備してしまった。

栗栖によれば、これはロシアで冬の燃料の薪を輸送するやり方を応用したのだという。つまり、粗製の木造船を建造して薪を積んで輸送するが、到着後は船も解体してこれも薪として利用してしまい、空荷で送り返したりしないのだという。

知謀をうたわれた児玉満州軍総参謀長であるが、実際に満州でロシア軍と戦ってみると、ロシアは予想の二倍の五十個師団を用意していた。栗栖の言によると、児玉源太郎は「青くなって」東京に駆けつけて何とかあと十個師団を増やしてくれ、と政府に頼み込んだ。これには伊藤博文が非常に怒って、最初、シベリア鉄道の輸送力の倍増を言い立てて開戦を急いだのは児玉ではないか、絶対に今の兵力以上を出すことはまかりならんと厳しく児玉を決めつけたという。

児玉ら陸軍首脳が推し進めようとしていた日露戦後の遼東の「軍政署」廃止においては、アメリカ、イギリスが満州の「門戸開放」を求めているのに陸軍は満州の独占を画策して東洋の平和を危殆に瀕せしめている、と強く論じて、軍政署の廃止を桂、山県ら陸軍の重鎮にも納得させるが、児玉も加わったこのときの日本政府の首脳会議において伊藤が陸軍を押さえきることができたのは、先の児玉とのやりとりで、伊藤がかなり児玉、ひいては陸軍幹部を威圧していたことも、その背景にはあるだろう。

この時期、伊藤と児玉は「天敵」の間柄であった。その子分と目されていた後藤新平が満鉄総裁となったのは、一九〇六（明治三十九）年十一月のことである。後藤が後の文章（「厳島夜話」）で特筆している伊藤博文との厳島会談は一九〇七（明治四十）年九月のことであった。ここで後藤は韓国統監の地位にあった伊藤博文と三日三晩激論を交わし、後藤の持論であった日露提携を伊藤に説いて、ハルビンにおいてロシア蔵相ココーツォフとの会談をセットするところまでこぎ着けるのだが、伊藤はその到着したハルビン駅頭で暗殺されてしまう。

**E・H・ハリマン**
(1848 - 1909)

満州鉄道については、日露戦争直後の一九〇五（明治三十八）年には、アメリカ資本の経営参加という問題が生じていた。アメリカの鉄道王と言われたハリマンが日本政府にその資本を引き受けるという話を申し込み、桂首相はこれに同意していたが、アメリカから帰国した外務大臣の小村寿太郎が強硬な反対を行い、結局この契約は中止になってしまった。ハリマンは米国政界にも強い影響力を持つ人物である。日露戦争の開戦に際して、アメリカの世論を味方につけるよう伊藤博文は金子堅太郎をアメリカに派遣し、またそれに答えて日本を支援してくれたアメリカ大統領ルーズベルト以下、アメリカ国民が日本に「同情」をもってくれたことが、日本の勝利の大きな原因の一つと認識していた。強大な力を持つ、今、発展しつつあるアメリカとの協調は伊藤にとって、日露戦後の日本にとってどうしても必要なものであった。アメリカに対して機会均等の実を示す必要を強く感じていた伊藤博文からすれば、アメリカと提携せずに日本が独占的に満鉄を経営することは、将来への危険をはらんだ満鉄の船出と言わねばならない。

小村寿太郎は、陸軍と極めて近く、伊藤が反対した日英同盟をまとめ上げ、さらに日露開戦についても積極派だった。伊藤とはことごとく対立する路線を歩んだ外交官であり、ハリマンの満鉄資本参加を挫折させたのも、満州を独占的に日本の勢力化におこうとする陸軍の児玉源太郎と息を合わせた行動と考えるべきであろうし、伊藤博文はそう見ていたに違いない。児玉の子分たる後藤が、アメリカとの共同経営を拒否した満鉄、その満鉄総裁になる、アメリカとの協調を無視する危険人物ではないか。厦門事件の記憶が伊藤の脳裏によみがえったのではないか。

## 四　日露提携論

満鉄総裁に就任した後藤新平の持論は「新旧大陸対峙論」と呼ばれている。すなわち、新大陸たるアメリカが今後ますます有力な超大国に成長するであろうことは、後藤は十分認識していた。そのアメリカとは当然、協調を重んぜねばならないとする伊藤博文に対して、後藤は、新大陸の覇者アメリカと対抗するためには、旧大陸の国家、清、露と提携を進めることが緊要であると考えていた。清、露との親善、提携はむろん伊藤の持論でもあった。しかし、伊藤は全方位外交とも言える外交戦略の持ち主であり、それを日米の対抗のための同盟と捉えるような考え方は全くしていなかったと考えてよい。

前掲『後藤新平』の厳島会談の記述では、最初伊藤博文は後藤新平に対してかなり否定的な態度をもって接したというが、日米親善を危うくする奴ということが、伊藤にはかなり強く頭にあったと解してよいであろう。

さらには、後藤は伊藤に対して「朝鮮臭」を去って、全世界的な立場から伊藤公の識見を発揮すべきだと説いたと言うが、これは韓国統監をやめろという意味である。

伊藤も韓国統治では皇帝のハーグ列国会議への密使派遣事件（一九〇七年六月）以後は、韓国に愛想を尽かした感もあり、辞任はこのあとはかなり具体的に考え始めたと考えられるが、その前年にあたるこの頃では、他人から、しかも相当の後輩から言われれば、面白くなかったに違いない。

後藤新平と親しくつきあいがあり、東京では後藤を満鉄総裁に推す動きがあると長文の電報を台湾の後藤に送った人物で、当時の政界の黒幕とも言われる杉山茂丸は、伊藤との交際も因縁あさからぬ人物である。杉山は伊藤の韓国併合に対する態度が手ぬるすぎるとして、伊藤を統監からおろす工作をこの頃には始めていたと思われるが、後藤新平が伊藤に韓国統監を退くようにほのめかすのも、こうした動きと関係があると見てよい。

杉山茂丸らは、後藤新平は満鉄の仕事のあとは朝鮮で腕をふるってもらおうということも画策していたようであり、韓国に対してもできる限り穏健な路線でという伊藤より、辣腕をふるう台湾民政長官であった後藤の方が韓国の統治者としてふさわしいと見ていた模様である。日本の大陸進出の経路としての朝鮮から遼東という道を、よりしっかりと確保できると考えていたのである。こうした軍事力に基づく強引な大陸進出論には伊藤はつねに牽制を行う立場にあった。暗殺事件の起こる直前の大連などでの演説では、伊藤は満州の地が明確に中国の領土であることを述べている。後藤は、軍事的な進出より、文明の力による承伏ということは重んじていたが、日本が海外に領土を求める進出を行うことを危険と見る伊藤のような観点は、後藤には希薄であり、開明的な帝国主義者、敏腕、辣腕の植民地統治者というイメージが強い。

伊藤博文は、このように後藤の外交戦略については、かなり批判的な先入見をもっていたと考えられるが、それでも、後藤の才幹を買っていなかったわけではない。『後藤新平』に引用される杉山茂丸の電報では、後藤新平の満鉄総裁就任について、山県有朋についで、伊藤博文もこれに賛成であると書いていて、伊藤とも交友あさからぬ杉山の報告はおそらく事実であろう。伊藤とすれば、陸軍の力の強い満州であるから、陸軍に受けのよい後藤あたりでなければ、とても満鉄総裁はつとまらない、という判断はあったであろう。

それにしても後藤新平は、日露戦争後は、日清の協調を進めようとしたことも、日露の提携を追求したことも、当時の政界にあっては、開けていた方と言ってもよいの

**後藤新平、最晩年の訪露**
（昭和２年。前列左から八杉貞利、後藤新平、中央執行委員会議長カリーニン、田中都吉駐露大使）

であって、伊藤博文の外交の継承者と言える西園寺公望や原敬などを除けば、伊藤としては「話せる」奴ということは、言って良い。日露の協調ということについては、これは一貫した後藤新平の外交路線であって、常に日露の協調を模索した伊藤博文と確かに話の合う話題であった。

伊藤博文はビスマルクを理想とした現実政治家《レアルポリティカー》であったが、一面案外理想主義的なところもあり、日英同盟締結の報に日露提携の夢やぶれて日本へ帰国の途上の客船の中で、当時出たばかりのトルストイの『復活』を英訳版で読み、同情だ、同情だ、と感動していたという。アメリカの「同情」を得て、という日露開戦時の金子堅太郎への言葉には、伊藤の国際親善を希求する本心も見て取れると思う。これに対して、後藤の日清、日露提携論は、冷徹な計算の所産という印象がどうしてもつきまとう。しかしなお、日本のもっとも重要な外交戦略家二人の合作であった、伊藤のハルビン訪問が成功裏に終わっていたら、東洋の近代史は相当に違うものになっていたろう、ということも思わずにはいられない。後藤・伊藤の厳島会談の意味は今日なお問われ続ける価値を持っていると言えよう。

# 桂太郎（一八四七―一九一三）――大陸政策における意気投合

小林道彦
*Kobayashi Michihiko*

桂太郎（一八四七―一九一三年）という政治家について一般に流布しているイメージは、尾崎行雄の日本憲政史上に残る名演説――「玉座を以て胸壁と為し、詔勅を以て弾丸に代へて政敵を倒さんとするものではないか」（一九一三年二月五日）――の前に顔面蒼白となって立ちすくむ藩閥政治家、山県系官僚閥のナンバー2にして韓国併合や大逆事件を主導した保守反動政治家といったものであろう。尾崎が「憲政の神様」としての輝かしい栄光に包まれれば包まれるほど、桂の姿はその影の中に没し去っていったように見える。しかしながら、このような桂イメージはあまりに一方的なものである。

尾崎の名演説がなされた大正政変の最中に桂は立憲同志会という新政党を発足させたが、この同志会に結集した政治家のなかには、加藤高明、若槻礼次郎、浜口雄幸といった錚々たる面々が含まれていた。そして、彼らはいずれも戦前期日本を代表する政党政治家として、その後いわゆる「憲政の常道」（一九二四―三二年）を支えたのである。彼らの才幹を見抜いて官界からリクルートしたのは桂であり、桂新党＝立憲同志会こそは後の憲政会―立憲民政党の直接的前身であった。もちろん、立憲同志会が政権担当可能な国民的責任政党になるためには、その後十年あまりにも及ぶ加藤らの営々たる努力があった。[1]だが、万年野党であった非政友勢力を糾合し、そこに新たな政治的エネルギーを注入したのはひとえに桂の功績である。桂の日本政党政治にたいする貢献には、かの原敬や加藤高明にも匹敵するものがあるといえよう。[2]

ところで、後藤新平もまた桂新党に馳せ参じた一人であった。もっとも、かねてより政党政治に批判的であった後藤は、加藤と対立したこともあって程なくして新党を去った。政党政治の発展という観点に立つならば、後藤の存在感は希薄であると言わざるを得ないのである。だが、桂をして新党結成の衝撃力による現状打破を決意させた、その過程において後藤の果たした役割はけっして小さいものではなかった。

桂が山県閥ナンバー2でありながら、山県とは異なる国家構想を模索し始めたのは恐らくはその第一次内閣（一九〇一年―〇五年）の頃であったように思われる。すでにこの頃から桂は積極的な行政整理による中央―地方におよぶ官僚機構の効率化と、その結果捻出された財政剰余を海外発展のために投入するという新たな国家構想を抱きつつあったのである。[3]その際、桂のブレインとして活躍したのが外務大臣の小村寿太郎であった。

**桂 太郎**
（1847 - 1913）

小村は強力な商船隊とそれを保護するための大海軍を建設することで、日本はおもに中国本土に向かって経済的に発展していくべきであると主張していた。小村の構想のユニークな点は、海軍拡張と経済発展を両立可能なものとして、一個の政策的パッケージとして提示していたことである。当時、海軍政策や経済政策を個別的に論ずる者は数多存在したが、小村ほどの説得力をもって内外の国策を整合的・体系的に論じた者はいなかったのである。[4]

桂や小村のこうした「海外雄飛」路線は明治国家内部では主流にはなれなかった。官僚勢力を率いる山県有朋は、軍備拡張には積極的であったが行政整理には消極的であった。なぜなら、それは山県の権力基盤であった官僚機構を弱体化させるからである。一方、伊藤博文の考えも桂とは異なっていた。伊藤と彼が率いる立憲政友会は行政整理には積極的であったが、日本の対外的な膨脹にはいたって慎重であった。[5]山県系官僚閥と政友会に挟撃された第一次桂内閣では、桂や小村はその国家構想を十分に実現することはできなかったのである。

この間、児玉源太郎と後藤は総督・民政長官として台湾統治改革に当たっていたが、彼らは植民地への積極的資金投下を通じてその生産力を高めることこそ、長い目で見れば本国に高い経済的利益をもたらすことになると考えていた。彼らはまた、植民地における諸々の軍事的規制の撤廃こそが統治成功の要訣であると信じていた。対外発展に積極的に資金を投下すべきであるという点で、児玉・後藤と小村の考えはほぼ一致していたのである。もっとも、台湾総督や満州軍総参謀長としての児玉の赫《かく》々《かく》たる名声は桂をして児玉をライバル視させるに十分であった。後藤が桂・小村グループに加わるのは、したがって〇六年七月に児玉が急逝してから後のことである。

一九〇八年七月に成立した第二次桂内閣に後藤は逓信大臣として入閣し、小村とともに行政整理＝陸軍軍備拡張の抑制と積極的大陸政策とからなる自らの国家構想を推進しようとする（鉄道広軌化政策）。そして、後藤の植民地軍権力抑制方針は桂によって一層徹底され、桂新党における陸海軍大臣文官制構想へと発展していくのである（小村にはこうした発想はない）。山県閥陸軍との政治的対抗こそは桂新党の政治的結集軸の一つであった。たしかに、後藤は政党嫌いであったが、皮肉にもその植民地経営での体験は桂新党のあり方にも大きな影響を及ぼしていたのである。(6)

**注**

（1）奈良岡聰智「加藤高明の政治指導と憲政会の創立（一）（二）」『法学論叢』一五一巻二号、二〇〇二年五月、一五二巻一号、二〇〇二年十月、同「加藤高明内閣の政治過程（一）（二）」『法学論叢』一五二巻三号、二〇〇二年十二月、一五三巻一号、二〇〇三年四月。

（2）このことに最初に気づいたのは大久保利謙氏である（『日本全史10・近代Ⅲ』東京大学出版会、一九六四年、二八―三九頁）。もっとも、その後長らく大久保氏のこの画期的な指摘は忘れ去られていた。なお、小論全体の論旨は拙著『日本の大陸政策1895-1914』（南窓社、一九九六年）によっている。

（3）伊藤之雄『立憲国家と日露戦争』木鐸社、二〇〇一年、二二六―四六頁。

（4）小村「内政外交に関する十年計画意見」（一九〇一年九月頃起草、外務省編『小村外交史』原書房、一九六六年、二〇六―一五頁）。

（5）伊藤前掲書第一部。

（6）拙稿「後藤新平の大陸政策」（本書第Ⅱ部所収）を参照のこと。

# 児玉源太郎（一八五二―一九〇六）――後藤の創造力を開花させた上司

大澤博明
*Osawa Hiroaki*

後藤新平の台湾民政局長（民政長官）時代は一八九八（明治三十一）年三月から満鉄総裁に就任する一九〇六（同三十九）年十一月までの八年以上の長さである。そして、そのほぼ全期間にわたって台湾総督であったのが児玉源太郎（一八五二―一九〇六）であった。児玉は一八九八年二月に第四代台湾総督に就任し一九〇六年四月に総督を辞し参謀総長に就くまでの間、陸相、内相、文相等を歴任し、日露戦争時には満洲軍総司令部総参謀長として出征しながらも、台湾総督の位置を占め続けた。児玉総督の下で後藤が実質的な台湾統治の責任を負うという関係にあったわけである。

**児玉源太郎**
（1852 - 1906）

児玉は早くから軍人としての力量を高く評価され、陸軍次官就任前には既に将来の陸相候補者として衆目の一致するところであった。山県有朋―桂太郎に続く長州陸軍の指導者の地位に昇り、更には首相候補者と目されながらも日露戦争後の一九〇六年に五十四歳で急逝した。児玉は明晰な頭脳を以て同時代人に知られた人でもあった。重大な問題でも児玉が二、三時間の考慮で対策を示すことから、山県や寺内正毅は児玉を「軽忽であり、考へが非常に浅い」と批判していたという。ところが、児玉の数時間の熟慮で得られた結論に達するには、山県では六ヶ月間を寺内に至っては二ヶ年間を要したという。[1]鋭敏にして人物を的確に見極める眼力を備えた児玉は、部下を心服させ以てその能力を最大限に発揮せしむる力量に富む人物であった。[2]

児玉は後藤よりも五歳年長であるが、この二人が出会ったのは日清戦争講和後の帰還兵検疫事業を通じてであった。この事業を通じてみられる二人の関係の基本構造は、台湾時代に引き継がれてゆくと考えられる。

陸軍軍医総監石黒忠悳《ただのり》の推薦をうけて後藤と面会した児玉陸軍次官は、後藤が事業を任せられる人物であると判断した。児玉は、後藤が望んだ以上の予算を確保し、臨時陸軍検疫官制によって自ら検疫部長となり、同規則で検疫事業の実質的責任者としての後藤事務官長に十分な権限を付与した。また、このように制度上与えられた後藤の権限が空洞化しないように、児玉は後藤の権限の実質化を担保した。軍隊という階級秩序組織の動かし方を熟知する児玉は、陸軍全体を検疫事業に協力させるために、征清大総督陸軍大将小松宮彰仁親王を説いて検疫を受けて貰うという手段をとった。そして、検疫部事務官として勤務する陸軍将校に対しても、後藤への批判を許さず後藤の命令に従うよう厳しく検疫部内部の軍人を統制した。[3]児玉は、依拠すべき先例も参照すべき外国の経験もない大規模な該検疫事業を「創業之事」[4]であると捉え、事業の成否にかかる大綱を的確に押さえた。そして、こうした児玉の指導の下で、後藤は学術的根拠に基づく創造力を発揮して、業務を分担する各分野の専門家を招集しその仕事を督励し、膨大な量に達する検疫業務を秩序立った業務手順に従って運用する能力を発揮した。

後藤にとって検疫事業成功の鍵を握っていたのは、児玉という極めて有能な上司に恵まれたことであった。陸軍次官として超多忙であったにもかかわらず、児玉は流れるように諸懸案を処理し、よく後藤を信用し、後藤はその負託に応えるべく死力を尽くすという関係にあった。後藤は「人を使ふか人に使はれるか」[5]のどちらかであると評されているが、後藤がよく児玉に使われ、また専門知識を有する新進の部下をよく使うという台湾時代の原型を検疫事業に見て取ることができる。[6]

こうした関係を基礎とした検疫事業の成功は、後藤にとって「世界未曾有ノ文明的一大新事業ノ実行」であり、日本の「名誉ヲ宇内ニ博」する点では戦闘での勝利にも匹敵するものであった。[7]それは、広義衛生としての国務を遂行する「良医」が良将と異なることがない、「良医」

はまた「良相」でもある（「大にして国政を賛し之を小にしては司令の本分を盡すに足らん乎。良将良医豈それ異ならんや」、「良相良医豈其異」[8]）という明治十五、六年頃の後藤の意気込みを具体的に実証して見せたものであった。

　さて、日清戦争を挟んで五年半も陸軍次官を務めた児玉は、この間、政府内権力関係、政府―議会関係、陸軍内権力状況、国際情勢などを熟知する立場にあった。こうした豊かな経験を背景に、児玉は、検疫事業より大規模な、創業としての台湾統治への関心をかき立てられるところがあったようである。それは元々児玉が若い頃から有していた抱負に端を発していた。三十歳程で連隊長を務めていた児玉は、軍人でありながらも一度は是非知事になってみたいという希望を有していたという。「何しろ知事は一県の長官であつて、産業のことや、教育の事も、自分の思ふやうに抱負を実行することが出来る。だから知事となつて思ふ存分に働いて見度い[9]」というのがその理由であった。日清戦後陸軍拡張問題が一区切りついた後、児玉陸軍次官の関心が台湾に向かい、独自に台湾経営への研究を始めた[10]のも偶然ではなかったといえよう。

**後藤新平と児玉源太郎**

　後藤の台湾民政局長就任は伊藤博文や桂太郎の推薦によって児玉総督任命前に内定していたようである。長州閥の支持を背景に、全能の統治者としての権限を付与されていた台湾総督に就いた児玉にとって、台湾統治という創業に対して「生物学の原則」に基づく統治によって対象に即した諸制度を創造しようとする後藤の態度[11]は児玉が求めるものでもあったろう。

　日露戦争後、児玉は鉄道事業を中心に積極的な満州経営を構想する。そして、台湾統治の実績のもとに、これを後藤の手に委ねようとした。児玉構想は児玉の急死もあってそのまま実現することはなかったが、児玉の遺志は満鉄初代総裁に就く後藤が引き継ぐことになる。[12]

**注**

（1）宿利重一『児玉源太郎』マツノ書店復刻、一九九三年、四〇六頁。

（2）石黒忠悳『懐旧九十年』岩波文庫、一九八三年、三二五、三三〇頁。鶴見祐輔編『後藤新平』後藤伯爵伝記編纂会、一九三七年、二巻四九、三六二頁。

（3）『後藤新平』一巻七一一―二、七一八―九頁。

（4）同右一巻七三五頁。

（5）同右一巻八三〇頁。

（6）児玉―後藤―新進の専門技術家の関係は台湾でも再現されることになる。後藤は若き農政学者新渡戸稲造に対し製糖業振興策に関して「君が台湾の実際を知ると、眼が瘠せて思ひ切つた改良策が出なくなる。ジャワを見た眼の高い所で書いて呉れ。行はれない事でも何でも良いから、高い所を見た眼で書いて呉れ」と求めたという（『後藤新平』二巻、二八四頁）。後藤は現実にいたずらに妥協せず専門家的見地から理想的案を提示することを求めた。こうして提出された糖業振興策の提要は、海外の良品質のサトウキビを選定し、これを台湾に移植し、その栽培法を人々に教え、新式機械を導入して在来の製造法を改め、以て砂糖の品質を高めるとともに生産費用を低下させ数年を期して生産高を倍増させようとするものであった。以上のような技術的・学問的観点からする可能性を現実のものとすることが出来るかどうかは、実行力の有無にかかっていた（『児玉源太郎』三六六頁、『後藤新平』二巻、二八四―六頁）。

児玉にとって以上のような問題は既に陸軍改革において経験済の事柄であった。明治十年代後半、当時世界最先端の軍事システムを誇るドイツ陸軍から、メッケルという優秀な外国人教師を採用した日本陸軍は、メッケルを通じて日本の事情に適した組織改革を行うとともに、実践的参謀教育と戦略・戦術を導入し各級部隊でそれに基づく日常的訓練を施し、新式兵器を導入して戦略・戦術の有効性を高め、師団戦闘力の質的増大を図ってきた。これら一連の事業を児玉は、臨時陸軍制度調査委員長・参謀本部第一局長・陸軍大学校校長・監軍部参謀長として担ってきた経験を有する。新しい戦略・戦術の運用能力を向上させ、新式兵器を導入したとしても、戦闘において勝利を最終的に決定するものは「精神力」（『児玉源太郎』二五二頁）即ち断固としてやり抜く硬い意志であるとメッケルは強調することも忘れなかった。

このように見てくると、糖業振興と陸軍改革には、意外にも共通する発想があったといえよう。

（7）『後藤新平』一巻、七四八頁。

（8）同右一巻、二八五、二九五頁。

（9）『児玉源太郎』四九六頁。

（10）『後藤新平』二巻、九―一〇頁。

（11）この点については、溝部英章「後藤新平論（一）」、『法学論叢』一〇〇巻二号、一九七六年、を参照されたい。

（12）小林道彦『日本の大陸政策1895-1914』南窓社、一九九六年、一〇九―一〇、一六三―七〇頁。

# 寺内正毅（一八五二―一九一九）――シベリア出兵をめぐる確執

井竿富雄
Izao Tomio

鶴見祐輔『後藤新平』（勁草書房版）第三巻に、寺内正毅（一八五二―一九一九）率いる内閣の主要閣僚の写真がある（次頁）。後藤新平内務大臣はまるで首相のように中央にいる（寺内首相は右端）。この二人は既に、桂園体制下第二次桂太郎内閣時代に閣僚だったことがある。しかも二人は植民地経営にかかわっている共通点があった。寺内は朝鮮（そしてそこで、西原亀三と親交を結ぶ）、そうして後藤は台湾・満鉄であった。

二人は大隈内閣打倒のために、かなり早くから「情意相吻合」（鶴見祐輔）していた。一九一五（大正四）年、後藤は行事出席名目で満州・朝鮮を旅行した。後藤は往路・復路ともに寺内朝鮮総督の官邸に宿泊し、「此の室にゴロリ後藤は居候」と書き残したという話もある。さらに後藤は、大隈内閣の中国政策を攻撃するパンフレット（文章は西原亀三自伝『夢の七十余年』に掲載）の制作・配布をやるなど、倒閣へ激しく動いた。後藤は事実上寺内内閣生みの親の一人であった。後藤は寺内内閣で重要閣僚を二つも経験した。内務・外務の二大臣である。また、後藤はかつて桂新党である立憲同志会（後の憲政会）にかかわっていた。だが今回は政友会に支えられた寺内内閣に入閣し、総選挙で内相として憲政会を撃つ側に回った（北岡伸一『後藤新平』中公新書、一九八八年）。

ただ、この時期の後藤新平と言うと、筆者にはどうしても内務大臣というよりは、外務大臣というイメージが強い（在任期間は短いが）。寺内内閣では当初、外務大臣としてロシア駐在大使だった本野一郎が就任していた。だ

**寺内内閣時代**
（左より加藤友三郎海相、後藤内相、仲小路廉農相、本野一郎外相、寺内首相）

が、よく知られているように本野外相はシベリア出兵問題をめぐって失態を繰り返し、寺内と意見が合わなくなった。一九一八（大正七）年はじめ、本野は胃癌に苦しむ中でシベリア出兵に関する強硬な意見書を書いたが、これはたなざらしにあった。そして本野は辞任し、後藤外務大臣の登場となるのである。後藤は外相就任時、公私ともに困難な状況だった。寺内首相は一ヶ月も病床にあり、内閣は不安定だった。後藤自身は夫人の死という打撃を受けていた。

後藤外相の仕事の一つに、上述のシベリア出兵問題がある。この問題では、前任者の本野一郎同様、後藤新平も強硬な出兵論者であった。細谷千博『シベリア出兵の史的研究』（有斐閣、一九五五年）の言葉を借りるならば、後藤は「自主的出兵論」、すなわち日本単独の出兵を主張していた者である。後藤は、早い段階から出兵とともに戦略的対ロシア援助を組み合わせるなどの構想をも持っていた（拙著『初期シベリア出兵の研究』九大出版会、二〇〇三年）。アメリカの対露進出を警戒していたからである。だが後藤は、一九一八（大正七）年七月、アメリカからの出兵提議の知らせを聞いてそれまでの主張を一変させ、積極的に「日米共同」の出兵に応ずる姿勢に転じた。前掲鶴見

**寺内正毅**
(1852 - 1919)

祐輔『後藤新平』第三巻では、伊東巳代治の回想を伝えている。後藤は興奮した口調で「出兵ノ時機ハ正ニ今ノ時ニ在リ、矢ハ将ニ弦ヲ離レントスルニ当リ、逡巡スヘキニ非ス」と語った。さらに、これで失敗したら、本野一郎と同様辞任のほかなし、とまで口走っている。そうして、対ロシア戦略援助機関「臨時西比利亜経済援助委員会」発足へと奔走した。後藤の部下には、書記官松岡洋右がいた。

ところが、寺内内閣の閣僚は、日米共同出兵に疑念を示した。対米回答文に強硬な文句を入れさせようとしたのである。閣僚には、外交政策が内閣ではなく、政党を含めた諮問機関、「臨時外交調査委員会」（後藤も委員の一人）で決められていることへの反感もあった。寺内は自己の一存で、委員会の席上この対米回答文案を握りつぶした（小林龍夫編『翠雨荘日記』原書房、一九六六年）。

この時期の後藤の鬱屈が感じられるエピソードが、『田健治郎日記』（憲政資料室蔵）一九一八年八月七日の記録にある。出兵宣言直後、アメリカが大量派兵をするらしいというニュースが飛び込んだ。この日、寺内首相が閣議の席上、「米国倨傲《きょごう》の憎むべき」を非難する発言をした。後藤は既に仲小路廉農商務大臣から同趣旨の発言を聞いて不快な表情をしていた。後藤は寺内の言に激怒し、首相が自分の外交を非難する以上辞職するしかないと述べて退席し、閣議を流会させてしまったのである。対米批判を自分へのあてつけと取ったためだったと考えられる。

出兵直後、寺内内閣は総辞職した。そして出兵の翌年、寺内はこの世を去った。後藤の後半生において、この寺内内閣時代の事後処理は大きな仕事となった。後藤は在野の立場でソ連の極東代表ヨッフェと交渉し、晩年には自らソ連を訪ねスターリンと会見した。後藤の晩年に政権にあったのは、寺内内閣時代参謀次長だった政友会総裁田中義一である。最近では、ロシア脅威論に立っていた国粋主義者が熱心に日ソ国交問題に取り組んでいたことも指摘されている（駄場裕司「後藤・ヨッフェ交渉前後の玄洋社・黒龍会」、『拓殖大学百年史研究』六号、二〇〇一年）。シベリア出兵とその後の日ソ関係は、出兵を決定し、推進した人々によって政治的解決が図られていったのである。

# 山本権兵衛（一八五二―一九三三）――「英雄」型政治家の苦悩

小宮一夫
Komiya Kazuo

後藤新平が世間から「大風呂敷」と呼ばれたのに対し、山本権兵衛（一八五二―一九三三）は「傲岸不屈」と評された。後藤が関東大震災の翌日に発足した第二次山本内閣で内務大臣の要職を務め、壮大な帝都復興計画を立案したことはよく知られている。

しかし、後藤が第二次山本内閣に入閣するまでには紆余曲折があった。そもそも内政・外交の刷新をめざした桂太郎の理念に共鳴し、桂新党（立憲同志会）に参加した後藤と、大正政変で第三次桂内閣が総辞職したあと、政友会と提携して内閣を組織した山本との折り合いは悪かった。政界でのさらなる飛躍をめざし、桂に自らの命運を托した後藤にとって、自らの夢を打ち砕いた大正政変に便乗する形で、山本が政権を獲得したことは許せなかった。それゆえ、第一次山本内閣時代には、後藤と山本は敵対関係にあり、後藤は「彼一流の辛辣なる言辞をもつて、しばしば山本内閣を痛罵した」（鶴見祐輔『後藤新平』第三巻、四七一頁）。

では、如何なる経緯で、後藤と山本は和解したのであろうか。一九二一（大正十）年十一月に原敬首相が暗殺され、翌二二（同十一）年二月に元老山県有朋が逝去すると、政界が流動化した。後藤や山本の周辺では、政権獲得を目論み、さまざまな政界工作が展開されていった。

当時、山本の周辺にいた村上貞一は、「果断決行」の山本と「建設識見」の後藤との提携の必要性を感じ、自分が双方の間の「芸妓役」を果たしたと自画自賛している。山本と後藤の会見は、一九二二年十一月に実現した。会見が決まると、山本は、後藤は「一個の珍物だ」、桂太郎も後藤は「使へる男だ」と言っていたと、斡旋役の村上に述べたようだ。そして、後藤と久しぶりに会見した山本は、後藤は「なかなか落ちつき」も出てきたし、各方面の研究や経験を積んでおり、今は亡き児玉源太郎に「似て来て」いるという後日談を村上に語った（以上、村上貞一『政界縦横録（斯くて山本内閣生る）』二八―四二頁）。

加藤友三郎首相が一九二三（大正十二）年八月二十四日に逝去すると、元老西園寺公望は、欧米との協調外交路線を維持し、普選問題の解決を託せる人物という基準から、山本権兵衛を後継首班に選んだ。山本から入閣を要請された後藤は、第二次山本内閣を、一党一派に依存せず、国民に立脚し、その輿望を担う「挙国一致ノ健全ナル国民内閣」として樹立すべきだと主張した（「国民内閣説」、『後藤新平文書』。そして、後藤は、「普通選挙の断行」を内閣のスローガンに掲げ、利益誘導政治の象徴でもある政友会の絶対多数打破をめざした。

**山本権兵衛**
（1852 - 1933）

一方、山本は、既成政党を排除するのではなく、抱え込む挙国一致内閣を考えていた。しかし、山本は政友会と憲政会の取り込みに失敗し、成功したのは少数会派の革新倶楽部を率いる犬養毅のみであった。

内閣発足後、普選実現に積極的な後藤内相と消極的な山之内一次鉄道相ら薩派系閣僚との対立が顕在化し、震災復興計画をめぐっても、後藤は政友会などから激しく攻撃された。後藤は、閣内外から批判の矢面に立たされ、その内政刷新構想は行き詰まりを見せた。後藤は、時代の要請を的確につかみながらも、与党を持たない悲哀をたっぷりと味わわされたのであった。

そして、議会の開院式に向かう皇太子裕仁親王が狙撃された虎ノ門事件の責任を取る形で、第二次山本内閣は、発足からわずか三ヶ月で総辞職する羽目となった。山本や後藤は、虎ノ門事件という突発事によって、十分な実績を挙げえぬまま、政界の第一線から身を引くこととなったのである。

戦前期の代表的な政治評論家馬場恒吾は、後藤新平は口が悪いので、割り引いて聞く必要があるとしながらも、次のような後藤の山本評を伝えている。「威風堂々」かつ

「音吐朗々」な山本は、自らの「外観の威厳を損じまい」と一生懸命なあまり、結局は何もできなくなってしまっている、と（馬場恒吾『現代人物評論』四三五頁）。

政党政治を時代の趨勢と捉えた馬場恒吾は、「英雄気取り」の山本が第二次内閣を組織した頃には時代遅れの政治家に成り下がっていたと批判した。そして、「デモクラチックな世の中」では、「英雄」の代わりに「人民を崇

**山本内閣成立直前の二人**
（『アサヒグラフ』1923年8月29日）

拝」し、かつ「少数の人傑を犠牲に供しても、多数の人民の意志を尊重」する必要がある、と喝破した（馬場恒吾『政界人物評論』二八二頁）。

第一次大戦後から政党内閣期にかけての時代風潮は、「英雄的」な官僚系政治家ではなく、「デモクラシー的風潮」に対応できる「政党政治家」を望んだといえる。政治的には有能であった山本や後藤といえども、政党との折り合いがうまくつけられないと、その手腕を存分に発揮することが難しい時代となったのである。そのことを如実に示したのが第二次山本内閣期である。

「時代の波」に乗り損ねた山本と後藤は、能力を十分に発揮する場所にめぐまれないまま、その最晩年を過ごしたのである。

# 犬養毅（一八五五―一九三二）――青年教育への意欲

季武嘉也
Suetake Yoshiya

第一次世界大戦も後半に差し掛かった頃、日本では「三角同盟」なるグループが政界の主役に躍り出ていた。背景の政治状況は省略するが（詳しくは拙著『大正期の政治構造』吉川弘文館、一九九八年、参照）、「三角同盟」とは大日本帝国憲法起草者の一人として有名な伊東巳代治（一八五七―一九三四）、国民党リーダー犬養毅（一八五五―一九三二）、そして後藤新平の政治的提携を意味する。一九一七（大正六）年二月十九日付後藤新平宛伊東書簡には「犬養君と対談之顛末は可成省略唯骨子而已拝陳仕候も、其実長時間談笑を試候中、正側両面より表裏に渉り胸臆を吐露せしめ十分之言責を取置候へは、他日必要之場合には乍不及居仲之労を辞せさる覚悟に有之」とあり、この一見奇妙な組み合わせの要であったのは、この時期では陰謀家というイメージの強い伊東巳代治であったことが分かる。それ故に、三者が密会した伊東の邸宅はしばしば「鹿ヶ谷」に譬えられるほどであった。しかし、三者の関係、特に後藤と犬養の親密さは、例えば「後藤新平関係文書」（水沢市、後藤新平記念館）中に存在する十九通の後藤宛犬養書簡を見ても、少なくとも後藤が東京放送局総裁に就任した頃（一九二四年、逓相は犬養）まで続いていた。つまり、両者の関係を単なる一時的な政略的離合集散という視点だけから捉えることはできないのである。

では、両者を結びつける共通項とは何であったのだろうか。一つは政治道徳教育、特に青年層に対する教育とその組織化に強い意欲を持っていたことである。桂太郎が結成した新政党（立憲同志会）を離れてのち、後藤は「独

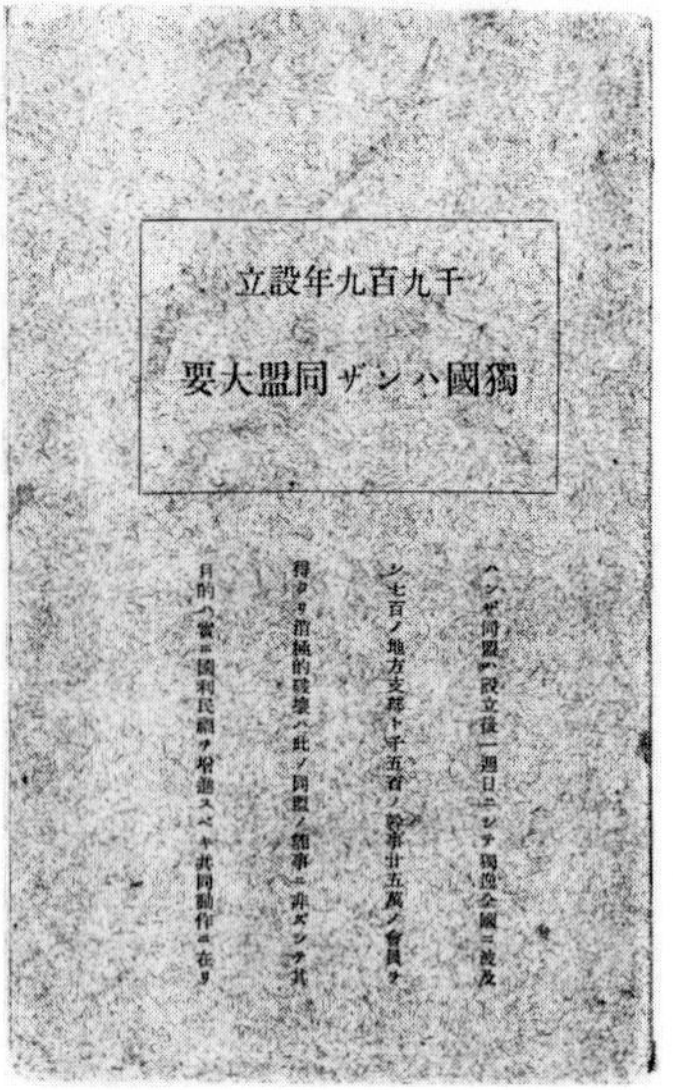

『独国ハンザ同盟大要』表紙

逸ハンザ同盟大要」（一九一三年）、「自治団綱領草案」（一九一六年）などのパンフレットを次々に発表した。その内容を簡単に紹介すれば、政友会など既成政党は数によって権力を奪取し、その権力を利用して一部の人間のみが利益を得てしまっているため、地方自治は蹂躙されてしまった、そこで労働者・小作農民なども含む社会各階層を網羅する「自治団」を各地に創設し、階層間の政治的経済的利益を合理的に調節し円満なる地方自治を実現しようというのである。これは、来るべき共産主義的な階級闘争に対する防波堤であったが、同時にそれまでの地域社会を規定していた、中央から地方へという単方向的なネットワークに基づく官治的自治と地方名望家秩序を、共に批判するものであった。そしてその担い手として、従来の選挙には参加しておらず、逆にそうであったが故に政治的には無垢である青年や無産階級に期待したのである。普選成立後の倫理化運動もこの延長線上にあった。他方犬養であるが、彼も「政友会内閣は原（敬）を始め都べて官僚也。（中略）憲政会も中堅は都べて官僚也。而して両党の政事は官僚政治にして而かも富豪の党与也」（『犬養木堂書簡集』復刻版、岡山県郷土文化財団、一九九二年、三〇五—六頁）と官僚・既成政党を同時に否定し、「立憲国民に必要なる知識を増進し道徳を修養し公明正義の士風を振作」して新たな社会を作るために大日本青年協会を創設し、青年への政治道徳教育に尽力していた。

結局両者の運動は、組織化という意味では既成勢力の前に完敗した。しかし、当時の政治家の中では珍しく、一般大衆に積極的に倫理道徳を呼びかけ、小気味よく既成勢力を批判する彼らには確かに青年層などから熱い支持と期待があり、普選実現の期待とも結びついて、数としてこそ表せないが、大きな勢力となっていた。

両者のもう一つの大きな共通点は、既成の官僚・軍部・政党勢力から超越した国策機関の創設を、しかも科学的見地から主張していたことである。一九二〇（大正九）年

**犬養 毅**
(1855 - 1932)

五月に「大調査機関設立ノ議」を公表した後、後藤は諸方面に積極的にその設立を訴えかけた。イギリスの「改造省」、アメリカのテーラーシステム、そして或いはソ連の計画経済論を参考にしたものと思われるが、要するに拡大する労働・農民運動への対応、「国際的経済戦」での生き残りを目的として、総合的長期的な国策を確立しようというのである。そして、その中で彼は特に重化学工業化を意識して科学技術の革新を訴えていた。他方「列国の競争は、精神及物質の実力角逐に外ならず」（鷲尾義直『犬養木堂伝』中巻、復刻版、原書房、一九六八年）と認識した犬養は、後藤よりも早く一九一八年一月には「国家が新式の機関を組織」して国策を樹立することを提案していた。これが後に「産業立国主義」として結実するのであるが、彼はそこで、国家の全力を理化学に傾注してもよいと述べている。

以上の二点をまとめれば、この時期の両者の特質も明らかになってこよう。つまり、第一次世界大戦以前の農業・軽工業中心の経済、帝国主義外交中心の国際社会が崩壊し、重化学工業、経済外交を柱とした新しい世界が目前であるとの認識を持ち、それへの対応として、従来では政治の枠外に置かれていた国民層をも組織、動員しようと考えていたのである。もっとも、このように環境の変化に常に即応し斬新なアイデアを提唱することは、背後に大きな既成の勢力を持たないが故に可能であったということもいえよう。しかし両者には、例えば原敬のような立場に立つことを意識的に嫌う傾向もあったように思われる。これこそが、彼らの弱点であり魅力でもあった。

# 原敬（一八五六―一九二一）・浜口雄幸（一八七〇―一九三一）
## ――二人の「政党政治家」との関係

川田 稔
Kawada Minoru

### 原 敬

原敬（一八五六―一九二一）は盛岡、後藤は水沢と、両者はともに維新政府に抗した東北諸藩出身で、官僚から政界へと転じ、しかもほぼ同世代で、相互に早くから接触があったようである。たとえば後藤の満鉄総裁就任には、西園寺内閣の内務大臣として原が関わっていた。

しかし、原は政友会、後藤は桂系と、対抗的な陣営にあり、原の日記には後藤にふれた記述が頻出するが、時として原の後藤評価はかなり厳しい。

たとえば、「後藤は余の見る所にては案外法螺のみにて、事務の才に至りては仲小路〔廉〕に劣り居るが如し。故に彼は厚顔にも哀願するかと思へば忽ち倨傲《きょごう》の態度を現はす」「後藤も大言壮語して大政事家を気取るに似ず尻の納らぬ男にて、且つ案外小胆の所あれば」（『原敬日記』第三巻）、などの表現がみられる。

はたして、寺内内閣時、シベリア出兵問題で両者は激突する。周知のように、宮中に設けられた臨時外交調査会において、後藤は外相としてシベリア全面出兵を主張、原はウラジオストックへの限定出兵にとどめるべきだとして、両者の意見が対立した。

米国の提議〔ウラジオストックへの限定出兵〕に対し之に同意すれば可なる事なるに、政府は此提議を利用して西伯利亜に出兵を企てたるは不都合にして、国家の危機を惹起するの虞あり〔中略〕。浦塩に出兵は将来日米提携の端緒なりと思ふに付き之には同意すべく、〔中略〕之を機会に西伯利亜に多く出兵する事は不可なり。

（『原敬日記』第四巻）

国家の大事には党の利害を顧慮するの暇なし。余は余の信ずる所に猛進するの外なし〔中略〕。明日の外交調査会には浦塩問題〔限定出兵〕には大体同意し、西伯利亜〔全面〕出兵には国民に徹底的了解を得るまでは之を延期するの趣旨を述べ、余の説行はれざれば調査会を脱するの外なし。而して斯く政府と手を切る時は、先以て我党の孤立を覚悟すべし。憲政会の如き其向背固より知るべからず。政府に走るものと見るべし。国民党の如きは徹頭徹尾官僚党なり。〔中略〕余は一身一党を顧慮せず、国家の為めに貢献するの責任大なるを感じたりき。

（同右）

**原 敬**
(1856 - 1921)

シベリア全面出兵の積極的推進者は、後藤のほか、田中義一参謀次長、伊東己代治枢密顧問官、犬養毅国民党総理などで、ことに、後藤、伊東、犬養は、外交調査会内において裏面で連携して動いていた。

外交調査会での激論の結果、いちおう限定出兵のかたちで派兵がはじまるが、その後、参謀本部主導で増派され、後藤らが意図した全面出兵となっていく。原は、次期政権をめぐる動きのなかで、それに有効に対処できず、組閣後、その撤兵のため多大の精力を割かれ苦慮することとなる。

しかしそののち首相在任中も原は、「後藤は静穏に日を送る事を得ざる性質」だとして、政友会への入党や政府関係の調査会委員会入り、労働局総裁ポストなどを勧めているが、後藤は応じなかった。

## 浜口雄幸

浜口雄幸〔一八七〇―一九三一〕は、一九二九〔昭和四〕年から一九三一〔昭和六〕年まで浜口民政党内閣を率い、金解禁やロンドン軍縮条約を締結したことで知られる、代

**浜口雄幸**
（1870 - 1931）

表的な政党政治家の一人であるが、その浜口の政界入りに、後藤は大きくかかわっていた。

浜口が専売局長在任中の一九一二（大正元）年、第二次西園寺公望内閣が陸軍二個師団増設問題によって崩壊したあとをうけて、第三次桂太郎内閣が成立する。その時逓相に就任した後藤の要請によって、浜口は大蔵省をはなれ逓信次官に就任した。このことによって浜口は事実上政界に転じることとなる。

後藤が浜口に逓信次官就任を要請した経緯は判然としないが、後藤は、浜口が専売局第一部長時にも満鉄総裁として浜口に満鉄理事就任を懇請し、さらに第二次桂内閣成立時にも逓相として浜口に次官就任を要請していた。その時は二度とも浜口は後藤の申し出を辞退している。

しかし、桂内閣はいわゆる大正政変によって三ヶ月で総辞職し、浜口も後藤とともに職を去った。桂は辞職後かねてから計画していた新党立憲同志会を結成し、浜口も後藤の勧めでこれに加わった。

この間の事情を浜口は後年次のように述べている。

余は桂内閣の辞職直後、後藤伯の勧誘により熟考の末、立憲同志会に入党した。けだし（中略）妥協政治又は情意投合政治の弊害は、政党が直接に政治をする場合に比して却って甚だしきものがあるので、国民はもはやその弊に耐ゆることが出来ない。そこで政党は妥協とか情意投合とかいふ仮面を投げ捨て、其の弊を破つて、直ちに憲政運用の表面に乗り出さんとする意気頗る溌剌たるものがあつたのである。（中略）即ち妥協又は情意投合政治の別名を有する官僚政治は、茲に終焉を告げて、二大政党対立による責任ある政党政治の発達がこれから始まらなければならぬ。桂公の政党組織に志したのも、けだしこの主旨に出でたものであらうと信じる。余が後藤伯の勧誘により、熟考の末同志会に入党した理由も、亦斯くの如きものであつて、既に十七八年の官歴を終え、齢既に四十を越えたる（其の当時四十四歳）余としては、最早政党政治家として及ばずながら邦家の為に尽くしたいといふことを深く考へたる為である。之は同志会入党理由の純理的方面であるが、此の外に余が逓信次官として内閣と進退を共にした以上は、将来政治家として立たなければそれまでであるが、さうでない限りは同志会に入党することが情に於いても理に於いても当然であると考へたのである。余は此の如くにして同志会に入党した。

（『随感録』）

同志会は、おもに加藤高明、後藤新平、若槻礼次郎ら桂系官僚と、大石正巳、河野広中らの国民党脱党グループが合流して組織されたが、まもなく桂が急逝し、周知のように、その後の党運営をめぐる内紛で後藤は脱党する。この時浜口は後藤と行動を共にしなかった。この間の事情を浜口はこう語っている。

余は後藤伯脱党を以て同志会の為にも（私人としても公人としても）断然不可なりと認めたから、他の友人同士とは行動を共にすることなく、単身後藤伯を訪問し情理両方面から一時間に渉って留党を勧告したが、伯は頑として応じなかつた。また脱党を決意した理由と云ふべきものも明らかに示されなかつた。唯将来政党には関係しないで、青少年の教育訓練に専心従事する決心をしたからである、従つて同志会諸君中一人も自分と行動を共にする者のあることを希望しない、君（余に対して）も依然党に留まつて党のために努力して貰ひたいとのことであった。之に対して余は無論留党の決心である、将来私人としては兎も角、公人としてはお別れするの已むを得ざるに至つた旨を告げて伯邸を辞したのである。

（同右）

これ以後、浜口ははっきりと政党政治家の道を歩むこととなる。

なお、さきに後藤が浜口に声をかけた経緯について、必ずしも判然としない旨を述べたが、可能性として考えられるのは、浜口と同郷で土佐出身の仙石貢との関係である。仙石は、後藤の初代満鉄総裁就任時、満鉄の設立委員を務めており、しかも仙石・浜口ともに土佐三菱と関係があった。仙石は、その後国民党に入党し、同志会、憲政会、民政党と浜口とほぼ同様の党歴をたどり、浜口内閣下で満鉄総裁となるが、後藤の浜口への度重なる要請は、この仙石の薦めによったのではないかと思われる。

# 新渡戸稲造（一八六二—一九三三）——二人三脚で重ねた実績

草原克豪
Kusahara Katsuhide

後藤新平の人生が児玉源太郎との出会いで転機を迎えたのと同様に、新渡戸稲造の人生も後藤新平によって大きく進路を変えられた。

新渡戸稲造は一八六二（文久二）年盛岡の生まれ、同じ岩手県水沢生まれの後藤新平より五歳年少である。二人の最初の出会いは台湾総督府であった。台湾の農業を振興するため、農学博士新渡戸稲造を三顧の礼をもって総督府に迎え入れようとしたのが、民政長官に就任したばかりの後藤であった。

当時新渡戸は札幌農学校教授の職を辞してアメリカで療養中であった。その間に英文『武士道』を書き上げている。本人は札幌に戻るつもりでいたので、はじめは総督府入りを固辞していたが、後藤の度重なる懇請について説得され、事前調査のため一年間ヨーロッパ諸国やエジプトを視察したあと、一九〇一（明治三十四）年に帰国することになった。

このとき後藤は新渡戸を台湾総督府殖産局長として高給をもって迎えようとしたが、若すぎるという理由で事務局から反対されたため、やむをえず総督府技師として発令し、身分は五等官であるにもかかわらず俸給は一級俸という破格の扱いをした。いかにも後藤らしいやり方ではある。その後新渡戸は殖産局長さらに臨時台湾総督府糖務局長として、児玉総督・後藤民政長官の強力なリーダーシップのもとで糖業の近代化を実現し、台湾経済の発展に大きく寄与した。この時期、台湾総督府に児玉、後藤、新渡戸という超一流の人物が揃っていたことは、台湾にとっても日本にとってもきわめて幸運なめぐり合わせであった。

　児玉と後藤について、新渡戸は「児玉はどんなむずかしい案件を説明されても十分もあれば理解する。後藤の場合は二十分ぐらいはかかる。もし自分が同じような説明をきけば理解するのに二時間ぐらいはかかるだろう」と言って、二人のずば抜けた能力を賞賛している。後藤は後藤で、新渡戸のことを「アメリカに留学してむこうの女と結婚しているので、いやにハイカラな男と思う者もあるらしいが、いってみれば、ちょんまげに洋服を着せたような男だ」と評しているが、これもまた新渡戸の本質をとらえた的確な人物像といえる。

**後藤新平と新渡戸稲造**（1862 - 1933）

　後藤の偉いところは、新渡戸をいつまでも台湾に引き止めておかなかったことである。新渡戸の才能を惜しんだ後藤は、懇意であった京都帝国大学法科大学長の織田萬に話をつけて新渡戸を植民政策担当の教授として迎えるよう取り計らった。こうして帝大教授新渡戸稲造が誕生したのである。その後一九〇六（明治三十九）年に新渡戸は第一高等学校長に迎えられ、多くの優れた弟子を育てるとともに、当時バンカラ主義が横行していた一高に西洋的教養主義を定着させた。この思い切った人事を行ったのは外交官出身の文部大臣牧野伸顕であるが、就任要請を受けるべきか否か迷った新渡戸は、後藤に相談して、助言を得ている。

　その後、第一高等学校長在任中に、新渡戸は東京帝国大学に設けられた植民政策講座の初代教授に就任する。この講座は第四代台湾総督を務め、日露戦争後に急逝した児玉源太郎を記念して設置されたもので、そのための資金集めに奔走したのは、児玉の遺志を継いで初代満鉄総裁に就任していた後藤新平にほかならない。このように後藤は自ら台湾や満州での植民行政に大きな業績を残しただけでなく、植民政策に関する教育および研究の体制を確立した功労者でもあった。のちに新渡戸のあとを継いでこの講座を担当するのは一高の弟子でもあった矢内原忠雄である。

台湾総督府における後藤と新渡戸のコンビは一九一九（大正八）年、海外雄飛を校是とする拓殖大学において復活することになった。新渡戸はその二年前から第二代学監（現在の学長に相当）に就任していたが、この年に後藤が第三代学長（現在の理事長に相当）に就任したのである。ところがなんと、後藤は学長就任早々、学監新渡戸とその門下生を連れて、第一次世界大戦後の欧米視察のために八ヶ月間もの長旅に出かけてしまう。二人揃っての欧米視察は台湾総督府時代の一九〇二（明治三十五）年以来十七年ぶりのことであった。同行した門下生の中には後藤の女婿でもある鶴見祐輔もいた。鶴見は新渡戸の弟子であり、彼に後藤新平の娘との結婚を勧めたのが新渡戸であった。このことからも後藤と新渡戸の親密な関係を窺い知ることができる。

一行がパリに滞在中、ベルサイユ条約により国際連盟が創設されることになった。日本にも事務次長のポストがひとつ与えられることになり、ちょうどパリに居合わせた新渡戸に白羽の矢が立った。ここにも後藤の関与があったことは想像に難くない。新渡戸はそのまま帰国せずに連盟創設の準備のためロンドンに留まることになり、翌年、連盟の発足とともにジュネーブに移る。国際人新渡戸稲造の誕生であった。

後藤は一九二九（昭和四）年に急逝するまで拓殖大学学長を務め、その間にそれまで専門学校であった拓殖大学を大学令に基づく正式の大学に昇格させるなど、その後の拓殖大学発展の基盤を確立した。同時に大学の母体である東洋協会会長としてアジアに関する調査研究の推進にも尽力した。亡くなる半月前、後藤は拓殖大学の卒業式において、「諸君は小学一年生の気持ちで社会に臨まなければならない。学は最高の学を修めたりといえども気持ちは小学生の気持ちをもって研究的態度をもって進み、解し得ざることは人に尋ね、一歩一歩と堅実な歩み方をして行かなければならない」と訓示している。後藤の人柄を彷彿とさせるような訓示である。

# 徳富蘇峰（一八六三―一九五七）――「大記者」が見た「侠気」の政治家

杉原志啓
*Sugihara Yukehiro*

明治大正昭和の三代、ほぼ四分の三世紀にわたって近代日本の言論界をリードしてきた「大記者」蘇峰徳富猪一郎（一八六三―一九五七）。そのオピニオン・リーダーが、一時期桂太郎のいわゆる政策ブレーンのひとりとして活動していたことは広くしられている。またかれが、実際政治におけるその種の活動から身を引く契機となったのが、大正年間の幕開け早々、憲政擁護運動の標的となる第三次桂内閣の出現と瓦解（大正政変）にあったことも。

蘇峰は自らも「縁の下の力持」として尽力したこのときの内閣の顔触れにつき、組閣直後「内閣も新顔出揃、後藤大浦の両氏か左右の翼、其他ハ先ツ備品而已」と評している（「寺内正毅文書」）。つまり、右にいう「後藤大浦」すなわち逓信大臣後藤新平と内務大臣大浦兼武が、この内閣のポイントというわけだろう。ところで、蘇峰はのちに、共に自らの「益友」だったというかれらを対比させる形で、後藤の人物を語っている。すなわち、そのテキスト『蘇翁感銘録』（民友社）によれば、桂内閣における二人はまるで「犬と猿とのようなもの」であり、趣味においても、性質においても、素養においてもまったく一致していなかった。たとえば、後藤は陽性で大浦は陰性。後藤はカッと怒ることがあり、大浦はなかなか怒らない。後藤は体軀堂々とした好男子であり、大浦は色蒼く痩せこけた男でまことに風采があがらない。後藤は尊大倨傲《きょごう》、大浦は丁寧恭謙の態があり、また後藤は「大風呂敷」といわれたとおりつねに「世界を一ト呑みにする」ごとき論を吐くが、大浦はつねに「足下の事」に気をつ

**徳富蘇峰**
（1863 - 1957）

けていたというように。

　では、蘇峰の観察した怜悧な現実家・政略家たる大浦と、かくのごとく対照的な理想家・経世家たる後藤のキャラクターの真髄なり仕事振りの本領は？　人物論や歴史叙述でしばしば有力関係者の直話を引く「大記者」蘇峰は、ここでも桂太郎のつぎのような談話を配している。「後藤の献策には随分実行し難きものも少なくないが、稀には他人の思ひつかぬ妙案を持出すことがあり、十の中に七、八までは採用できぬとしても、その二、三は誠に他人の企て及び難きところがあり、閣僚としてはなか〳〵捨て難きところがある」。もっとも蘇峰は、桂が後藤を捨て難き僚友としたのは、こうした特異なタレントのみならず、かれの人物にいかにも人間味があったからだろうと推測している。蘇峰によれば、たとえば後藤の胸中には「つねに一片の侠気があつた」。所信を公言し、かつ所信を断行することに遅疑しなかった。すなわち「彼がソ聯との関係をつくるために、ヨッフェを日本に招き寄せ、自らその談判の衝に当つたるが如き、これがために彼の身辺までも危険を覚えしめるに至つたが、彼は毫もそれのために遅疑するところはなかつた」。しかもこれは、後藤が世間の空気に無頓着だからではなく、むしろ世間の毀誉褒貶を顧みず、自らの所信に躍進していく勇気があったからだった。

　また、後藤の生涯をしるものがひとしなみ言及する「人のお世話にならぬよう、人のお世話をするよう、そして報いを求めぬよう」というかれの有名なモットー（自治三訣）を、これはいかにもの訓言であり、蘇峰も天下に向かって保証するところだと断じている。そして蘇峰は、後藤の「侠気」に関して、特有の卑俗な比喩と二分法の言説スタイルをもって、かれは「溺れるものを引揚げるよりも、浜辺で泳ぎつゝあるものを大海に引張り出す」ところにその真骨頂があったという。別言すれば、後藤は「愚者を智者たらしめ、悪党を善人たらしめ、臆病者を勇者たらしめるよりも、智者を益益智者たらしめ、勇者を益益勇者たらしめるために骨を折った」のである。

　蘇峰のみるところ、この点で後藤は、明治期の台湾総督府民政局長時代や南満州鉄道総裁時代も、大正期の東京市長時代も一貫していた。つまり後藤は、一つの新し

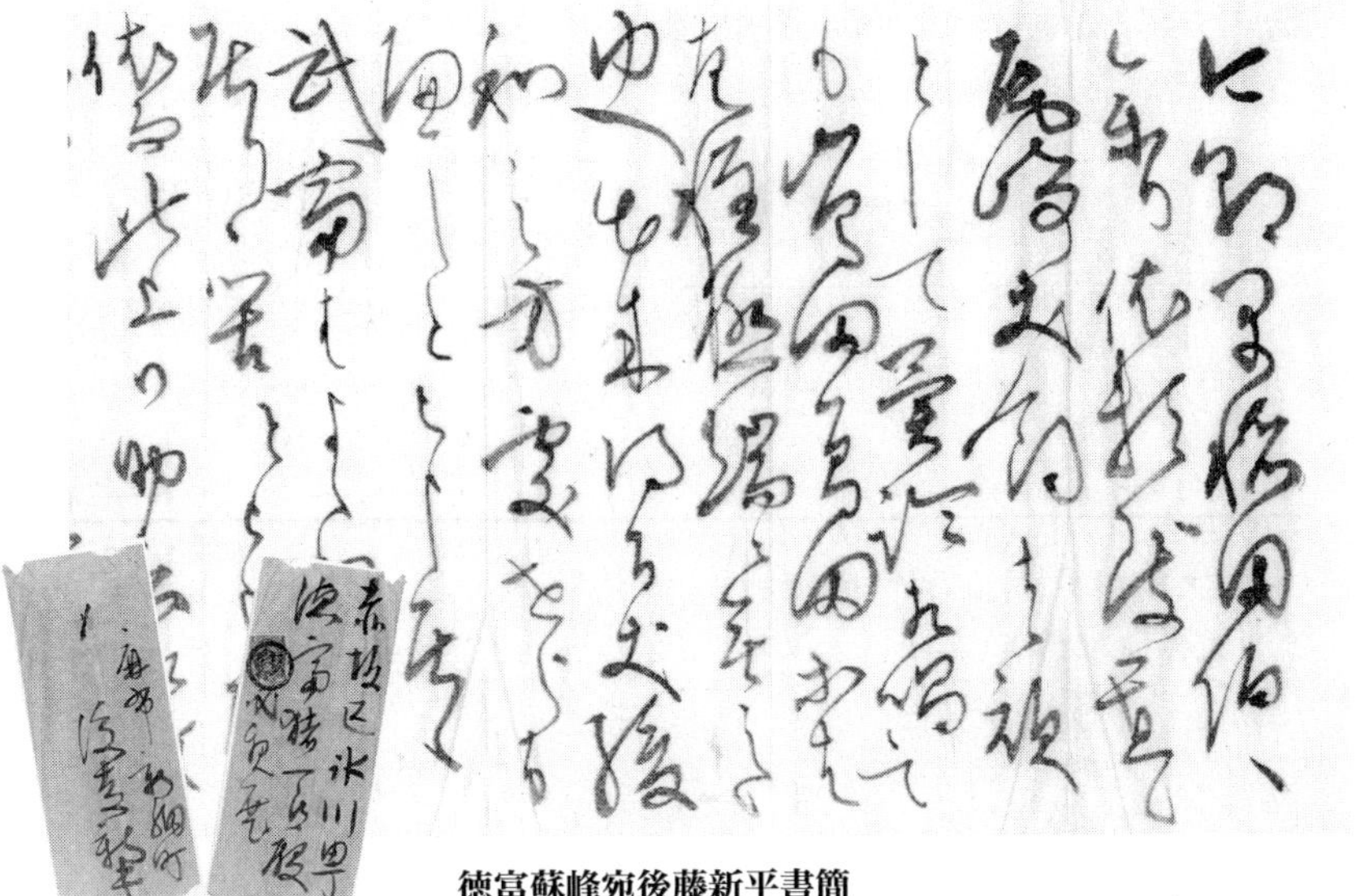

**徳富蘇峰宛後藤新平書簡**
（部分。明治29年1月11日付。提供＝徳富蘇峰記念館）

い事業にとりかかる度に、まず第一に綿密な調査をなし、調査によってプランをたて、またそれを遂行するにあたって、つねに「一芸一能の士」に眼をつけ、これを推輓使役するところに最大の特長のひとつがあった（ただし、絶えず調査とか科学とか口にする後藤だが、その頭脳はきわめて非科学的な熱情的「侠気」に彩られており、この点かれの人使いにおける強みであり、弱みでもあったとか）。実際、近年の研究も明らかにしているとおり、後藤はまさにその「一芸一能の士」のリクルートにあたり、しばしば蘇峰その人に人材提供を求めていたのであった（高野静子「連載・徳富蘇峰宛書簡」一〜四、『環』一〜四号所収、参照）。

とするなら、蘇峰が後藤を「益友」「良き親友」と明言し、かれに親和感を抱きつづけたのも、蘇峰自身、およそ近代日本のあらゆる分野の「才能」に目配り、気配りを怠らず、その「才能」を愛し引き立てていく、いわばフィクサー的資質を有する人物にほかならなかったからではなかったか。

# C・A・ビーアド（一八七四―一九四八）——東京市政の助言者

平田幸子
*Hirata Sachiko*

チャールズ・A・ビーアド（一八七四―一九四八）は、日本では東京市政を研究した学者として知られているが、アメリカでは偉大な歴史学者・政治学者として著名である。ビーアドは一八七四（明治七）年にインディアナ州ナイツタウンで生まれた。父は農場を経営する傍ら、幾つかの工場を所持する企業家であった。二十四歳のときデポー大学を卒業し、イギリスのオックスフォード大学に留学した。イギリスは労働党の躍進の時期であり、ビーアドは労働問題の大家ジョン・ラスキンなどの影響を受け、友人とともに労働者のための成人学校ラスキン・カレッジを創設し、自らも講師となった。

一九〇二（明治三十五）年に帰国し、コロンビア大学で博士号を取得し、同大の政治学教授となった。しかし、一九一七（大正六）年コロンビア大学が学園の自由を無視しているとして辞任する。辞任後、ニューヨーク市政調査会の専務理事となり、その付属機関である行政職員研修所長も務めた。

後藤新平は一九二〇（大正九）年東京市長となり、市政改革のため調査研究機関の設立を考えていた。そこで、当時ニューヨークにいた娘婿の鶴見祐輔にアメリカの市政が腐敗から立ち直った事情を調査して欲しいと依頼した。以前ビーアドの講演を聞いていた鶴見はすぐ彼に面会し、次のような助言を受けた。アメリカの市政の腐敗は、簡単に改革されたのではない。腐敗の理由を科学的に調査し、それに対する方策を科学的に研究したのだ。それがニューヨーク市政調査会である、と。そこで、鶴見はニューヨーク市政調査会の資料を集め後藤に送った。

後藤は安田善次郎の寄附を受け、東京市政調査会を設立するとすぐにビーアドを招聘した。ビーアドは、日本を研究したいと思っていたので、その機会を与えられたことを感謝すると言い、一九二二（大正十一）年九月家族で来日した。

後藤はビーアドに対し次のことを依頼した。一、日本の大学生や市民に市政の啓蒙をすること。二、東京市政調査会の組織・調査研究方法などの指導をすること。三、都市問題に関するアメリカの具体的な実例を紹介すること。四、東京市長になったつもりで東京市政に関する報告書を作成すること。

ビーアドは東京市の実態調査のため、施設見学や多くの市関係者・有識者と面会をした。またしばしば、地方講演のために出張した。それ以外の日は東京市政調査会の一室で朝から晩までほとんど休むことなくタイプライターに向かっていた。そして、その成果として『東京市政論』ができ、一九二三（大正十二）年日米両国で出版される。これだけの仕事をしたにもかかわらず、ビーアドは東京市政のために行ったことだからと報酬や叙勲を受け取ろうとしなかった。後藤はこれを見て「古武士の俤《おもかげ》というのは、むしろアメリカ人のほうにあるようだ」と感嘆した。

ビーアドは半年の任務を終え、一九二三（大正十二）年三月日本を発ち、中国・台湾を旅行した。そこで後藤が各地に研究所や調査局を設立したのを見て、世界には本当に科学調査の重要性を理解する政治家がいないが、唯一の例外は後藤であるとした。

ビーアドが帰国した年の九月一日、関東大震災が起こる。後藤はビーアドに次のような電報を打った。「震火災

**後藤新平とビーアド**

のため東京の大部分は破壊されたり。徹底的改造を必要とす。出来得れば直ちに来られたし」。行き違いにビーアドから「新街路を設定せよ。街路決定前に建築を禁止せよ。鉄道ステーションを統一せよ」と電報があり、十月六日来日した。彼は被災地を精力的に見て回り、後藤に東京復興に関する意見を提出した。しかし、後藤が計画した復興計画は縮小を余儀なくされる状況になっていった。これに対し、ビーアドは縮小案に反対し後藤に次のような手紙を送った。「我が親愛なる友よ。世界の目は日本の上にある」で始まり、縮小案を容認することは将来の大災害を誘発することになる。あなたのやるべきことは新街路、公園、運河の計画を作り、その計画を全国民に示すことだ。もしその計画が承認されなければ辞表を提出して引退しなさい、と激しく説いた。

しかし結局、後藤はそれを聞かず縮小案をのんだ。後に鶴見祐輔が後藤にその理由を聞くと「あの時、俺がやらなければ、外に復興事業のやれる人間はいなかったからだ」と語ったという。ビーアドは十一月十五日帰国したが、来た時に比べずっと淋しそうだったと横浜港まで見送った人が書き残している。

その後も、ビーアドの後藤への親愛の情は変わらず、次のようなエピソードが残されている。

ある寒い冬の日、私は紐育のビアード博士の家で、暖炉を囲んで夜更けまで話し込んでいた。突如としてビアードさんが、『おい、オールドボーイは今ごろ、日本でどうしているだろうな。偉い人だね。おい』と、ビアードさんは、急に生き〲した表情をして、『おい、二人で後藤新平伝を、英文で書こうじゃないか』と、叫んだ。『よかろう！』そう言って私は、彼の手を握った。

（鶴見祐輔「後藤伯とビアード博士」『都市問題』八巻六号、一九二九（昭和四）年六月より）

現在も、財団法人東京市政調査会市政専門図書館には、『東京市政論』『アメリカ合衆国史』『合衆国憲法の経済的解釈』等ビーアドの著書やビーアドに関する図書・論文が数多く所蔵されている。

# A・A・ヨッフェ（一八八三―一九二七）――日ソ国交正常化への地ならし

原 暉之
*Hara Teruyuki*

ロシア革命後の初期ソビエト外交を担った有力な外交官の中には、駐英ついで駐仏全権代表を歴任したラコフスキーや、駐独全権代表をつとめたクレスチンスキーなど、のちにスターリン時代「大テロル」の犠牲者となった党内反対派幹部が少なくない。一九二三（大正十二）年、病気治療を兼ねて日本に招かれ、後藤新平と日ソ国交正常化の非公式会談をもったことで名高い駐華全権代表アドルフ・ヨッフェ（一八八三―一九二七）も党内反対派に属していた。とくにヨッフェの場合、反対派の領袖トロツキーとの関係が深い。帝政期の亡命先でトロツキーの刊行する『ウィーン・プラウダ』の編集に協力したこともあり、その頃から盟友の間柄であった。

ヨッフェの外交官活動は、革命直後の対独ブレスト・リトフスク講和交渉から欧州経済復興を討議した一九二二年のジェノヴァ会議までは、もっぱらヨーロッパ諸国を舞台としていた。アジア外交の経験は、同年ソビエト政府代表として中国の長春に派遣されたのが最初である。当時、ロシア極東では日本の軍事干渉（シベリア出兵）が五年目に入っていて、日本政府も沿海州からの撤兵を決めてはいた。ヨッフェは長春で対日交渉に臨み、日本に撤兵要求を突きつけた（長春会議）。交渉決裂後、駐華全権として中国に留まったヨッフェは、東アジアの経験が浅かったにもかかわらず、いきなり大ヒットを飛ばした。同年末、ソビエト政府の代表として孫文との公式接触に成功したのである。

後藤新平がヨッフェとの会談実現に執念を燃やしたの

は、日露問題の解決にこそ「対支政策の鍵鑰《けんやく》」があり、「対米外交の拠点」も存立するという持論を展開してきた後藤にとって、日本を埒外においた中ソ接近の意味するところが深刻だったからである。

ヨッフェは長春に赴く前、六項目の対日交渉案を政治局に提出している。その中には「日本が革命前夜にあることを考慮しつつ」宣伝目的に交渉を利用するよう努める、という項目も盛り込まれていた。これはトロツキーの主張を敷衍したものと考えられる。

トロツキーは、一九二二年五月二十六日の政治局会議で討議、採択された意見書に、「一九〇四年に帝政ロシアを対日攻撃に向かわせたのと同じ運命によって、君主制日本はその政治において対ソビエト・ロシア攻撃に衝き動かされている」と書いた。日本のシベリア出兵の泥沼化は不可避であり、そこから反政府宣伝に好都合な状況、ひいては「革命前夜」的な状況が日本国内に生じようとしている、という情勢判断に立っていたのである。

初期ソビエト政権のアジア外交では、カラハン外務人民委員代理の役割が大きかった。政治局においてカラハンはヨッフェに対日交渉の指針を示し、宣伝目的に交渉を利用するのは非常な危険を招くかもしれない、として慎重な対応を求めた。結局のところ、長春会議は決裂に終わる一方で、日本軍は沿海州からの撤兵を進め、事態の泥沼化を自ら回避したので、対日方針をめぐるボリシェヴィキ党上層部の意見対立は表面化することなく鎮静に向かった。ヨッフェ自身、長春で対日交渉の難しさを知った。日本軍による北サハリン保障占領の背景をなす「ニコラエフスク官民虐殺事件」(尼港事件)について深く研究し、一本の論文を書いたのも、長春に赴いてからである。

一九二三年二月に来日したヨッフェは、三月から五月にかけて静養先の熱海と宿泊先の東京築地精養軒で後藤新平との非公式会談に臨む。この間、モスクワからはヨッフェに対して随時指令が送られているが、これに関連して政治局が五月三日の会議で北サハリンの対日売却容認の方針を採択していることはきわめて興味深い。「政治局はサハリン島売却交渉を今後も継続することに反対しない。そのさい売却総額は最低一〇億(ルーブル)とする。この総額は全額または九割規模まで現金払いとする」というものである。

後藤は、五月二十三日ヨッフェに手交した非公式交渉案の中で、サハリン問題について有償譲渡もしくは利権獲得という二つの可能性に言及した。また尼港事件については、ロシア政府が精神上、物質上の責任を負うべきことを主張しながら、「ただし露国にして日本軍が同様の行為ありたりとの実証を挙げたる場合には、之を認めて賠償額を相殺すること」と付記することを忘れなかった。長春会議で、日本代表の松平恒雄外務省欧米局長が「露国人の損害とは何を意味するや不明なるも日本は之に対し責任を取ること能はざる」としらを切ったのと比較すれば明らかなように、後藤はその度量の広さで際だっていた。

**A・A・ヨッフェ**
(1883 - 1927)

一方には革命宣伝外交、他方には一部領土売却の容認。しかしヨッフェは、冒険的な選択肢を含むスペクトルの中から、結論的には穏当な落としどころで妥協する道を選んだ。その要因としては、ソビエト側にカラハンのような東アジア通がいたこと、日本側に官僚臭の薄く度量の広い後藤新平のような外交機略家がいたこと、この二つを挙げなくてはならないであろう。その後の経過は、ソビエト側が尼港事件に対して遺憾の意を表明し、北サハリン石油利権を譲渡することで日ソ国交正常化に進んだのであった。

日本で後藤・ヨッフェ会談が行われていた最中に、モスクワではレーニンが二度目の発作に倒れ、政界復帰は不可能となった。買い求めた大型の箱庭をレーニンへの日本土産にしようとしたヨッフェのひそかな願いは叶わなかった。さらに盟友トロツキーの党除名に抗議して、ヨッフェが悲劇的な自殺を遂げるのは一九二七年のことである。

# 大杉　栄（一八八五―一九二三）――アナキストへの関心

鎌田　慧
*Kamata Satoshi*

大杉榮（一八八五―一九二三）は、後藤新平が内務大臣だったときに、公邸にでかけていって、カネを無心している。

稀代のアナキストと八方破れの政治家との秘密の出会いは、大杉自身があっけらかんと『自叙伝』（岩波文庫）に書いてしまったので、世間ではよく知られている逸話である。このエピソードによっても、後藤が太っ腹な政治家としてよくつたえられている。もちろん、大杉ばかりか、後藤もとやかくいわれることすくなくなかったが。

大杉は内務大臣公邸へ電話をかけ、大臣がいるかどうかをたしかめてから、永田町へでかけていった。宴会中だった。小部屋にとおされたのだが、お茶をはこんできた給仕や伝言をつたえにきた秘書官は、窓に鎧戸をおろしたり、鍵をたしかめたりしてから、部屋をでていった。

「ははあ、なにか間違いでもあった時に、僕が逃げられない用心をしているんだな」

大杉の観測である。アナキストは、まるで壮士のように思われていた。内務大臣は、帝政ロシアでは暗殺の対象だった。まもなく、鼻眼鏡、ポワンチュ鬚の後藤がはいってきた。

「まえから、お目にかかりたいと思っていた。どうしていまのような思想をもつようにようになったのか、話してほしい」

アルコールのはいっていた内務大臣は、上機嫌できいた。

「実は金が少々欲しいんです。で、それを、もしいただければいただきたいと思ってきたのです」

大杉が切り込むと、後藤がうけていった。「あなたは実にいい頭を持ってそしていい腕をもっているという話ですがね。どうしてそんなに困るんです」

「政府が僕らの仕事をじゃまするからです」

「が、とくに私のところへ無心にきたわけは？」

「政府が僕らを困らせるんだから、政府へ無心にくるのは当然だと思ったのです。そしてあなたならそんな話は分かろうと思ってきたんです」

一理ある要求である。内務省は、発行された新聞や雑誌を発禁、没収、発行人の逮捕と打撃をあたえつづけている。私服刑事のしつっこい尾行もまた、プライバシーの侵害であり、営業妨害というものだ。大杉は三〇〇円を懐にいれて帰った。

いくらほしいのか、といわれて、ほんとうは、五〇〇円といいたかったのだ。が、吃るため、「ゴ」といいだせなかった、ともつたえられている。「サン」なら発音しやすい。それで三〇〇円になった。後藤は、「ごく内々にしていただきたいですな。同士のかたにもですな」と念をおした。

**大杉 栄**
(1885 - 1923)

大杉三十一歳、後藤五十九歳だった。

たがいに親近感があったようだ。そのことがあってか、関東大震災の直後、大杉が伊藤野枝、甥の橘宗一ともども、虐殺され、簀巻きにされて憲兵隊の古井戸に投げ込まれた事件のあと、議論沸騰の閣議で、後藤内相は顔を真っ赤に染めて不法行為をなじり、「人権蹂躙だ」とさけんだ、とつたえられている(『読売新聞』一九二三年十月九日)。

山本権兵衛首相が、「米国に国籍があるのを何故殺したか」と困惑していたのは、大杉の妹あやめが米国で結婚し、出産した橘宗一が、米国国籍だったこともあって、虐殺が国際問題にまで発展する危惧があったからだった。

前年の暮、日本から密出国して、ベルリンでのアナキスト大会に出席するつもりだった大杉榮は、パリ郊外サン・ドニ市のメーデーで演説、フランス官憲に逮捕され、強制送還させられる。もしも、サン・ドニ刑務所が、もうすこしのあいだ彼の身柄を拘束していてくれたならば、大杉は野蛮な憲兵隊によって、どさくさにまぎれて殺害されることなくすんでいた。

**有島武郎**
(1878 - 1923)

　その密出国の資金を援助した、とうたがわれていたのが、後藤新平だった。彼は震災後の東京大復興計画を構想して、「大風呂敷」といわれたりしたのだが、ソ連から横浜港に救援にきた「レーニン号」を追い散らした政敵たちは、ソ連大使ヨッフェを日本に招聘して日ソ交渉をはじめた後藤の「陰謀」をことあげしたり、大杉の黒幕にみたてたりしては弾劾した。

　政敵・政友会は、国会でも、後藤内相が大杉をソ連に派遣して「共産露国」との提携を図ろうとしている、などとの珍質問をだしたりしていた。後藤は黙して語らず、だったが、のちに渡航費をだしたのは、有島武郎だったことが判明した。死んだ大杉と有島が政友会を走らせた、というかたちになった。

　真相があきらかになったあと、「なぜ議会ではっきり答えなかったのか」と新聞記者に質問され、後藤は語った。

「うすうす有島が大杉の旅費を出していたということは聞かんでもなかったが、はっきりした事実を知らなかった。然し自分としては一切このことに関しては身におぼえのないことだから、ないと答えたまでで、その上かれこれ非難されやうとも、いつかは事実が判明すると信じて、大人気ないことでもあるし取り合わなかった。殊に有島と知っても故人の親族などに迷惑があってはいかぬと考へたからである」（『読売新聞』一九二三年十二月十六日）

　後藤を形容する大風呂敷とは、気宇壮大、破天荒な彼の構想のことばかりではなく、右も左も併せ呑む度量の大きさをもさしてのことであったようだ。

# 正力松太郎（一八八五―一九六九）――読売新聞再生の秘話

佐野眞一
Sano Shinichi

読売新聞の実質上の創業者の正力松太郎（一八八五―一九六九）と後藤新平を結びつけたのは、一九二三（大正十二）年十二月二十七日に起きた虎ノ門事件だった。当時、正力は警視庁警務部長の職にあった。

この日午前十時三十五分、摂政宮皇太子裕仁（後の昭和天皇）は、第四十八帝国議会の開院式に出席するため、赤坂離宮を出た。摂政宮を乗せたお召自動車が虎ノ門付近に差しかかったとき、群衆のなかから突然ひとりの男が飛び出し、お召自動車に向かって走り出した。男は手にもったステッキ銃を、お召自動車の窓ガラス越しに発砲した。男が発射した弾丸は、お召自動車に命中したものの、厚さ四・五ミリの窓ガラスに衝撃を殺がれ、摂政宮を殺傷するにはいたらなかった。

犯人の難波大助は、その場で逮捕され、大審院で死刑判決を受けた。この日よりわずか三ヶ月前に成立したばかりの山本〝地震内閣〟は、その日のうちに総辞職となり、警務部長として天皇警護の最高責任者の立場にあった正力は、即日辞表を提出し、懲戒免官という、官吏としての最高の罰を受けた。

浪人生活を余儀なくされた正力が、まず退官の挨拶に行ったのは、内務大臣の後藤新平のところだった。後藤もまた虎ノ門事件の責任をとり、麻布の邸宅に謹慎中の身だった。

同年九月のいわゆる山本〝地震内閣〟で内務大臣に就任した後藤を、正力は最初嫌っていた。当時、正力は警視庁の官房主事だった。官房主事は警視総監の懐刀とも

**正力松太郎**
（1885 - 1969）

いうべき職責にあり、政治、思想、労働、外事などの重要情報を収集する一方、政界の裏工作を一手に握るセクションである。官房主事の匙加減ひとつで内閣の命運も左右する重大部署だった。

世評に言う〝大風呂敷〟で政界工作に走らされてはたまらないというのが、官房主事時代の正力の本音だった。しかし、後藤に接触する機会がふえるにつれ、正力は自分の考えを改めるようになった。世上言われる〝大風呂敷〟的人物とは違って、話にいちいち筋が通っているし、なによりそのスケールの大きさに圧倒された。正力はいつしか、後藤の人物に敬服するようになっていた。

正力が退官の挨拶のため麻布の後藤邸を訪ねると、後藤は喜んで迎え入れ、まず失意の正力をねぎらった。

「正力くん、ああいう事件で免職になってまことに気の毒だが、二、三年休んでおれ。ここに一万円ばかりある。これをやるから場合によっては洋行でもして、見聞でも広めてくるのもよかろう」

正力は後藤の好意は涙の出るほどうれしかったが、さすがにそれは固辞した。

それから三週間ばかりたった一九二四（大正十三）年二月のある日、正力の許に赤字続きで買い手を探している読売新聞を買わないか、という話が旧知の政治家から持ち込まれた。ただし、すぐに十万円という大金を揃えるという条件がついていた。

正力はそのまま東京駅に向かい、沼津行きの汽車に乗り込んだ。

伊豆長岡に着いたのは夕方の四時半過ぎだった。後藤は折悪しく、興津に元老の西園寺公望を訪問して留守だった。三十分ばかり待つうち、後藤が羽織の紐を結びながら部屋に入ってきて、「正力くん、突然、何の用だ」と、訝しげな表情で尋ねた。

「実は今度、読売を買い取ることになりました。ついては早急に十万円の金が必要です。今日はその恩借に参上しました」

後藤は「うん」と言ってちょっと首をかしげ、しばし沈黙したあと、「よろしい。その金は引き受けた。いま手元にないが、二週間もすればできるだろう」とあっさり約束し、「時に君、新聞経営というものは非常に難しいと聞いておる。もし失敗したらきれいに金は捨ててこい。おれにその金は返さんでもいいからな」と言った。

後藤が工面したその金で正力が読売に乗り込み、発行部数わずか二万部の零細新聞社をわが国を代表する大新聞社に成長させた手腕は、すでに周知の通りである。

正力は当時、後藤の金は後藤が心安くしている財界人に立て替えてもらったものだとばかり思っていた。正力がことの真相を知るのは、一九二九（昭和四）年四月、後藤が七十三歳で他界してから四年ほど経った頃だった。後藤の息子の一蔵に、あの金は親父が麻布の家屋敷を担保がわりにして工面したものだと打ち明けられたとき、正力は男泣きに泣いた。

後藤の十三回忌にあたる一九四一（昭和十六）年十一月、正力は報恩の気持ちをこめて、後藤の故郷の岩手県水沢に、後藤から借りた十万円の倍の二十万円を寄付した。この金で日本で初めての公民館が建てられた。正力の逗子の家の居間には、今でも後藤の肖像画が飾られている。

**水沢市に残された後藤新平生家の内部**
（岩手県有形文化財。撮影＝市毛實）

# 〔附〕海外での後藤評——仕事と人物

鶴見祐輔『後藤新平』全四巻から、後藤新平についての外国人による評価を選んだ。
（作成＝西宮紘）

## I　後藤の業績を評して

### 日清戦争後の検疫（一八九五年）

明治二十八年（一八九五）、日清戦争終結に際しての臨時陸軍検疫部事務官長としての活躍ぶりは、『臨時陸軍検疫部報告書』（英文）として陸軍省から欧州諸国に寄贈されたが、特にドイツ皇帝ヴィルヘルム二世の賞賛を博し、「後藤新平」の名がベルリンに知れ渡る。

### 台湾での阿片政策（一八九五～一九〇六年）

台湾での後藤の阿片政策を、後の国際阿片会議（一九〇九年）は、世界の模範たるべきものと認める。

### 満鉄総裁就任（一九〇六年）

❶『ドレスデンネル・アンツァイゲル』（一九〇六年八月十二日付）

台湾統治によって天下に盛名を博したるドクトル後藤新平氏は南満州鉄道会社の総裁たるべきことを承諾すべしとは一般に信ぜらるる所なり。新領土の経営において発揮せられたる闊達なる才幹と自由なる政策とは、これを満州新経営の舞台に施さば、よく日本および外国人間の感情を融和し、最も公平円滑に該会社の事業を決行し、その施設上において著大なる成功を見るを得るべし。

❷『ロンドン・エンジニーヤリング』（一九〇六年月日不明）

台湾経営に成功せる後藤男（爵）の自由主義は、今後南満州鉄道の総裁として又発揮せらめべければ、日本の満州鉄道および商工政策は、外人に対して公平均等を失わざるを信ず。

❸『アンデパンダンス・ベルギー』（上田恭輔の一九〇六年十一月十六日付私信に

よる報告）

閣下（後藤）の満鉄総裁を以て大に其人を得たり……合わせて……台湾に於ける御成功を賞揚……。

❹某新聞（同右）

閣下（後藤）を目して、エジプトに於けるクロマー卿と、故セシル・ローズを搗き混ぜたる人物なり……男爵にしても し露のヒルコフ公と手を握り、行動を共にせらるるあらば、極東の交通機関は一躍にして大発展を為し、ために東亜の政策上に一大変化を来らしむるあるべし……。

## 満鉄に東亜経済調査局設立（一九〇七年）

『フランクフルター・ツァイトゥング』（一九〇八年、月日不明）

後藤男爵は一九〇八年七月逓信大臣に任ぜられ、会社を辞するや、従来副総裁たりし中村氏代わりて其後を継ぐ。後藤男爵は由来学問的根本的性向を有するの人、其会社経営に対しても、また学問的幇助を与えんとし、一九〇七年七月において京都大学民法教授岡松博士を欧州に派遣し、遂に南満州鉄道会社内東亜経済調査局の設立を見るに至らしめたり。該調査局設立は、仏国銀行クレジー・リオネーの財務調査局の組織を模範となせり。岡松博士はすでに台湾において類似の調査研究をなしつつあるが、東亜経済調査局設立のために欧州におけるこの種の諸機関を視察し、又同局顧問としてドイツ経済学者を雇傭するに決し、ダンツィッヒ高等工業学校教授チース博士を招聘せり。氏は従前ハンブルグ・アメリカ汽船会社において類似の事業を経営したるの経験を有するのみならず、この招聘を受くるや、広く欧州各国を旅行し、この種の機関を視察研究の上、一九〇八年十月末東京に赴任し、爾後調査局設立に努力せるの結果、すでに十一月二十日において現在の東亜経済調査局設立成り、あまねく海外にその設立を報ぜり。後藤男爵は今なお満鉄会社の庇護者にして、かつ隠れたる指導者なるが、当時設立の廻章中に、東亜経済調査局を以って、日本が常に宣明したる東亜における門戸開放政策、および公平なる競争を促進し、かつ援助するに裨益せんとするの旨を述べたり。

## 外務大臣としての外交方針（一九一八年）

大正七年（一九一八）四月二十三日、後藤が内相から外務大臣に転じた際に各国に送った外交方針の陳述に対する反響。

❶『ロンドン・タイムズ』（一九一八年、五月五日の『時事新報』に掲載）

後藤新外相の陳述は大に吾人を満足せしむるものあり。その陳述は極東その他世界到る処においてドイツの捏造流布したる虚説誹謗を有効に反駁せるものというべし。殊に後藤男爵はその外相就任に次いで日本の態度に変更を見るに至らんとの最近の流説を打消し、勝利を贏得するまで何処までも連合国と一致提携するを誓約せるものにして必ずやその約束を厳守すべし。新外相は日本は露国に対して至大の好意を有し、露国が列強の伍伴たる地位に復せんことを熱望するものなることを確言せり。他の事由は暫く措くも、日本はその存在理由その物のため、然く希うは当然の事なるべし。日本は極東におけるドイツ勢力が、自己に向かっていくばくの犠牲を払わしめしかを忘れず、しかして新露国の復活は、ドイツ勢力の盛返しを抑止すべき有効なる障害たるを得べしと信じて居れり。故に露国の国家的改造に対し、出来得る限り露国に援助を与うるは日本に取りて利益なり。

### ❷『ウェストミンスター・ガゼット』（一九一八年、月日不明）

吾人は協商側に対する日本の誠意について証拠を求むる必要なし。何となれば誰人も日本政府を疑わざればなり。然れども新外相の宣明は趣味と深き尊敬をもって読まるるならん。ドイツ主義の宣布運動に関する後藤男爵の引照は愕くに足らず。けだし極東の事情に精通する人士は敵の代理人が開戦以来欧州において忙しかりしが如く極東においてもまた多忙なりし事を熟知すればなり。

### ❸『デーリー・テレグラフ』（一九一八年、月日不明）

日本は刻下露国を害せんとする些かの目的を有せざるのみならず却って最近三年間露国の友人たることを証明し、後藤男爵もまたシベリアにおけるドイツの運動の行わるる間露国の再建事業を奨励援助するのは日本の任務なりと言明したり。

### ❹『ジャパン・アドヴァータイザー』（一九一八年、月日不明）

日本は今や後藤男爵の口を仮り、連合国の目的を恪守し、かつその終局の勝利を信ずる旨を屋上より宣言せり。しかして刻下日本の外相これについて説明する必要のなきは、男爵の外国通信員に語りたるが如し。右通信員は、おそらく一般政策上の言辞を男爵より聞くことを希望したるならんも、男爵がこの点について不得要領なりし一事に至りては、何人もその男爵の巧妙なる外交術を驚嘆せざるを得ず。然れども対露問題はなお未決の裡にあり。その政策は今後の展開に待たざるべからず際、男爵の親露声言は過激派政府を憤怒せしめ、乱暴の命令を発せしめたる風説を一掃するに足るべし。男爵は露国を援助鼓舞すべしと云いたるが、かかる言は干渉を諷示するものだにあらず、又日本の新聞紙は、政策の変更したる結果外相は更迭したりとの説に一致したるが、後藤男爵は唯「外相の更迭したるの故を以って外交方針に変更を来すことなし」と為せり。

### ❺『ジャパン・ガゼット』（一九一八年、月日不明）

この簡単なる言明はその言辞よりするも又その特質よりするも支那および露国に対する日本の政策を宣明したることは明白なり。しかしてかかる宣言より茫漠たる外交的辞令を除去しこれを分析すれば極めて肝要の意義を包含し、重大なる国際的進展の実現を論証することを得べし。

### ❻英外相バルフォーアからの電報（一九一八年五月四日付）

本野子爵病気にてやむなく辞職のため、閣下新たに外務の衝に当らるる趣にて寄せられたる懇篤なる貴電を謝す。

閣下が表彰せられたる懇情は、予また閣下に致さんと欲する所にして、又日本帝国政府が日英同盟を固守せられんとの不撓の決心を有せらるる旨を聞くを喜ぶものなり。日英同盟は英国政府においても貴我両国国交の楔子となし、将来においても引続き同様にこれを認めんとするものなり。閣下の同情ある支持ならびに協力の保証を得て、予は更に新たなる確信を以って、連合軍の勝利とその目的の達成を期待するものなり。

### ❼レーニンの革命で失脚した極東ロシアの重鎮ホルワット将軍からの書簡

（一九一八年、月日不明）

貴方が日本の外務大臣と言う高い地位に立たれたと聞いて、私は非常なる満足を以って我々が一九〇八年に初めて会った時のことを思い起こした。その時は貴方が日露の接近ということについて、能動的有力なる事業家として現れた時である。貴方は満州における両隣国国民の間に密接なる親しい交際を起すことに第一の種をおろされた。年月の経るに従ってこうした二国民間の交際はますます開けてきた。これは我々の夙に見る所である。現在の又我国の困難なる時にあたって、貴方が輿望を荷って貴方に適応した地位につかれたということは、大変喜ばしいことである。閣下、閣下によって始められた事を人々が続けているということを御覧になって、大変逆境に立っている我国に出来得る限りの助力を与えられよ。そうしたならば、我々は日本国民の助力によって、ロシアの再興を見ることが出来るであろう。

私は満腔の誠意を捧げて貴方をお祝いする。それと共に貴方の非常に困難なる事業の御成功を祈る。

## 寺内内閣総辞職後の欧米旅行（一九一九年）

### ❶『タイムズ・ユニオン』

（一九一九年四月一日付、ニューヨーク州オルバニー市）

日本の最も偉大な鉄道の天才で、しばしば「第二のハリマン」と云われた、日本外交調査員、前外務大臣、後藤新平男爵は、予定の合衆国旅行途上、最近、サン・フランシスコに到着した。今回、男爵のアメリカ訪問の主たる理由は、日本、シベリアおよび支那の鉄道拡張の目的から、合衆国の鉄道政策の研究にありと了解されている。

### ❷『レスリース・ウイークリー』

（一九一九年五月七日、ニューヨーク）

今日、日本で最も有力な政治家で、最近まで外務大臣たりし、後藤新平男爵は、次期進歩的内閣の首班者の候補者であるが、今回デモクラシー研究のためアメリカに来られた。男爵はアメリカの民衆政治の諸制度を研究し、帰国の上右諸制度の採用を帝国日本に大いに唱導する筈。同行の令息はアメリカで大学生活を送る予定である。

### ❸一九一九年三月二十二日、サン・フランシスコの聖フランシス・ホテルでの晩餐会で

#### 〈市民ロルフなる人物の挨拶〉

（後藤の『日記』より）

日米国交の和親いよいよ加わることを賀し、「日本のルーズヴェルト」氏の来訪に際し、米国のルーズヴェルト氏すでに逝きて、いわゆる横槊の英雄すでに劫灰の恨みあることを説き、ただその精神を

伝うる幾多のルーズヴェルト氏あり。幸いに知識を取るのみならず、台湾満州その他内外の庶政に経験せられたる豊富なる御意見を、我々米国側へも教示せられたし。

**〈ジョンソン海軍少将の挨拶〉**（同前）

明治天皇陛下は世界史上有数の君主なることは疑いなきも、その最大の統治者たりしことは予の断言し得る所にして、後世の史家は必ずこれを明証するならん。しかして陛下の偉大なるは、その武力を以って国家の大となさず、男爵の如き人物を挙げて、拓殖に鉄道に民政に外交に平和的文化に貢献せしめられたるに在り。予が多年日本人と交わりて唯の一度も不愉快なる経験を有せざるは、けだし日本国民が男爵の提唱せらるる如く、平和的文化的の国民たるがためなり。この文化の代表者たる男爵を迎うるは望外の幸せなり。

# II　世界の知己から

## J・R・モット博士

明治四十年（一九〇七）四月、後楽園での後藤の演説に対するJ・R・モット博士（万国キリスト教学生同盟幹事）の答辞の一節。

世界の平和と人類同胞主義とに関して、閣下が述べられたる高貴にして経世家的言辞は、吾等の心意に合する所にして、閣下は予言者にして同時に経世家なり。一士人にしてこの二者の資性を有するは極めて稀なれども、閣下の予言者の卓識と、実行的にして建設的なる経世家の技量を併有せらるることを、予は併せて申し添えんとす。吾等は閣下が、東洋と西洋とがますます接近することに関し言われたることの真なるを信じ、交通機関の大道に沿うて、又本日吾等の臨席する特権を得たる園遊会の如き楽しき社会的会合によりて、東西両洋の各国人が互いに交会することは、この外に各国民間の情誼を疎通することについて、商業の平和的貢献の大なるは普通人の実認するより、より以上とす。この方面において、各国民利害の焦点たる満州において、閣下が唯今御尽瘁なさるるは実に注意すべき価値ありとす。

## ロシア蔵相ココフツォフ

明治四十一（一九〇八）年四月から五月にかけての満鉄総裁後藤のロシア訪問で、帰国の際ハルビンから送った謝状に対するロシア蔵相ココフツォフの返翰（一九〇八年六月二十三日付）。

閣下（後藤）のハルビンよりの御手紙は、小生に大なる愉快を与えたりき。閣下には今小生が衷心より閣下の御書面中にある深厚なる御言葉に対して謝することを御許しあれ。閣下とのゲゼルシャフト（交友）において過ごせし時間は短かりしといえども、小生の胸中には最も善き記念を留む。小生はこの間において（男爵の露都滞在の間）閣下の開発せられたる政治家的の精神、および閣下に交際することをすこぶる愉快ならしむる閣下の卓絶せる天性を知り、かつこれを尊敬することを覚知せり。故に閣下に再会することは小生のためには大なる喜びである。閣下の御言葉によれば、閣下は再び露都に遊ばるるとのことなるを以って、小生は閣下に近く再見するの幸を得んことを望む。かつ重要なる、閣下ならびに小生の胸中に同時にある問題について意見を交換することを望む。その問題はすなわち日露両国の善き関係を堅固にすると同時に、商業的の交通を増進することにして、これすなわち両国間の国交をして今後ますます親密ならしむる必要条件たり。小生は閣下がハルビン迄の旅行において甚だ御満足なりしを聞き、大に欣べると同時にその後の御旅行もまた幸福と健康とを得て御帰国せられん事を望んで止まざるなり。小生は今より閣下が小生に約束せられた如く、東京よりの御手紙を落手せんことを渇望す。愚妻は閣下に深厚なる敬意を表することを小生に依頼せり。恐惶謹言。

## C・A・ビーアド博士

### ❶博士が台湾・中国に旅行して広東から寄せた書簡の一節（一九二三年四月一日付）

小生等は行く処として閣下の天才の跡を発見せざるはなく、実に閣下の将来に対する御計画は誠に広大にして、その御計画の遂行以外にはもはや為すべき何物も残存し居らざる有様に御座候。小生の特に感じたるは各都市における広き街路、公共建築物、市場、公園、病院、鉄道、学校ならびに水道等に有之候。鬼頭氏にも話候通り、閣下は行政研究のため調査会の諸氏を台湾に御派遣可被成候。殊に閣下が台北に御創設遊ばされ候中央研究所には深く感じ入り申し候。後日小生は科学的研究の方面における閣下の御事業に関し一論文を草したき所存に有之候。

### ❷台湾・満州の旅行から帰った時にビーアド博士が鶴見祐輔に語った言葉

台湾に往って見て、初めて後藤子爵の真の偉大ということを知った。彼の台湾における仕事というものは、世界の植民地史上特筆すべきものだ。満州もまたしかり。

### ❸米国に帰国後書いたビーアド博士の論文「調査の政治家後藤子爵」より

世界で一人の理想の政治家を発見した。それは後藤子爵だ。何となれば、科学に基礎を置くということが二十世紀の政治家の最大要件である。しかるに今日、世界には、本当に科学の解る政治家がいない。ただ日本の後藤子爵はその唯一人である。

### ❹ビーアド博士が『ニューヨーク・イヴニング・ポスト』の記者に語った「後藤子爵談」（一九二四年十月四日）

尖った頤髯と大陸的風貌とを有する子爵は何となくイタリアの上院議員に似ている。政談演説、食卓演説および市会等の小蒼蝿い議論の間には随時仮睡で通し得るという調法な力を有っている。しかし投票が始まるとか決議をするとかいう大事な場合になると直ぐ眼が醒める。こうして精力を節約する人である。子爵の生活は簡素である。召使は僅々十人くらいに過ぎない。日本でこの地位と階級を有する人にしてそれだけの人を使うことは決して多いと言うことはできない。子爵は日本少年団の団長である。そしてどんな曲芸を演じても、逆立ちをしてさえも、少しも威厳を損ずるようなことはないという資格が備わっている。しかして少年団に対しては昔の武士（子爵自身も武士の出である）の間に盛んであった公共精神を鼓吹しつつある。ただしその精神たる決して軍事的ではなく、平和的精神である点だけが昔のと違う。

## ソ連外交官コスチュコフスキー

昭和三年（一九二八）一月二十九日、最後のソ連旅行の帰途、後藤を見送ってきたソ連外務省儀礼局派遣員コスチュコフスキーの送別の挨拶。

私は露国外務省の名を以って閣下に御挨拶申し上げます。閣下は最も知名なる日本の政治家中露国の最大なる友人として知られ、従来日露両国の親交のために尽されたることの甚大なる方であります。この方を露国の賓客として御迎え申し上げ得たことは最大なる悦びでありました。閣下はその旅程を終えられ、今や露国の国境を去らんとするのでありますが、願わくば今回の露国訪問と見聞せられたる事実とは、閣下に最も良好なる印象を与え、最も良好なる思い出を以って我国を去られんことを期望する次第であります。希わくば一路平安御帰国あり、閣下の御来遊によってますます親善となった両国臨好が、閣下の御力によっていよいよ親善の度を加えんことを希望致します。なお今回の御旅行は短日月でその余裕が無かったのでありますが、次回御来遊の節は、是非クリミヤ、コーカサス等南露を御巡遊あらんことを切に希望致します。閣下の御健康を祝します。

## ドイツ大使ゾルフ

昭和三年（一九二八）十二月五日、ドイツ大使ゾルフ帰国に際しての送別会でのゾルフ大使の挨拶。

ただ今本国ストレーゼマン外相より本官にあてて、後藤伯爵にハンブルグ大学より名誉法学博士の称号を贈られた旨の電報が到着した事を、後藤伯爵に御報告し諸君と喜びを分かちたい。

## フランス大使クローデル

仏大使ポール・クローデルの『孤独な帝国——日本の一九二〇年代』における後藤評。これは一九二一年から二七年にかけて、駐日大使ポール・クローデルが仏本国外務大臣に書き送った外交書簡集であって、「後藤子爵との会談」と題された一九二四年九月十六日付のものである。後藤は前年暮れに虎ノ門事件で山本権兵衛内閣総辞職で、内相・帝都復興院総裁を辞任し、新たに政治の倫理化運動に取り組み一段落したばかりの時であった。この文章を書き送る以前のポール・クローデルは、後藤に対して親独・親露ということで極めて批判的で、いかがわしい人物であると見ていたようである。

現在、日本の政界で最も注目されている人物である後藤（新平）子爵について、私はフランス外務省にしばしば情報をお送りしました。彼は、最近までその職にあった内務大臣としては成功したとは言いがたいのですが、国の政治に大きな役割を演ずることが期待されています。彼の性格や弱点については大いに気になる点があるのですが、そのことが彼の人気に影響するようなことはありません。私は、彼が活動的かつ積極的な人物で、この国の現役の政治家に最も欠けている勇気と率先行動という資質を備えているとご報告しました。彼はまた実業界の重鎮でもあり、その鷹揚さゆえに、日本の新聞や新聞記者たちはおおむね彼に好意をもっています。彼らが金に困ったときは、この寛大なパトロンのところへ行けばよいのです。確実に百円札を恵んでもらえます。要するに私はこの人物を、将来性のある実力者であると描写しましたが、彼のきわだった親独・親ロ傾向は、なお不安要因でありました。それだけに、後藤子爵の見解に方向転換が生じたように見えるのは、私にとって喜ばしいことです。これは現在、とくにメルラン総督の訪日このかた、日本の一般的関心がフランスのほうへと向いてきたことの重要な徴候です。メルラン氏の訪日はそれほどに好結果をもたらす影響が大でした。傑出したわが同胞メルラン総督に敬意を表すべく開催されたある歓迎の祝宴に、後藤子爵が出席しているのを見たとき、じつは私は少なからず驚いたのです。ジョッフル元帥の訪日のさいには、あれほど上の空で、よそよそしいところを見せていたこの元東京市長が、格別の愛想のよさを示していることに気づきました。あのとき以来彼は腰が定まりました。最近、私は子爵の使者たる人物の訪問を受けました。この人は彼からの贈り物だと言って、小さな観音像の複製を持参していました。この観音は、昨年の地震のさいに奇跡的な御利益を発揮して以来、日本人の特別の崇拝の対象となっているものです。このとき後藤氏は、その使者を通じて私に、この先フランスと協調して働くこと以上の大望はもっていないこと、国策としてフランスと近しくしなければならないと理解していることを伝えてきたのです。彼はまた、私とゆっくり話しあいたいと思っていると、使者は言いました。私にはこの申入れを拒む理由はなにひとつありませんでした。こうして昨日、私は麻布にある彼のすばらしい屋敷を訪れました。彼は病床にあったのですが、私をこれ以上ないというほど友好的な態度で迎えてくれました。そして彼は、私が期待していたことをかならずやると語りました。彼は、自分以上にフランスに献身的な友はいないと言い、私に役立つことでみずからにできることがあればなんでもする用意があると言いました。彼はとくに日仏会館の一件に関心があるとはっきり言いました。日仏会館は東京の知識人が切磋琢磨しあえる貴重な文化センターとなることを望んでいると、彼は語りました。二人だけで親しく朝食をとりたいとの私の申し出を、彼は喜んで受けました。慎重にはいたしますが、私は後藤子爵が我々の友人の列に加わったのは喜ばしいことだと思っております。とくに友好面での絆ばかりでなく、国益面での絆が必要だという信念を彼がもっているのであれば。

＊原注には、同年「九月二十八日、後藤子爵と玉川上水の河畔でのピクニック、秋の草」とある。訳注によれば、原文は〈Tum-egawa〉となっているが、該当する川が見当たらなかったので、多摩川あるいは玉川上水のあたりではないかとしている。

# 〔附〕後藤新平年譜

鶴見祐輔『後藤新平』全四巻をもとに作成した。
本書所収の論考とかかわりの深い箇所は太字で示した。
（作成＝西宮紘）

**安政4（一八五七）年**

六月四日（戸籍上は六月五日）、**陸中国胆沢《いさわ》郡塩釜村《ぐんしおがまむら》（現在の岩手県水沢市）吉小路に生まれる。**後藤家は代々留守《るす》家（一万六千余石）の家臣で、父実崇《さねたか》三六歳、母利恵三三歳、姉初勢《はつせ》一一歳の時であった。後藤の本家から出て高野家の養子となった高野長英は旧幕時代謀反人とされ悲運の死を遂げていたが、そのため祖父の実仁《さねひと》は役を退いて家塾（衆芳館）を開いており、実崇は留守家の類族《るいぞく》改役《あらためやく》であった。祖父、父ともに学識が高く、新平六歳の頃にはすでに句を誦し書をよくしたという。

**元治元（一八六四）年**

三月、新平八歳のときに武下節山の家塾に通い漢学を修める。俊敏で悪戯好きが昂じ、十歳頃にはしばしば立木に縛されたり倉庫に押しこめられたりした。九歳のとき弟彦七生まれる。

**慶応三（一八六七）年**　**十一歳**

二月一日留守家の小姓となり、八月には武下塾を退いて藩校立生館《りっせいかん》に入り、経史、詩文を修める。

この年十二月九日、王政復古の大号令が発せられ、翌年の明治元年四月には祖父が死去、六月には幼兵に編入され、立生館を休学する。

**明治2（一八六九）年**　**十三歳**

一月、**後に岳父となる安場保和の師横井小楠が横死。**

二月には留守家削封とともに後藤家は士着帰農して平民となり、五月に父実崇は学校助教を命ぜられる。

八月十二日、府藩県が設置され、権知事武田孝敬、大参事安場保和、小参事野田豁通、史生岡田俊三郎（後の阿川光裕）が赴任。

九月、新平は安場の学僕となり、三ヶ月後には岡田俊三郎に預けられる。

**明治3（一八七〇）年**　**十四歳**

正月、立生館改め郷学校となり、始業式の日、新平は武田権令の前で論語里仁篇を講ずる。

二月二十五日、友人を誘って郊外に遊び、漢文「郊遊記」を作る。

七月二十七日、薩摩藩士横山安武が時弊を条陳して集議院門前で自刃したのを知り、大いに感奮慷慨する。

**明治4（一八七一）年**　**十五歳**

二月、上京の思い抗し難く東京に出て太政官少史荘村省三の学僕となり、七月には荘村に随い和田倉門外を通行中、西郷隆盛に出会い強烈な印象を焼きつけられる。たまたま荘村が来客に新平を「朝敵の子」と紹介したため、新平大いに怒り、翌年の正月には荘村家を出て帰郷、武下塾に入って詩文を修する。

**明治6（一八七三）年　十七歳**

五月、阿川（岡田）の勧めにより福島小学第一洋学校に入学するが、その程度の低さにがっかりして、洋学（英語）の勉強を放棄、数学に熱中する。

**明治7（一八七四）年　十八歳**

一月、いったん帰郷するが、父に諌められ、福島に引き返す。

二月二日、**須賀川医学校へ入学**、生徒寮に入り、憤然と勉学、理学、化学、原生学、解剖学に及第、十月には二等本科上等生として臨床実験を許される。

**明治8（一八七五）年　十九歳**

七月四日、福島県病院六等生となり、医学校生徒取締（内舎副舎長）となる（月給三円）。九月二日には五等医生を拝命する（月給五円）。

十二月二十七日、安場保和は愛知県令となる。

**明治9（一八七六）年　二十歳**

三月二十八日、内外舎長となり月給八円を支給されるが、安場に続いて阿川も愛知県に転任となったので、八月八日辞表を呈して許され、二十五日、**名古屋の愛知県病院三等医として医局診察専務（月給十円）となる。**

初め阿川宅に寄宿していたが、十月には病院の洋学者司馬凌海の家に寄り通院、オーストリア人教師**ローレッツの指導を受け、警察医学に興味を持つ**ようになる。

**明治10（一八七七）年　二十一歳**

一月二十日、公立医学所二等授業生（月給十二円）となり、六月には医術開業試験を受け、医術開業免状（九月十五日付）を手にする。

一方、八月八日には愛知県病院を依頼解任して、二月に起こった**西南戦争の負傷者を収容する大阪陸軍臨時病院の雇医（日給六十銭）となり（九月三日）、西南役の凱旋兵のコレラ病とも戦い、それが終結すると十一月二十七日名古屋鎮台病院雇医（月給二十五円）となる。**

**大阪陸軍臨時病院の院長石黒忠悳は、以後、後藤の後援者となる。**

**明治11（一八七八）年　二十二歳**

三月、再び愛知県病院に復帰、医学所一等訓導となり、次いで公立病院三等診察医兼務となり、七月には二等診察医兼務となる。

十月、**安場県令に「健康警察医官を設けるべき議」を建白。初めての建白である。**

十一月に衛生事務取調べのため東京出張の際、十二月十日には同じような内容の建議を内務省衛生局長長与専齊に呈して長与に知られるようになる。

**明治12（一八七九）年　二十三歳**

十一月、**愛衆社（大日本私立衛生会の濫觴）創立に着手。**

十二月、院校長病気のためその職務代理となり、翌年五月八日、**公立愛知病院長兼医学校長心得（月給六十円）となる。**「心得」は二十四歳という若さのためであった。

三月、安場保和が元老院議官となり上京、ローレッツも任期満ちて名古屋を去る。

九月、医事に関する『四季医報』第一号を発刊している。

この年、弟彦七をひきとる。

**明治14（一八八一）年　二十五歳**

一月、愛知・岐阜・三重の三県「連合公立医学校設立の議」を愛知県令に、また三月に三重県会議員に投じている。

十月十九日、**愛知医学校長兼病院長（月給七十円）となる。**

この年より私塾対育舎を開き五十余名の子

弟を育てる。

**明治15（一八八二）年**　**二十六歳**

二月、**長与衛生局長より衛生局採用の内命。**

四月六日、**自由民権運動中の板垣退助が岐阜にて遭難、翌日、招電により岐阜に急行して板垣の負傷を手当する。**

**明治16（一八八三）年**　**二十七歳**

一月十三日、父逝去。弟彦七を代理に帰郷させる。

一月二十五日、名古屋を去り**内務省御用掛衛生局照査係副長となる。**

二月六日、長与局長の代理で熱海にて岩倉具視と面談。

四月、新潟、群馬、長野など衛生事業を視察する。

**新婚当時の後藤新平**

九月、**安場保和の二女和子と結婚。**

十二月に錦織剛清《にしごおりたけきよ》の訪問を受けて、いわゆる相馬事件との関わりが始まる。

**明治18（一八八五）年**　**二十九歳**

一月、東京府下の下水掃除改修の件につき、内務大輔芳川顕正に復命書を呈す。

**明治20（一八八七）年**　**三十一歳**

九月に**『普通生理衛生学』を著す。**

**明治21（一八八八）年**　**三十二歳**

八月二十八日には、後藤の思想的根幹をなす**『国家衛生原理』を著作発行**する。

この年、**私立衛生会雑誌に「職業衛生法」を発表**する。

**明治23（一八九〇）年**　**三十四歳**

三月に**在官のままドイツ自費留学を許され、官費として一時金千円を賜い、四月五日渡独の途につく。**衛生制度学を中心に黴菌学、さらには自治衛生、市町村の自治と衛生との関係などを学ぶ。特に**黴菌学は先に渡独してコッホの許にいた北里柴三郎について学ぶ。**渡独以前に著述してあった**『衛生制度論』は九月十九日に発行。**十二月にはドイツ国勢調査施行の資料も収集する。

翌年の九月には石黒忠悳から衛生局長後任の内定が伝えられる。

**明治25（一八九二）年**　**三十六歳**

ミュンヘン大学でドクトル・メディチーネの学位を取得。

四月、ローマの第五回万国赤十字会議に出席、五月二日マルセーユを出帆、帰朝の途につき、十一月十七日、**内務省衛生局長となる。**

十二月、第五回帝国議会に皇漢医が「医師免許規則改正法律案」を提起したので後藤らは大いに反駁して否決する。

同月二十四日、大日本私立衛生会常会で労工疾病保険の必要を講演する。

**明治26（一八九三）年**　**三十七歳**

この年、『万国衛生年鑑』『黴菌図譜』などを翻訳発行。

九月二十三日、長男一蔵生まれる。

相馬事件に関わり、十一月十六日拘引、翌日収監、十二月二十九日には非職を命ぜられる。獄中にて井上円了『禅宗哲学』『真言哲学』などを読む。

**明治27（一八九四）年**　**三十八歳**

五月二十五日保釈出獄、八月、家族を伴い保田《ほだ》の存林寺に仮寓、静養し、『自叙伝』を記す。

十二月七日、正式に無罪となり、青天白日

の身となる。

八月一日、日清戦争が勃発する。

**明治28（一八九五）年　三十九歳**

一月二十八日、石黒の肝いりで中央衛生会委員となり、中央衛生会の代表として二月には日清戦争からの帰還兵検疫に関して児玉源太郎、石黒忠悳と会見協議する。

四月一日、**臨時陸軍検疫部（部長児玉源太郎）事務官長となり、広島に着任、似島《にのしま》、桜島、彦島に三検疫所の短期建設に奮闘、六月一日から検疫開始、猖獗を極めるコレラ撲滅に従事する。**この間、七月十日、児玉の紹介で伊藤博文と初めて会見する。

七月十二日、長女愛子生まれる。

八月十五日、伊藤に社会政策的施設の必要を建言。

八月二十日、検疫所を閉鎖、帰京して、九月七日、**再び内務省衛生局長となる。**

十一月十三日、**台湾の阿片政策について伊藤博文に意見書を呈し、十二月七日にも伊藤に明治恤救《じゅっきゅう》基金案を建白する。**阿片政策意見書は取り上げられ、翌年二月に制度化される。

**明治29（一八九六）年　四十歳**

二月、第十議会に恤救法案と救貧法案を出すが、いずれも審議されぬまま葬られる。

四月二十四日、台湾総督府衛生顧問を嘱託される。

五月六日、衛生予算について板垣内相に意見書を提出。

六月七日、監獄衛生制度についての意見書を内相に提出する。

六月十三日、桂太郎台湾総督、伊藤博文総理、西郷従道海相とともに台湾に赴き視察、同月二十四日帰着。

七月、台湾に限り酒類、煙草の製造ならびにその販売を無税にすべしと当局に建白する。

秋、独帝ヴィルヘルム二世は後藤の陸軍検疫報告書を読み賞賛する。

十月、阿川光裕は台湾総督府製薬所技師兼民政局事務官となる。後に台湾で後藤と再会。

**明治30（一八九七）年　四十一歳**

一月二十一日、台湾阿片令発布。

五月二十五日、帝国施療院設備費ほか五件の予算編入につき樺山内相に建白する。

六月八日、血清薬院長心得を命ぜられる。

七月十五日、労働者疾病保険の新営業、恤救事務局の設置を内務大臣に建議。またこの日永楽病院主管となる。

九月には岳父安場保和が北海道庁長官となるが、十二月十九日、後藤は時局のために辞すべしと進言する。

**明治31（一八九八）年　四十二歳**

一月、救済衛生制度の件を伊藤博文首相に建白。伊藤は後藤に台湾民政局長になることを勧める。井上馨蔵相には「台湾統治救急案」を呈して民政の方針を示す。

一月二十六日、**児玉源太郎が台湾総督を受け、三月二日、後藤は台湾総督府民政局長となり、三月二十日新領土台湾に向かう。**

四月、「備忘録」を裁し、台湾統治の根本論、土匪招降策、阿片制度などの抱負を述べる。

六月二十日、**新官制により民政長官となる。**

この年、一方では匪首の投誠式に臨み、他方では饗老典を催し、保甲条例を発布、台湾銀行設立に努力する。

**以後九年間、後藤は台湾統治に腐心するが、**その統治手法は「生物学的原則」に基づいて地文学的、地理的条件を考慮しその地方の旧慣や自治のあり方をできるだけ尊重し科学的合理的な近代化を促すもので、道路・都市整備、築港、鉄道敷設、上下水道、樟脳や製糖・林業・鉱業などの産業を興し、病院・医学校・中央試験所などを設立して衛生制度を整えた。

**明治33（一九〇〇）年　四十四歳**

三月十五日、揚文会に臨み祝辞を朗読する。

三月二十五日、福州アモイ地方へ出張する。

五月三十日、北清事変起こる。八月、その余波が南清に及び、廟議による南清へ陸兵派遣の密命が児玉総督に下り、アモイ進撃の準備をしたが、派兵中止の廟議通告があり進撃を止める。

**明治35（一九〇二）年　四十六歳**

五月二十五日、欧米視察のため台湾を発つ。同行者は新渡戸稲造。ニューヨーク、ロンドン、パリ、ベルリン、モスクワ、ウイーン、フィレンツェを歴訪、十二月十七日台湾帰着。

**明治36（一九〇三）年　四十七歳**

五月一日、第五回内国勧業博覧会に天皇陛下臨御、台湾館御巡覧の際、審査部長として御説明申上げる。

十一月二十日、**貴族院議員に勅選される。**

**明治37（一九〇四）年　四十八歳**

一月十一日、養女静子、佐野彪太に嫁ぐ。

二月十日、日露戦争が勃発。

八月十九日、桂首相に財政政策に関する意見書を呈し、十二月十七日にも桂首相に軍国経営の大策を建白する。

**明治38（一九〇五）年　四十九歳**

六月の米国大統領ルーズヴェルトの日露講和調停により、八月十日ポーツマス講和会議が始まる。

八月二十八日、後藤は満韓の旅に出て、九月四日、奉天の満州軍司令部で児玉源太郎と会談。この時**「満州経営策梗概」を児玉に示す。**

十月三日、東京帰着。

**明治39（一九〇六）年　五十歳**

一月、児玉総督の参謀総長への転任が内定し、総督後任には佐久間左馬太《さまた》陸軍大将、民政長官は後藤の留任となる。

四月十一日、男爵となる。

四月二十九日、青山善光寺における高野長英建碑供養に臨む。その後台湾に帰任し、六月九日満韓経営策について山県有朋に長文の書簡を呈する。

七月二十二日、原敬内相の命により上京、西園寺公望首相、児玉、山県に満鉄総裁就職を慫慂《しょうよう》される。

七月二十三日、**児玉源太郎急逝。**享年五十五。

八月一日、いくつかの条件を出して満鉄総裁就任を受諾する。「満鉄総裁就任情由書」を林外相、山県公、寺内陸相、西園寺首相に呈する。その後台湾に戻り、十月三日台湾に別れを告げ、十一月十三日**満鉄総裁、兼台湾総督府顧問、兼関東都督府顧問となる。**

十二月八日、阪谷蔵相と満鉄外債についての協定を結ぶ。満鉄の経営方針（満鉄十年計画）は後藤が計画し、具体的な仕事に関しては台湾時代の部下であった中村是公を満鉄副総裁として全面的にまかせきる。

**明治40（一九〇七）年　五十一歳**

二月、**満鉄を基根とする大陸政策につき請問書を首相、外相、蔵相、逓相に提出。**

四月八日、後楽園で大園遊会を挙行、満鉄総裁として演説。この時モット博士と知り

**満鉄総裁就任当時**

合う。

五月七日、満鉄総裁として初めて大連に上陸。

五月二十四日、和子夫人は新渡戸夫人同伴で外遊の途に上る。

五月二十九日、北京にて西太后、皇帝に謁見、帰途六月三日、袁世凱と会見、「箸同盟」を提唱する。

この頃、満鉄の方策についての意見書を首相、外相、陸相、山県・伊藤両元老に呈す。

また「対清対列強策」を草する。

八月から九月にかけて山本海軍大将、伊藤博文に旅順口経営策を呈す。

九月二十七日上京の途中、厳島に参拝し、白雲洞に投宿、来島した**韓国統監伊藤博文と激論を交し、新旧大陸対峙論を提唱、その実行を伊藤に迫る**（「**厳島夜話**」）。

十月一日横浜正金銀行頭取高橋是清と会見、満州の投資銀行および通貨問題について会談。

十一月三日、後藤肝いりの『**満州日日新聞**』**初号が発刊**される。

**明治41（一九〇八）年　五十二歳**

一月一日、ドイツ皇帝よりプロシア国王冠一等勲章を贈られる。

二十一日、和子夫人、外遊から帰朝する。

二月一日、法庫門鉄道問題について伊藤統監に進言、また三月には西園寺首相に台湾および関東都督府顧問を辞任する旨を提出する。

四月二十二日、東清鉄道と満鉄との問題解決を求めロシア訪問に出発、神戸を出帆。途中、二十九日、奉天で東三省総督徐世昌と会見。

五月十五日、サンクト・ペテルブルグ到着、十八日、露帝ニコライ二世に拝謁、六月十五日には東京に帰着する。

七月四日、林外相とともに参内、明治天皇に満鉄十年計画および訪露の結果を奏上する。

同月十三日、前日における桂からの入閣慫慂を受け、満鉄を逓信省管轄下にすることを条件に逓相就任を受諾。翌日**第二次桂内閣が成立し、逓信大臣となる。**

八月三十日満鉄経営の根本方針につき長文の意見書を起案する。

九月十四日、露帝より白鷺大授章を贈られる。

十二月五日、**新鉄道院総裁を兼任する。**

十九日には中村是公が新満鉄総裁となる。

**明治42（一九〇九）年　五十三歳**

二月、南満鉄道と東清鉄道の合同経営問題につき露国財務官ウィルレンキンと会談。

七月、東北、北海道視察、郷里水沢まで母、姉、夫人、令嬢を同伴し、先考二十七回忌法要を行う。

十月十四日、六月に朝鮮統監を辞していた**伊藤博文は**、厳島での会談以来後藤の論により欧露漫遊にでることを考えていたが、それに先立ちまず、**露国宰相ココフツォフとハルビンで会談することになり、この日ハルビンに向かう伊藤を大磯駅で見送る。**

十月二十四日、自作「大国民の歌」を作曲させ刊行する。

同月二十六日、ハルビン駅構内の列車の中で**ココフツォフと会談を終えた伊藤博文は、列車を降りたとき狙撃され横死する。**

十一月二十日以降、日露間鉄道貿易と対清政策について露国大使マレウスキー・マレヴィッチと再三会談する。

**明治43（一九一〇）年　五十四歳**

六月二十二日、**新設拓殖局の総裁を兼任する。**

六月二十七日、中村満鉄総裁を同伴して参内、委曲伏奏する。

七月から十一月にかけて各地の特に鉄道関係を巡視、十月十三日には、九州都城《みやこのじょう》の旅館摂護寺で**国有鉄道広軌改築案の骨子を起草**。

また八月には日韓併合の詔書が煥発される。

十二月九日以降、幸倶楽部や政友会政務調査会、国民党本部などで広軌案の説明をする。

十二月二十日、桂首相、寺内、大浦両相と、高橋日銀総裁とをめぐる政治、経済上の問題を斡旋、円満に解決する。

**明治44（一九一一）年　五十五歳**

二月二十八日、貴族院予算委員会で発電水力調査について説明する。

三月九日、後藤の構想によって中村満鉄総裁の下に設立された東亜経済調査局の指導者チース博士の帰国につき、満鉄社宅で別宴を張る。

六月二十七日恩賜財団済生会設立につき、意見書を桂首相に提出する。

八月、**日露協会副会頭となる**（会頭寺内大将）。

八月二十五日、**桂内閣総辞職で逓信大臣、鉄道院総裁を辞する**。

十一月二十八日、ヨゼフ・オルツェウスキーの『官僚政治』（森孝三に訳させてあった）を後藤の名で発刊する。

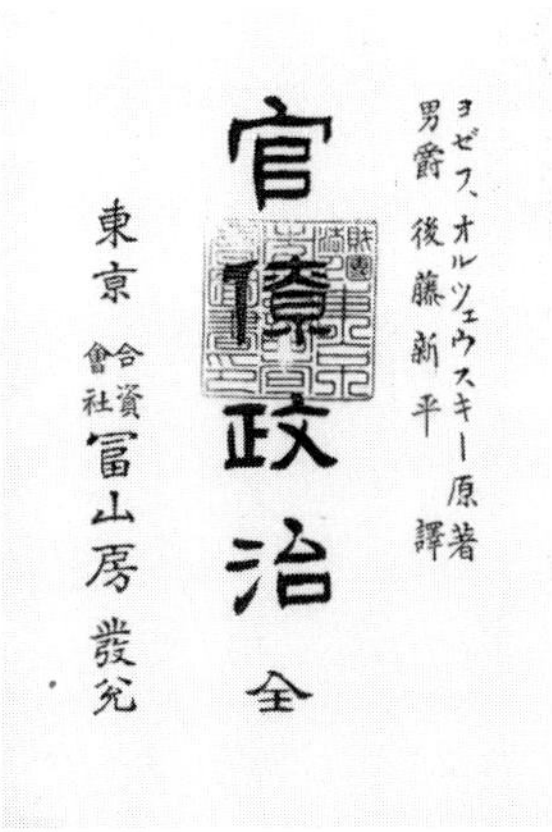

**『官僚政治』表紙**

**明治45／大正元（一九一二）年　五十六歳**

二月、清朝滅亡する。

この月の二十五日、在清の坂西中佐に手紙を書き、清朝滅亡後の中国の時局と日本の対中国外交を批判し、袁世凱への伝言を依頼する。

四月十五日後藤の腹案になる戯曲『平和』を発刊する。

同月十七日、母の米寿の賀筵を日本橋倶楽部で催す。

七月六日、**伊藤博文の遺志を継いで桂太郎とともにロシア訪問の旅に出る**。

同月二十一日、サンクト・ペテルブルグに着くと同時に、本野《ほんの》大使より明治天皇御不予を知らされる。一週間の滞在で急遽帰国の途につくが、**途中スイズラン駅で明治天皇崩御の悲報に接し、八月十一日新橋に帰着、ただちに参内する**。

十月から十一月にかけて台湾を旅行する。

十一月十三日、長女愛子と鶴見祐輔との結婚の儀、宮内省より許可される。

十二月に入って憲政擁護運動が起こるが、十二月二十一日、**第三次桂内閣が成立、再度、逓信大臣兼鉄道院総裁兼拓殖局総裁となる**。

**大正2（一九一三）年　五十七歳**

一月、桂内閣は世上不評で議会の停会三回にも及び、同月二十日には**桂は三田邸で新党結成を発表、後藤はこれに立会う**。

**二月に入ると護憲の名の下に帝都は騒擾、十日、桂内閣はついに総辞職し、山本内閣が成立**。

二月十九日、孫逸仙一行を華族会館に招待。

四月二日以降、桂の新党立憲同志会のために各地に遊説するが、他の政党との違いに疑問を生じ、五月二十四日「立憲同志会諸君に質す」を作成。桂が病に倒れたため、後藤は同志会幹部会で桂の後継として加藤高明を推す。十月十日**桂が薨じたため、同志会の先行きに不安を感じた後藤は、同月二十五日同志会脱退の意志を表明**、十二月二十四日「同志会脱退始末大要」を作成する。

**大正3（一九一四）年　五十八歳**

三月、シーメンス事件で山本内閣も総辞職、四月には大隈重信内閣が成立したが、在野の後藤は**東洋銀行設立の運動に熱中**、六月下旬には山県公を小田原に訪ねて説いた。

六月二十八日オーストリアの皇太子がサラエヴォでセルビアの一青年の凶弾に倒れ、それが端緒となり、七月二十八日欧州戦争が勃発、第一次世界大戦へと発展、日本は八月二十三日参戦する。そのためと加藤高明外相の無関心によって、東洋銀行設置は沙汰止みとなる。しかし、この月、後藤は新たに東亜共同経済機関設置案を発表する。

**大正4（一九一五）年　五十九歳**

一月十八日に日中交渉が開始され、**大隈内閣は対中二十一ヶ条の要求をなした。これに対して後藤は、三月二十四日、大隈内閣の失政と罵倒し、その覚書を手記する。**

六月四日、貴族院で対中外交問題を引っ提げて大隈首相に論戦を挑む。

七月十一日、鉄道青年大会に臨み、壇上より大隈首相を皮肉る。

九月二十五日、朝鮮始政十周年記念博覧会発会式に臨むため夫人同伴で出発する。

十月十日、南満医学堂新築落成式および第一回卒業式に臨む。

**大正5（一九一六）年　六十歳**

四月四日、台湾始政二十周年記念博覧会発会式に参列のため夫人同伴で出発、二十四日帰京する。

六月一日、東京鉄道病院開院式に臨み祝辞を述べる。

同月二十五日、時局に関する意見を印刷して発表する。

八月十二日、大隈重信の内閣居据わりを論じた書簡を山県有朋公に致す。

この月に**通俗大学講演会のために長野県地方を巡回する。**

十月、四日に大隈内閣総辞職し、九日**寺内正毅内閣が成立、内務大臣兼鉄道院総裁となる。**

十一月二十一日、前閣僚のなす誣妄の言を反駁する覚書を起草する。

十二月二十三日、鉄道院会議室で技監、各局長を招集して、**広軌改築案について意見を交換する。**翌々日閣議で広軌準備復活を稟請し、翌年の十二月に決定させる。

十二月二十八日、前内閣の時の選挙に不正があった石川県での再選挙に良い結果があったので、同県知事警察部長に感謝状を発する。

**大正6（一九一七）年　六十一歳**

一月二十五日、衆議院解散となり、翌日政局について国民党総理犬養毅と密談をする。政府側への連繫を図るためである。

二月三日より肺炎で臥床、十三日の地方長官会議で選挙での公正を図るべき訓示を水野次官に代読させたが、加藤高明率いる野党憲政会を「不自然なる多数党」と称して問題となる。また原敬率いる政友会とも連繫して、四月二十日の総選挙では政府派が大勝する。

海外では三月十二日にロシアに革命が起こり、四月六日、欧州戦争に米国が宣戦を布告。それらに対処するため、六月五日、**臨時外交調査会を設置する。**

十月、**内田嘉吉らが都市研究会を発足させ、後藤はその会長に就任する。**

十一月二十九日、連合国はパリで会議を開く。

**大正7（一九一八）年　六十二歳**

一月八日、米国大統領ウィルソンは十四ヶ条宣言をする。

二月三日、原敬と国防、税制整理についての意見を交換し、覚書を認める。翌日、犬養と会し、予算に関して諒解を求める。

同月二十四日、内相官邸にスティーヴンスを引見し、シベリアの形勢を聴取する。

三月二日、現内閣の実情に鑑み現状打破の覚書を認め、寺内首相に意見書を提出する。

この月、英、仏、伊三国の政府は日本にロシア出兵を強要してくる。独、墺、トルコ、ブルガリア四国は対露講和条約を調印、また日中軍事協定も成立する。

四月八日、和子夫人永眠。享年五十三。

四月二十三日、**外務大臣に転ずる。**

二十七日、臨時外交調査会幹事長となるが、同日和子夫人の葬儀が行われる。

七月はシベリア出兵問題が重要課題となる。

七月二十六日、**シベリア出兵積極論を手記。**

三十日、小田原に山県公を訪ね出兵問題について諒解を得る。

八月二日、シベリア出兵を決定、中外に宣言。同五日、駐日米国大使と出兵宣言について談合。しかし、この日富山県滑川町に米騒動が起こり、次々に各地に波及する。十三日、皇室より国民賑恤《しんじゅつ》の思召しで三百万円の御下賜ある。

九月二十一日、**寺内内閣総辞職**して原敬内閣が成立する。臨時外交調査会委員としては残り、特に国務大臣の礼遇を賜わる。

十一月十一日、欧州大戦休戦条約成り、第一次世界大戦が終結する。

**大正8（一九一九）年　六十三歳**

二月二十日、**ハルビン日露協会学校創立委員長となる。**二十四日には**拓殖大学学長に就任。**

三月四日、欧米視察の途に上る。二十七日、サンタ・ローザでバーバンクと会談。

四月十七日、デトロイト市でヘンリー・フォードと会見。二十三日、オレンジ市でエジソンと会談。二十六日、ニューヨークで大統領ウィルソンの女婿マッカドウと会見。

五月十四日、ワシントン府のビューロー・オブ・スタンダードを参観。

六月には欧州に向かい、二十六日、ジェームス・ブライス、ロバート・セシル、外相代理カーソンらと会見、二十七日、バッキンガム宮殿でジョージ五世に拝謁、二十八日のヴェルサイユ平和条約調印のことを聞いて、パリに向かう。

七月一日、ブリストル・ホテルで西園寺以下各全権大使を訪問、中国大総統徐世昌に宛てて山東問題に関して反省を促す電報を発する。三日、かつての露国宰相で落ちぶれたココフツォフと再会し会談。四日、仏外相ピションと会見。十六日、ベルギー皇帝に拝謁、一等勲章を親授される。イギリスに戻り、三十日、マンチェスターのリー工場、消費組合などを参観。

**アメリカでリンカーンの墓参り**

八月二日、ハウス大佐と緩談。さらにパリ、スイス、オランダに足を延ばし、イギリスに戻ると二十一日、サー・エドワード・グレーと会見。

九月六日、米国に向かう船中でフーヴァーと会談。

十月六日にはニュー・ヘヴンでウイリアム・ハワード・タフトに会い、十一月十三日帰朝。

**大正9（一九二〇）年　六十四歳**

二月十八日、**日露協会会頭に就任する。**

四月六日高橋是清蔵相を訪い、大調査機関設置予算について内談する。

五月二十五日、**「大調査機関設置の議」を印刷発表する。**この構想は欧米視察によって得たヒントに基づいたもので、大戦終結後の市場競争の熾烈さを踏まえ産業参謀本部としての性格を持つもの。この案につき、六月十六日、原首相、横田法制局長官と、長時間協議する。二十六日には横田が産業国策調査会政府案をもたらす。二十八日、後藤は、政府案が官僚的小規模の案であるところから、原首相にその案の辞退を婉曲に書簡をもって答える。

七月二十四日、夏季大学開講のため軽井沢に赴く。

十二月七日、東京市長が疑獄事件の責を引いて辞職したために東京市会が後藤を市長に選挙し、翌日市会議長らが市長就任を懇請するが受けず。

十二月十一日、工業倶楽部にて都市研究会臨時相談会があり、安田善次郎と知り合う。

十二日、**渋沢栄一が来訪、市長就任を勧説する。翌日、原首相と市長就任について密談し、明くる十二月十五日、市長就任を内諾し、**大海原職務管掌を招いて市政の現状を聴く。十六日、正式に受諾、二十二日には永田秀次郎、池田宏、前田多門の三助役を決定する。

この月末、自治に関する質問のハガキ六万五千通を東京市民に発して回答を求める。

**大正10（一九二一）年　六十五歳**

一月二十六日、市長俸給全額を市に寄付する。

二月七日、前年末に求めた市民の声の報告会を鉄道協会で開く。特に市役所の改革と区長・学務委員の更迭を望む声が多かった。翌日、東京全区長を鉄道協会に招待して戒告する。十八日から三月九日まで市内十五区を巡回講演する。

三月三日、ニューヨーク市政調査会の大要を印刷して有志に配布する。

四月一日、無党派連盟の大要を発表する。

九日、市政についての長文の意見書を草する。

二十七日、**「新事業及び其財政計画綱要」（いわゆる八億円計画と評されたもので後藤は「東京市政要綱」と言った）を市参事会に提出する。**

三十日、市吏員千二百名を市会議事堂に召集して訓示する。

五月一日、都市研究会長として関西に赴き、六日、大阪経済会の招きにより「大調査機関と刻下の二大急要問題」と題して講演する。

六月二十三日、警視庁防疫議員となる。

七月十四日、大隈重信の招きで邸に臨み、互いに意気相投ずる。

七月二十日、安田善次郎が来訪し、市政調査会設立資金問題などについて懇談する。

八月三十日、明治神宮造営局評議員となる。

九月三日、東宮殿下訪欧からの御帰朝を迎え、市民を代表して賀表を奉呈する。

八日には東宮殿下御帰朝を奉迎する市民および青年団の大祝賀会を主宰する。

二十三日、安田善次郎より市政調査会館建

築費寄付その他の件についての来翰がある。

二十八日、安田善次郎、兇刃に斃れる。

十一月三日、市連合青年団神宮例祭第一回運動会に東宮殿下の台臨を仰ぎ、団長として御説明申上げる。またこの日、来朝中の英新聞王ノースクリフ卿、米上院議員フィーラン氏一行を自邸に招き、茶の湯の歓待をなす。

四日、原首相、東京駅頭で刺殺される。


**大正11（一九二二）年**　**六十六歳**

一月十五日、**安田家より東京市政調査会設立費三五〇万円の寄付を申出る。**

二十日、仏国特使ジョッフル元帥を東京駅に迎え、二十六日、帝国ホテルで歓迎晩餐会を主催する。

二月二十四日、財団法人東京市政調査会の設立認可される。

ノースクリフ、孫の和子とともに

三月二十日、『江戸の自治制』を発行する。

四月二日、牛込の士官学校庭における全国乗馬大会に会長として摂政殿下の行啓を奉迎。

十五日、全国少年団総裁として、赤坂離宮に英皇太子ウェールズ殿下を奉迎する。

十六日、**財団法人東京市政調査会会長となる。東京市政に関し、ビーアド博士の招致を決定。**

五月八〜九日、摂政宮殿下に市政の大要を御進講申上げる。

二十三日、国際キリスト教青年協議会のため来朝中のジョン・アール・モット博士らを本所安田邸に招いて園遊会を催す。

六月十二日、**東京連合少年団団長となり、その後まもなく少年団日本連盟総裁（のちに総長）となる。**

この日、加藤友三郎内閣成立。

二十六日、工業倶楽部で東京市政調査会発会式を挙行する。

七月三十日、明治天皇御十年祭式典に当たり、大臣礼遇総代として、桃山御陵に参拝する。

八月一日、民力涵養協会会長となる。

七日、臨時外交調査委員会委員の辞表を加藤首相に提出する（この調査委員会は九月十八日に廃止となる）。

九月十四日、**東京市政調査会顧問ビーアド博士来朝**、十六日、丸ノ内銀行倶楽部でビーアド博士歓迎晩餐会を開く。二十一日、工業倶楽部に市政調査会評議員その他を招待してビーアド博士のためのレセプションを催す。

二十五日、子爵となる。

十月二十五日、**シベリア派遣軍撤退完了。**

十一月、加藤首相と日ソ復交についての黙契なる。

八日からビーアドとともに関西に旅行、十九日帰京する。

十四日、反ソのチタ政府がモスクワ政府に併合される。

二十六日、東京市政調査会長として、入京中の全国市長を帝国ホテルに招待する。


**大正12（一九二三）年**　**六十七歳**

一月十六日、北京滞在中のモスクワ労農政府極東代表ヨッフェに、病気療養のため来朝せんことを電報で勧めたところ、二十三日、滞在先の上海から渡日する旨のヨッフェの電報が届く。水野錬太郎内相は赤化宣伝を恐れ、これを阻止しようとするが、二月一日、**ヨッフェは入京、築地精養軒で後藤と長時間会談する。以後何度も日露非公式交渉を重ねることになる。**

四日、当局官憲のヨッフェに対する態度を難詰する書簡を加藤首相に発する。

五日、日・波（ポーランド）協会名誉会長となる。

この日、赤化防止団員が後藤邸に闖入して狼藉をなす。

二十六日、加藤首相を訪問して面談の上、日露問題に関する覚書を手交する。

この日、母利恵没。享年九十九。

二十八日、再び**暴漢が闖入狼藉、長男の一蔵が負傷する。**

三月二日から四日にかけて母堂の告別式、郷里水沢増長寺への埋葬式、法事を済ます。

三月から五月にかけて、後藤とヨッフェは幾度もの会談と書簡・覚書を交して日露関係の改善のため予備交渉を続ける。その間、後藤は加藤首相や外務省と掛合い、斡旋に努める。

四月十五日、先妣七七日のため故人の遺志として東京連合少年団に金千円を寄付する。

四月二十七日、**東京市長を辞職する。**

五月六日、精養軒での**ヨッフェとの会談で、日露交渉基礎案ができる。同時に日露漁業問題が浮上する。**

十日、沿海州漁業問題に関するモスクワ政府の後藤宛ての回訓を外務省に伝達する。

二十五日、『日露内交渉顛末』を刊行する。

三十日、**後藤の斡旋で日露漁業条約調印。**

六月八日、日露交渉が政府の手に移ったことをヨッフェに伝達する。日露交渉は政府とヨッフェとの間で行われるが、結局交渉打切りとなり、ヨッフェは八月十日に帰国する。

その間、七月五日、後藤は上野自治会館で日本大学学生有志国際連盟研究会主催の国際問題講演会において、国際政治の倫理化を高唱。

八月十五日、『日露予備交渉惑問』を刊行する。

八月二十日、淡路洲本の夏季大学講演に赴く。

八月二十八日、四日前に加藤首相薨じて内閣総辞職のため、山本権兵衛を訪問し、組閣について談義する。翌日も水交社で山本と会見。

九月一日、**関東大震災起こる。**

二日、**山本内閣成り、内務大臣となる。**

三日、皇室より御内《ごない》帑《ど》金《きん》一千万円御《ご》賑恤《しんじゅつ》の御沙汰がある。

四日、帝都復興の議を作成する。神戸の松方幸次郎、金子直吉らよりモラトリアムにつき進言してくる。

五日、米国のビーアドに招電を発する。

六日、**帝都復興の議を閣議に提出する。**

七日、勅令をもってモラトリアム発令。

十二日、帝都復興の大詔渙発される。

十三日、恩賜財団済生会副会長を嘱任される。

十五日、摂政宮殿下の焼跡御巡視に付き従う。

十六日、甘粕大尉による大杉栄らの殺害があり、人心安定のために内閣告諭を発する。

十九日、帝都復興審議会委員となり幹事長を兼ねる。

二十日、暴行自警団の検挙が開始される。

同日、帝都復興院官制が発布される。

二十九日、**帝都復興院総裁を兼任する。**

六日、ビーアド博士来朝する。

十月十三日、史蹟名勝天然記念物調査会長となる。

三十日、ビーアドより新東京建設に関する

建言を入手する。

十一月二十四日、**首相官邸で開かれた復興審議会に幹事長として出席するが、後藤の復興案に伊東巳代治が反対する。**翌日、帝都復興に関して、山本首相に痛烈な覚書を呈する。

十二月に入って二度議会が召集されたが十二月二十七日、虎ノ門事件が起こり、二十九日、山本内閣は総辞職となる。

**大正13（一九二四）年　六十八歳**

一月七日、本官ならびに兼官を免ぜられる。

この日、清浦内閣が成立。

二月二十五日、盛岡市商品陳列所で「政治闘争の倫理化」と題して講演する。

翌日、先妣の法会を執行する。

三月五日、東北帝大で「国難来」と題して講演する。

十九日には講演視察のため令息一蔵を同伴して関西、九州へ旅行する。

四月三日、家庭電気普及会が創立され、会長となる。

八日、謙良院（和子夫人）七回忌法会を営み、追悼会を帝国ホテルで行う。

二十日、パンフレット「国難来」を刊行する。

六月十一日加藤高明内閣成立する。

十六日、パンフレット「時局に関し訪者の質疑に答う」を刊行する。

九月一日、「プロシア国貴族院令改正案」を刊行する。

四日、上野自治会館における震災復興記念講演会で「自治精神」と題して講演する。

この日、フォン・ブラウエルの『ビスマルク公外交機略』を刊行する。

十五日、駐日仏大使ポール・クローデルと自邸で会談する。

二十八日、Tumegawa 河畔（玉川上水のあたりか）でクローデルとピクニックをする。

三十日、東京市会で再び市長に選挙されるが、辞退する。

十月三日、パンフレット「二百万市民に愬《うった》う」と題して市長推薦辞退の理由を発表する。

十月十六日、**社団法人東京放送局設立され、その初代総裁となる。**

二十八日、芝増上寺において新政会講習会員のために政治の倫理化を講演する。

十一月七日、上野池之端無線電話普及展覧会において初めての放送演説を試みる。

**大正14（一九二五）年　六十九歳**

一月二十日、日ソ基本条約調印（日ソ国交開始）。

三月二日、普選案上程可決される。

十九日、姉初勢没。享年八十。

二十二日、社団法人東京放送局業務開始し、仮放送に際し、挨拶を放送する。

二十六日、満鮮の旅に上る。同伴者は三島通陽、田中清次郎、佐藤安之助、安場保健。

三十日、京城に着き、京城少年団の検閲、齊藤実総督官邸での晩餐会などがある。

四月二日、奉天に到着、張作霖と会見し、大いに阿片専売策を説く。

五日、ハルビン日露協会学校卒業式に臨む。

八日、奉天で再び張作霖と会談し、張の中央進出を戒める。

二十七日、早稲田大学で「普選と明日の政治」を講演する。

五月九日、加藤高明首相を訪い、極東開発企業の件について談合する。

七月三日、再び加藤首相を訪い極東拓殖会社創立の意見を開陳する。

十二日、**芝愛宕山新築放送局で本放送を開始、挨拶を放送する。**

二十四日、駐日ドイツ大使ゾルフ博士を新邸最初の正客として招待する。

八月四日、少年団連盟のため北陸、中国、

四国、九州方面へ講演の旅に出る。

十月二十五日、**東京市政会館と公会堂の建築基礎工事に着手する。**

十一月九日、東京放送局において最近のわが国の少年団について放送演説する。

十二月十七日、万国キリスト教青年会理事モット博士が来朝、自邸に旅装を解かせ、二日後自邸でモット博士を正賓として朝野名士を招じ晩餐会を催す。

**大正15／昭和元（一九二六）年　七十歳**

一月一日、「内憂外患の諸相を直視せよ」を東亜同志会から刊行する。

この日、少年団総裁として挨拶を放送する。

五日、自著『公民読本』三巻を発行する。

十五日、古稀に際し、御紋章付き銀杯ならびに酒肴料《しゅこうりょう》を下賜される。

十九日、所沢飛行場で患者輸送機を見学する。

二十八日、加藤高明首相薨じ、若槻《わかつき》礼次郎が首相兼内相となる。

二月十一日、建国祭に列して帰邸後、第一回目の脳溢血に罹り臥床する。

四月一日、**政治の倫理化運動を開始し、事務所を日露協会内に置く。**

翌日、田中義一（政友会）、若槻礼次郎（憲政会）、床次竹二郎（政友本党）の三党総裁を訪問し、新政治運動開始の諒解を求める。

二十日、青山会館において政治の倫理化運動第一声を挙げる。

五月十日、上野を発して東北、北海道遊説の途に上る。

二十三日、関西を振り出しに、各地遊説のために西下する。

六月六日、少年団日本連盟は、後藤の古稀を慶祝して弥栄《いやさか》の行事を行う。この夜、大阪、名古屋、信越地方遊説の旅に上る。

二十七日、独大使ゾルフ大使夫妻令嬢を晩餐に招く。

七月十四日、東北遊説に赴く。

二十八日、普選準備会の綱領会則を発表する。

三十一日、愛知県岡崎の少年団キャンプ場に赴く。

八月五日、唐沢山夏季大学に臨み講演する。

九日、木崎湖畔の夏季大学に臨む。

九月十九日、京都、山陰、九州へ遊説のため発する。

二十日、**小冊子『政治の倫理化』を大日本雄弁会講談社より発行する。**

十一月三十日、政友会と政友本党の提携につき斡旋する。

十二月十四日、田中（政友会）、床次（政友本党）両党総裁を会見させ、自ら立会う。その結果、両党の提携が成る。

十二月二十五日、大正天皇崩御、昭和天皇践祚して、昭和に改元される。

**昭和2（一九二七）年　七十一歳**

四月八日、**日独文化協会を設立、会長となる。**

十六日、青山会館において政治の倫理化運動一周年大講演会を開く。

二十日、田中義一内閣成立する。

六月十五日、田中首相を訪い、一書を呈して対中外交の重要性を警告する。

二十日、北陸講演旅行に出る。

八月四日、第二回目の脳溢血に罹る。

十月三日、久原邸において田中首相と会見し、訪露に関して談合する。

十七日、明倫大学設立に関して、地元有志より敷地三十万坪提供の調印書を持参し来る。

十一月十五日、「金剛精舎の記」成る。

二十一日、久邇宮殿下より御召にあずかり御餐を賜わる。

十二月一日、市政調査会において都下通信記者を引いて訪露決定についてステートメントを発する。

二日、田中首相を同伴、赤坂離宮に伺候して聖上に拝謁御暇乞を言上する。

五日、**ロシア訪問の途に上る。**随行者は田中清次郎、八杉貞利、前田多門、森孝三、関根齊一ら。翌日、伊勢大廟に参拝、次の日、桃山御陵に参拝し、三宮から香港丸で発する。

二十二日、モスクワに到着、二十四日から翌年の一月にかけて、外務人民委員代理カラハン、外務人民委員チチェリン、中央執行委員会議長カリーニン、**共産党書記長スターリン**、人民委員会議長ルイコフら**と会談する。**特に**暗礁に乗り上げていた日ソ漁業協約についても会商する。**

**昭和3（一九二八）年**　**七十二歳**

一月三日、「日露文化接近の夕」が催される。

二十一日、モスクワ出発間際に、日本政府より漁業条約調印決定の電報に接する。

**最後の写真**

二月七日、東京に帰着する。

翌日、田中首相に帰朝の挨拶と報告をする。

十三日、参内して訪露の顛末を奏上する。

十四日、朝日新聞と日露協会との共同主催による帰朝講演会を朝日講堂で開く。

二十日、普選法による最初の総選挙が施行。

五月十六日、**市政会館の定礎式が行われる。**

六月四日、張作霖が爆死する。

十日、郷里水沢に赴き、十二日水沢の各神社寺院に参拝し、親戚故旧を招待する。

七月一日、夜中、牧野内府を訪問して張作霖爆死について交談する。

二日、田中首相を訪い張作霖爆死の真相を聞く。翌日、首相との会談の結果を牧野内府に報告する。

八月七日、床次竹二郎と会見する。そのため新党樹立の風説が飛ぶ。

十一月十日、伯爵となり、金杯一個を賜う。

十二月五日、帝国ホテルで独大使ゾルフの送別会があり出席する。その席上、ハンブルグ大学名誉法学博士の称号を贈られる。

六日、日本少年団総長として加盟健児八万の代表四千人を率いて、築地海軍大学校付属地において聖上の御親閲を賜う。

**昭和4（一九二九）年**　**七十三歳**

一月十六日、国民に対する遺言として、電力、保険、酒精含有飲料の三大国営案を手記して、齊藤実らに託す。

十七日、田中首相を訪い、市政浄化について進言する。

三月十四日、市政浄化について放送する。

四月三日、少年団の守護神奉齊会ならびに陞爵《しょうしゃく》祝賀会に臨む。

この夜、日本性病予防協会の依頼に応じ、講演のため岡山に向けて東京駅発西下する。

四日、米原付近の列車中で発病、京都に下車して府立病院に入る。

**十三日、午前五時三十分、薨ずる。享年七十三。**特旨をもって正二位に叙せられる。

午後九時五十四分、霊柩京都駅を発し、翌日の午前九時二十分東京駅に着。

十五日、勅使海江田侍従を御差遣に相成り、幣帛《へいはく》、祭粢料《さいしりょう》、生花を御下賜とともに優《ゆう》渥《あく》なる御沙汰を伝宣せしめられる。皇后陛下、皇太后陛下ならびに各宮家よりそれぞれの御使遣わされる。

十六日、青山斎場で葬儀が執行され、青山墓地に和子夫人と相並んで埋葬される。

# 執筆者紹介

（執筆順）

**御厨　貴**（みくりや・たかし）↓　奥付参照

**鶴見俊輔**（つるみ・しゅんすけ）↓　21頁参照

**青山　佾**（あおやま・やすし）↓　33頁参照

**粕谷一希**（かすや・かずき）↓　35頁参照

**鶴見和子**（つるみ・かずこ）　一九一八年生。上智大学名誉教授。比較社会学。『コレクション鶴見和子曼荼羅』（全九巻）藤原書店他。

**苅部　直**（かるべ・ただし）　一九六五年生。東京大学法学部助教授。日本政治思想史。『光の領国――和辻哲郎』創文社、論文「『不思議の世界』の公共哲学――横井小楠における『公論』」東京大学出版会他。

**新村　拓**（しんむら・たく）　一九四六年生。北里大学一般教育部教授。日本医療社会史。『日本医療社会史の研究』『死と病と看護の社会史』法政大学出版局他。

**笠原英彦**（かさはら・ひでひこ）　一九五六年生。慶應義塾大学法学部教授。日本政治史。『歴代天皇総覧』『天皇親政』中央公論新社、『女帝誕生』新潮社他。

**小原隆治**（こはら・たかはる）　一九五九年生。成蹊大学法学部教授。行政学・地方自治論。編著『これでいいのか平成の大合併』、共著『公共を支える民――市民主権の地方自治』コモンズ他。

**千葉　功**（ちば・いさお）　一九六九年生。昭和女子大学講師。日本近現代史。論文「満韓不可分論＝満韓交換論の形成と多角的同盟・協商網の模索」他。

**小林道彦**（こばやし・みちひこ）　一九五六年生。北九州市立大学法学部教授。日本政治外交史。『日本の大陸政策1895-1914』南窓社他。

**井野瀬久美惠**（いのせ・くみえ）　一九五八年生。甲南大学文学部教授。イギリス近代史、大英帝国史。『植民地経験のゆくえ』人文書院、『女たちの大英帝国』講談社他。

**中見立夫**（なかみ・たつお）　一九五二年生。東京外国語大学アジア・アフリカ言語文化研究所教授。東アジア・内陸アジア国際関係史、東洋学研究史。共著『内国史院档　天聡七年』東洋文庫、編著『境界を超えて――東アジアの周縁から』山川出版社他。

**小林英夫**（こばやし・ひでお）　一九四三年生。早稲田大学大学院アジア太平洋研究科教授。アジア経済論。著書『「大東亜共栄圏」の形成と崩壊』御茶の水書房他。

**芳地隆之**（ほうち・たかゆき）　一九六二年生。ロシア東欧経済研究所調査役。『ぼくたちは革命のなかにいた』朝日新聞社、『ハルビン学院と満洲国』新潮選書他。

**原田勝正**（はらだ・かつまさ）　一九三〇年生。和光大学名誉教授。日本近代史、鉄道史。『鉄道史研究試論』日本経済評論社、『日本鉄道史』刀水書房他。

**角本良平**（かくもと・りょうへい）　一九二〇年生。交通評論家。交通経済学。国鉄改革等に関する著書多数。

**島　隆**（しま・たかし）　一九三一年生。台湾高速鉄路股份有限公司顧問。鉄道の車両計画、車両設計。

**藤井信幸**（ふじい・のぶゆき）　一九五六年生。東洋大学経済学部教授。経済史。『テレコムの経済史』勁草書房、『地域開発の来歴』日本経済評論社他。

**佐藤卓己**（さとう・たくみ）　一九六〇年生。京都大学大学院教育学研究科助教授。メディア史。『大衆宣伝の神話』弘文堂、『「キング」の時代』岩波書店、『言論統制』中公新書他。

**小田貞夫**（おだ・さだお）　一九三六年生。十文字学園女子大学社会情報学部教授。ジャーナリズム論。『放送の二十世紀』NHK出版他。

**中島　純**（なかじま・じゅん）　一九六二年生。新潟経営大学経営情報学部助教授。教育学。『後藤新平「学俗接近」論と通俗大学会の研究』私学研修福祉会助成刊行物、『少年団の歴史――戦前のボーイスカウト・学校少年団』萌文社他。

**海老澤克明**（えびさわ・かつあき）一九五一年生。拓殖大学学務部次長兼研究支援課長。

**山崎光夫**（やまざき・みつお）一九四七年生。作家（医学関係を中心に）。『ジェンナーの遺言』『藪の中の家』文藝春秋、『ドンネルの男・北里柴三郎』東洋経済新報社他。

**浅井良夫**（あさい・よしお）一九四九年生。成城大学経済学部教授。日本経済史。『戦後改革と民主主義』吉川弘文館、共著『安田財閥』日本経済新聞社他。

**五百旗頭薫**（いおきべ・かおる）一九七四年生。東京都立大学法学部助教授。日本政治史。『大隈重信と政党政治――複数政党制の起源　明治十四年～大正三年』東京大学出版会他。

**片桐庸夫**（かたぎり・のぶお）一九四八年生。群馬県立女子大学教授。国際関係論、外交史。『公益の追求者　渋沢栄一』山川出版社、『太平洋問題調査会の研究』慶應義塾大学出版会他。

**上垣外憲一**（かみがいと・けんいち）一九四八年生。帝塚山学院大学人間文化学部教授。比較文化。『或る明治人の朝鮮観』『暗殺・伊藤博文』筑摩書房他。

**大澤博明**（おおさわ・ひろあき）一九六〇年生。熊本大学法学部教授。日本政治史。『近代日本の東アジア政策と軍事』成文堂他。

**井竿富雄**（いざお・とみお）一九六八年生。山口県立大学国際文化学部助教授。日本政治外交史。『初期シベリア出兵の研究』九州大学出版会。

**小宮一夫**（こみや・かずお）一九六七年生。中央大学文学部兼任講師。日本近現代史。『条約改正と国内政治』吉川弘文館、論文「山本権兵衛（準）元老擁立運動と薩派」山川出版社他。

**季武嘉也**（すえたけ・よしや）一九五四年生。創価大学文学部教授。日本近代政治史。『大正期の政治構造』吉川弘文館他。

**川田　稔**（かわだ・みのる）一九四七年生。名古屋大学大学院環境学研究科教授。政治史・政治思想史。『原敬――転換期の構想』未来社、『激動昭和と浜口雄幸』吉川弘文館他。

**草原克豪**（くさはら・かつひで）一九四一年生。拓殖大学北海道短期大学学長、拓殖大学副学長。文教政策。『近代日本の世界体験――新渡戸稲造の志と拓殖の精神』小学館スクウェア他。

**杉原志啓**（すぎはら・ゆきひろ）一九五一年生。学習院女子大学講師。日本政治思想史。『蘇峰と「近世日本国民史」』都市出版他。

**平田幸子**（ひらた・さちこ）一九五四年生。東京市政調査会市政専門図書館主任司書。

**原　暉之**（はら・てるゆき）一九四二年生。北海道大学スラブ研究センター教授。ロシア近現代史。『シベリア出兵――革命と干渉1917-1922』筑摩書房、『ウラジオストク物語――ロシアとアジアが交わる街』三省堂他。

**鎌田　慧**（かまた・さとし）一九三八年生。ルポライター（社会問題全般）。『自動車絶望工場』講談社文庫、『大杉栄　自由への疾走』岩波現代文庫、『狭山事件　石川一雄、四一年目の真実』草思社他。

**佐野眞一**（さの・しんいち）一九四七年生。ノンフィクション作家。『巨怪伝――正力松太郎と影武者たちの一世紀』文藝春秋、『カリスマ――中内功とダイエーの「戦後」』新潮文庫他。

写真提供＝東京市政調査会

7・16・67・77・102・129・136・145・195・210・

220・237・243・259・277・287・289・293・299頁

**編者紹介**

御厨 貴（みくりや・たかし）

1951（昭和26）年東京都生。東京大学法学部卒。東京都立大学法学部教授、政策研究大学院大学教授を経て、現在、東京大学先端科学技術研究センター教授。

著書に『明治国家形成と地方経営　1881-1890年』（東京大学出版会、1980年）『首都計画の政治　形成期明治国家の実像』（山川出版社、1984年）『政策の総合と権力　日本政治の戦前と戦後』（東京大学出版会、1996年）『東京　首都は国家を超えるか』（読売新聞社、1996年）『本に映る時代』（読売新聞社、1997年）『馬場恒吾の面目　危機の時代のリベラリスト』（中央公論新社、1997年）『日本の近代 3　明治国家の完成』（中央公論新社、2001年）『オーラル・ヒストリー』（中公新書、2002年）ほか。

**時代《じだい》の先覚者《せんかくしゃ》・後藤新平《ごとうしんぺい》 1857–1929**

2004年10月30日　初版第1刷発行©

編　者　御　厨　　貴
発行者　藤　原　良　雄
発行所　株式会社 藤　原　書　店

〒162-0041　東京都新宿区早稲田鶴巻町523
電　話　03（5272）0301
FAX　03（5272）0450
振　替　00160-4-17013

印刷・製本　美研プリンティング

落丁本・乱丁本はお取替えいたします
定価はカバーに表示してあります

Printed in Japan
ISBN4-89434-407-6